한강이 한강되어
한강으로 흐른다

한강이 한강되어
한강으로 흐른다

발행일   2022년 5월 23일

지은이   조민제
펴낸이   손형국
펴낸곳   (주)북랩
편집인   선일영   편집   정두철, 배진용, 김현아, 박준, 장하영
디자인   이현수, 김민하, 안유경, 김영주   제작   박기성, 황동현, 구성우, 권태련
마케팅   김회란, 박진관
출판등록 2004. 12. 1(제2012-000051호)
주소   서울특별시 금천구 가산디지털 1로 168, 우림라이온스밸리 B동 B113~114호, C동 B101호
홈페이지 www.book.co.kr
전화번호 (02)2026-5777   팩스   (02)2026-5747

ISBN   979-11-6836-257-4 03910 (종이책)   979-11-6836-258-1 05910 (전자책)

(주)북랩 성공출판의 파트너
북랩 홈페이지와 패밀리 사이트에서 다양한 출판 솔루션을 만나 보세요!
홈페이지 book.co.kr • 블로그 blog.naver.com/essaybook • 출판문의 book@book.co.kr

작가 연락처 문의 ▶ ask.book.co.kr
작가 연락처는 개인정보이므로 북랩에서 알려드릴 수 없습니다.

벽운(碧雲) 조민제 문집

한강이 한강되어
한강으로 흐른다

조민제 지음

10여 년에 걸쳐 한강을 따라간

옹골찬 역사기행의 정수

북랩

격려사

    벽운(碧雲) 조민제 선생은 오래전에 우리 민족 역사의 현장을 직접 발로 뛰는 역사탐방 여행을 하겠다는 원대한 목표를 세웠으며, 그런 목표를 위해 무려 10여 년에 걸쳐 수많은 명소와 사적지를 찾았고, 현재의 시점으로는 실제로 만나볼 수 없지만 상상의 세계를 통해 저 너머 세상으로 떠난 역사적 인물들과 조우를 했다. 그는 한반도의 남도 끝자락인 해남과 강진, 부산의 다대포, 진주의 남강 강변으로부터 서서히 북상하여 반도의 동쪽에 있는 한강의 시원인 태백산에 오르고, 다시 태백산으로부터 한강이 끝나는 서해 바다에 이르기까지 우리 민족사의 '한'의 물길을 따라가면서 느꼈던 소감과 회포를 긴 세월 동안 기록하였다. 그런 역사기행문들이 정리되어 사진 자료와 함께 엮어서 마침내 한 권의 뜻깊은 책, 『한강이 한강되어 한강으로 흐른다』가 출간되었다. 첫 페이지에는 가까운 곳에서부터 멀리 있는 곳에까지 펼쳐진 겹겹의 산들 사이로 큰 강이 투명하게 흐른다. 원근법이 느껴지는 암시적인 자연 풍경이다.

첫 글은 한강의 시원인 태백산에서 시작된다. 저자는 바로 이 태백산의 망경사에 들러 '단종비각'을 본 감회를 적었고, 뒤이어 또 한 편의 글 '사북을 지나면서'를 썼다. 단종과 관련된 비각의 글과 '한'의 사연은 읽는 사람의 심장을 뜨겁게 하고 한없는 비애의 감정을 끓어오르게 한다.

한반도 동쪽의 산악에서 하나씩 모여든 물이 큰 강물을 이루고 '한강'이 된다. 이 강은 동에서 서로 쉼 없이 흐르고 흘러서 끝자락 유역에 이를 무렵이면 '한'의 사연이 더욱 서럽게 아롱진 자취에 감응된 필자의 글은 '노량진', '노들강변 사육신묘', '압구정'으로 정리된다. 이어서 길고 긴 여정을 거쳐 온 '한강'이 종착지점에 도달하는 서해 바다에서 '한'의 대단원은 막이 내리고 이 책은 '영원한 화해의 장, 서해로 나아가 화해하다'라는 에필로그로 마무리된다.

필자는 간단치 않은 험난하고 긴 여정에서 우리 민족의 사적지와 명소에 새겨진 '한'의 발자취를 탐색하고자 산수를 걷고 건너며 '사색하는 산보자'이지만, 동시에 '진아(眞我)'와 궁극적 진리를 찾아 나선 구도자의 모습이다. 글을 읽는 사람의 눈에 아름다우며 그 위풍이 당당하고 넓다. 그가 느꼈던 소감과 회포를 기록한 글마다 민족의 산과 강에 새겨진 역사의 숨결을 새로이 되살아나게 한다.

영국의 낭만주의 시인 윌리엄 워즈워드는 '회상'과 '상상력'을 기반으로 위대한 낭만주의 시를 썼다. 그는 인생을 시기별로 나

뒤 무의식적인 쾌락의 소년기, 뜨거운 정열과 성적인 격정의 청년기, 그리고 성찰, 명상, 관조의 성년기라는 세 단계를 말했다. 어린 소년은 세상을 모른 채 순수하고 불안한 쾌락으로 꿈같은 시기를 보내며, 청년은 열에 들뜬 격정의 날들을 보내고, 나이가 든 사람은 성찰의 시기에 이르러 관조와 명상의 삶을 살아간다는 것이다.

조민제 선생의 글은 워즈워드의 작시법에 사용된 방식과 유사한 '회상과 상상력'에 기반하고 있다. 그는 워즈워드가 말한 관조와 명상의 숙성된 성년기 단계를 살아가고 있다. 그의 70세 생일, 즉 고희(古稀)에 맞춰 '고희 기념문집'으로 이 책이 출간되었다. 옛날부터 인생의 고희에는 장수를 경축하고, 잔치를 베풀며, 시문과 시화전을 여는 등의 연회가 열리기도 했을 정도로 의미를 크게 부여했다고 한다. 나는 조민제 선생과 오랫동안 친교를 해 왔으며 그의 내면 깊은 곳에서 빛을 내는 비밀을 아는 사람들 중의 한 사람이 아닌가 생각한다. 나의 여러 지인들 가운데서 상대적으로 잦은 조우와 대화를 이어온 덕분에 그의 자아 내부에 흐르는 잔잔하면서도 깊고 도도한 정신과 애잔한 생명의 숨결을 느끼곤 했다. 오늘날 적지 않은 사람들이 물리적으로는 비록 노년이지만 정신적으로는 젊은 에너지로 충만한 청년과 원숙하게 숙성된 성년으로 살아감으로써 큰 감동과 교훈을 준다. 벽운 선생은 바로 그런 유형의 사람이다.

평소 마음에 깊이 품고 있었던 민족역사 기행의 뜻을 훌륭하게 기획하고 실천한 벽운 조민제 선생의 고희기념문집 출판에

즈음하여 이를 축하하고 격려하는 마음을 전한다. 민족의 사적
지와 명소 탐방에서 찾아낸 '한'의 숨결과 구도의 발자취와 궁극
의 정체성을 지향하는 사모의 정이 잘 엮어서 세상에 나온 『한
강이 한강되어 한강으로 흐른다』가 여러 사람들에게 널리 공유
되기를 바란다.

2021년 12월 7일

부산대학교 명예교수 月峀 **조일제**

책머리에

나는 산수를 탐방하기를 좋아하고 혼자서 가는 여행을 즐기는 편이다. 대자연의 품에 안겨 안락함과 자유를 얻고 나아가 만물을 키우고 하나로 아우르는 자연의 미덕을 배우고 싶었다. 고요한 숲속에서 성찰하며 새로이 나아갈 길을 찾고 싶었다.

그 여정에서 아름다운 풍광과 유서 깊은 사적지를 자연스레 만나게 되었다. 그래서 명산, 고찰, 유적지를 순례하면서 점차 느껴온 감정이 있었다. 그 감정은 애틋함과 비장함이 결합된 한스러움이라고 말할 수 있다. 그것은 한이라는 감정으로 우리 민족의 DNA에 깊숙이 숨겨져 있는 정서이다. 침략과 찬탈의 역사에서 비롯된 한과 민생의 고달픔에서 오는 한, 이루어 질 수 없는 사랑의 한, 억울한 역사의 평가에 대한 한 등 다양한 모습으로 나타난다. 그것은 가슴속에 단단하게 응어리져서 한숨을 쉬거나 노래를 불러 풀어 보기도 하지만 근원적인 해결 방법은 가해자가 참회하는 것이겠지만, 운명처럼 수용하는 수밖에 없다.

어떤 역사의 현장을 대할 때는 숨겨진 한에 가슴이 뭉클함을 느꼈다. 무언가 위무하지 않으면 못 견딜 안쓰러움과 그리움으로 마음이 지배당하곤 하였다. 아직도 정착하지 못한 고혼을 달래고 동병상련의 내 마음도 진정시키고자 하였다. 나아가 진정한 용기와 정의가 재평가받기를 바랬다. 왜곡과 불의가 후안무치하게 상존하는 세상을 경계하고자 현장에서 느낀 감정을 표현하고 싶었다. 역사기행을 통한 소견과 감상을 한의 실타래와 함께 풀어 정신적인 해방감을 느끼고 싶은 바람도 있었다.

산수에 얽힌 감상과 낭만을, 역사적 현장의 감회와 진실을, 역사적 인물에 대한 애모와 애환을, 왜곡된 역사인식에 대한 견해를 적어 보았다. 자연과 현장에 숨겨진 한과 사연을 시와 시조로 함축해 보기도 하였다. 한 컷의 사진과 함께 묶어 내 마음속에 문화유산처럼 오래 간직해 왔던 감회와 소견을 정리하여 역사기행문을 쓰게 되었다.

남도의 끝자락인 해남과 강진에서 고산과 다산의 유배의 한을, 고부에서 녹두장군의 민초의 한을 느꼈다. 진주 남강변의 촉석루에서 논개의 한과 다대포 몰운대에서 정운 장군의 구국의 한을 느꼈다. 서서히 북상하여 한의 총체적 집결지역인 한강변에서 단종의 한을 중심으로 여러 형태의 한을 만나게 되었다.

태백산을 등정하며 천제단과 단종비각을 만나 한의 시원(始原)을 보았고, 사북과 철암을 지나면서 광부의 한을, 동강을 답사하면서 떼꾼의 한을 느껴 보았다. 영월에서 단종의 충신들과 김삿갓의 한을, 마구령과 고치령을 넘으며 금성대군의 충절의 한을 만날 수 있었다. 단양에서 온달 장군의 한과 퇴계 선생과 두향의 애모의 한을, 제천 월악산에서 마의태자의 한을 만났다. 충주에서 달래강의 전설 속에 담긴 한을 신립 장군의 탄금대의 한과 함께 만나보았다. 양수리에서 다산과 김시습의 한이 만나 합류하였고, 노량진 노들강변에서 사육신의 한을 보태 거대한 한의 물결이 한강이 되어 서해로 도도히 흘러가는 여정으로 대단원의 막을 내렸다.

태백에서 발원한 한강의 물줄기는 유역을 흘러 흘러 남한강을 이룬다. 태백, 정선, 영월, 단양, 충주, 노량진으로 흐르는 한강 물줄기를 따라 역사의 현장을 답사하며 한의 자취를 찾아보았다. 양수리에서 북한강과 합쳐져 비로소 한강이 되어 서해로 나아가는 물길이 한의 흐름이라 연관 지었다. 즉, 한의 흐름이 모여 큰 강인 한강을 이루어 '하나인 한강'이 되어 흘러간다는 뜻이다.

맺히면 풀어주고 막히면 흘러가게 하는 것이 자연의 섭리이다. 그 섭리를 물이 잘 대변하기 때문에 그것을 주제로 하여 책의 이름을 지어 보았다.

이 글은 여정을 따라 써내려가는 기행문이자 역사현장에 대한 감상문이다. 길을 따라 걸으며 나를 찾아보는 성찰이자, 역사현장의 한을 풀어 달라는 발원이기도 하다. 혼자 찾아가는 여행 겸 답사인지라 자유분방한 점도 있었다. 한 장의 지도로 접근하는 모험 같은 여정을 무사히 마무리하였다.

세련되지 못한 문체지만 둔탁한 뚝배기도 옹기점에 진열될 자격이 있듯이 한 권의 책으로 묶어 보았다. 자만을 경계하면서도 지나친 겸손은 예의가 아님을 알기에 순진한 마음으로 적어 보았다. 역사현장을 답사한 경험과 정보를 공유하여 공감할 수 있다면 좋겠다는 바람도 있었다.

역사현장을 찾는 것은 쉬운 일이나 역사를 평가하는 일은 어렵다. 시와 시조는 주관적인 창작으로 자유로우나 역사적 사건은 사료를 기초로 엄격히 기술하여야 한다. 문헌과 실록 등을 통해 고증을 거쳐 객관성을 유지하려고 노력하였지만 조심스럽고 두렵다.

한 권의 책을 펴내려고 마음먹은 지가 10여 년이 흘렀지만 아직도 미완성의 상태이다. 그간에 역사인식에 대한 부족함을 보완하고 사물을 대하는 안목을 넓히는 데 시간이 많이 필요했기 때문이다. 앞으로도 역사에 대한 진실을 알고 그 과정을 통해 진리를 깨닫는 여정은 계속될 것이다.

동행하거나 편의를 제공해 준 친구 및 지인들에게 감사드린다. 수차례에 걸친 교정과 감수를 해 주신 분들께 각별한 감사를 드린다. 책 제목을 지어준 아내에게 감사드리고, 출간을 응원해준 아들에게도 고마운 마음을 전한다. 이 책의 주된 소재가 되신 단종과 사육신을 비롯한 충신분들에게 감사를 드린다.

마지막으로 단종과 그 충신들을 애모하고 김삿갓의 시재를 흠모하며, 나에게 이런 기행문을 쓰는 동기를 부여해 주신 선친께 한없는 감사를 드린다.

2022년 3월 15일

저자 碧雲 조민제

차 례

한강의 출발지, 태백 · 16

아우라지와 떼꾼의 고장, 정선 · 58

단종과 김삿갓의 고향, 영월 · 92

온달과 두향의 땅, 단양 · 182

마의태자와 월악산, 제천 · 220

달래강의 전설과 탄금대, 충주 · 268

김시습과 다산의 만남, 양수리 · 316

한의 종착지, 노량진 · 354

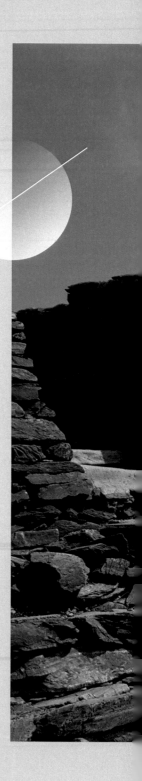

한강의 출발지,
태백

태백은 한강의 출발지이자 단종과 광부의 한이 서려 있는 성스럽고 다감한 고장이다. 태백산 정상에는 천제단이 있고 그 아래 망경사에는 단종비각이 있다. 단종은 태백산 산신령이 되어 광부들과 민초들의 염원을 이루어 맺힌 한을 풀어준다. 나는 태백산을 등정하며 느낀 감상과 풍광에 대해 수 편의 시로 표현해 보았다. 사북, 철암 등 탄광촌의 이야기도 함께 적어 보았다. 구문소를 지나가며 생성의 신비와 인내의 미덕을 체험하였다.

나는 수차례에 걸친 태백산 등정을 통하여 단종비각에 어린 한을 느껴보았다. 그런 가운데 나의 가슴속의 한을 발견하고 스스로 승화시켜보고자 하였다. 누구에게나 마음속 깊은 곳에 그리움이 응결되어 있을 것이다. 그리움이란 사모이고 애모이며, 생명의 동력이다. 사모하며 애모하면서 삶의 의미를 얻고 허무를 떨쳐내어 활력 있게 살아가는 것이 인생이 아닐까? 그런 그리움을 찾아가는 여정에서 풍광을 만나고 그 풍광에 얽힌 역사적 사실을 대하게 되는 점에서 태백은 풍광과 역사를 다 함께 호흡할 수 있는 중요한 지역이다.

태백산과의 첫 만남인
신년 일출 산행

태백산 산군

천제단

태백은 지리적으로 백두대간의 등줄기가 힘껏 각을 세운 한반
도의 정기가 응결된 자리다. 역사적으로 태백산 천제단은 단
군의 정신이 깃든 성스러운 터전이다. 산업적으로는 인근 지역
의 사북, 도계와 더불어 철암, 장성, 황지 등 탄광이 즐비한 곳
이다. 그래서 그곳에는 독특한 문화적 맛과 향기가 깊숙이 배어
있다.

이곳의 태백은 30여 년 전에 처음 만났다. 1988년 12월 31일 무박 2일 일정의 신년 해맞이 산행 때 친구 일행과 함께한 것이 처음이었다. 그 후 매년 한 번 이상 등산과 문화답사를 통해 접하였다.

새해 부산 조방 앞에서 저녁 10시 반경에 출발한 산악회 버스는 경부고속도로를 따라 올라갔다. 동행한 일행은 교직에 재직하던 친구 2명과 또 한 분은 직장 동료다. 모두들 산수를 자주 탐승하며 나름대로 호연지기를 길러 온 분들이다. 산악회 버스가 백단사 입구 주차장에 도착하니 새벽 4시경이었다. 많은 적설량으로 인해 아이젠과 스패츠를 차고 태백산 천제단을 향하여 오르기 시작했다.

랜턴을 켜고 선발대의 배낭을 이정표 삼아 눈 속 깊이 팬 앞사람의 발자국을 따랐다. 영하 20도가 넘는 강추위인데도 땀은 비 오듯 하였다. 장거리 심야 운행의 영향으로 몸은 무거웠고 뒷사람에게 밀려 한 발자욱씩 나아가니 어느듯 백단사에 도착했다. 한 잔의 커피로 언 몸을 녹이고 다시 정상을 향한 행보를 계속했는데 여기부터는 몸이 풀려 호흡이 저절로 조절됐다. 원대한 목표인 정상에 수렴하고 있다는 자긍심과 안도감이 발동하여 걸음이 한결 가벼웠다.

물리적으로는 몸이 고단한데 발걸음이 가벼운 것은 어떤 이유일까? 신선들이 몸을 가볍게 하여 바람처럼 구름처럼 쉼 없이 나아가는 경공법이 이해가 된다. 그것은 깊은 호흡을 통해 단전에 원기가 축적되어 무한한 생체에너지를 생성하기 때문이다. 그래서 하루에 천리를 간다고 하는 축지법이 과장된 것만은 아니라고 본다. 삼장법사가 손오공, 저팔계 등을 앞세워 불경을 구하려 서역을 찾아가는 서유기에서 알 수 있듯이 말이다. 그리고 신라의 혜초스님이 인도를 다녀와서 왕오천축국전을 저술한 걸 보면 의문이 풀린다. 그 원대한 목표는 진리를 상징하는 불경을 구하러 가는 것이었으므로 이러한 여정은 긍정적 가치를 수반하기에 육체적 한계를 원기라는 무한 생체에너지로 극복하기 때문이라고 여겨진다.

우리도 민족의 영산인 태백산 일출을 본다는 설렘과 기대감으로 서로 힘내라고 격려하며 피치를 올리기 시작했다. 살을 에는 듯한 추위와 바람은 영산의 위엄과 기상을 강하게 각인시켜 주었고 산행 또한 진지하고 숙연하게 이루어졌다. 한참을 올라가니 정상아래 망경사에 도착했다. 날이 밝지 않아 법당과 요사채는 희미하게 눈에 들어왔다.

약수터에서 한 사람씩 순서를 기다리며 공양을 받듯이 약수를 한 잔씩 마셨다. 많은 땀을 흘려 갈증이 심한 상태에서 마시는 한 바가지의 약수물은 감로수와 같았다. 약수의 효능이 스펀지에 스며들 듯 원기를 금세 회복시켜 주었다. 망경사에서 정상까지는 불과 20여 분이 소요되는 가까운 거리에 있어 망경사가 아주 높은 곳에 위치하고 있음을 알 수 있었다. 이곳의 용정약수는 우리나라 제일의 명수라고 한다. 태백산을 어렵게 경건하게 등반하는 자에게만 한 바가지씩 선사한다.

마지막 급경사 구간을 혼신의 힘을 다해 오르기 시작했다. 아침 6시가 다 되어가니 날이 밝아오기 시작했다. 이윽고 정상에 도착하니 온 사방이 밝아와 영화의 한 장면처럼 하늘이 열리는 장엄한 분위기를 느꼈다. 태백산과의 첫 만남에 일행은 감동하며 등정의 의미를 되새기고 모두의 얼굴에 잔잔한 미소가 흘렀다. 지리산 천왕봉을 등정하였을 때와 또 다른 감회와 희열이 느껴지는 건 무슨 이유일까? 그것은 태백산이 안고 있는 사연과 영험에 대한 믿음이라고 생각한다.

나는 젊은 시절에 등산에 매료되었으나 그것에 대한 참다운 가치를 터득하지는 못했었다. 젊은 혈기에 경쟁적으로 고봉을 등정하고 그것을 성취의 표상으로 여기며 흥분했었다. 물론 산을 타면서 체력을 단련하고 호연지기를 기르기도 하였다. 지금 생각해 보니 산 나름대로 가지고 있는 기상과 매력이 있다고 여겨진다. 지리산은 수려하지 않지만 웅장하고, 설악산은 수려하지만 웅장함이 덜하다는 것을 알았다. 태백산은 수려함과 웅장함보다도 성스러움을 간직하고 드러내기도 한다. 그것은 천제단과 단종비각에 민족의 정기가 서려 있고 역사의 숨결이 흐르고 있기 때문이다. 이와 같이 산에 대한 관점이 외형적인 산세에서 내포된 정기로 변하고 있음을 지금에사 차츰 느끼기 시작했다.

태백산 정상에는 천제단이 있고 그 안쪽에 한배검 표지석이 세워져 있었다. 천제단은 하늘에 제사를 올리는 제단으로 정상의 천왕단, 북쪽의 장군단, 아래쪽의 하단 등 세 곳이 있다. 정상에 서있는 천제단이 나를 불러 세워 하늘에 절하게 하니 내가 서있는 곳이 천제단인 셈이다.

신년원단의 아침 해가 저 멀리 동해에서 연한 구름을 뚫고 솟아오르기 시작했다. 3대에 걸쳐 공덕을 쌓아야 볼 수 있다는 지리산 천왕봉의 일출 못지않게 밝은 빛을 더해 가며 서서히 우리에게 다가왔다. 일행은 그 장면에 일체 말문을 닫고 소원성취와 가정의 안녕을 기원하는 합장과 묵념을 하였다.

합장은 좌우 두 손바닥을 모으는 의식이다. 개인적인 소망에 대한 기원과 다수의 안녕을 위한 발원이다. 또한 정치. 이념적으로 좌우를 보듬는 화합의 맞춤이다. 대부분 손을 가슴까지 끌어 올리는 합장을 하고 일부는 손을 내린 묵념을 하고 있었다.

정상에는 영하 30도가 넘는 강한 바람이 불어와 움직이지 않으면 얼어 버릴 것 같았다. 세찬 눈바람과 천제단을 쉴 새 없이 감도는 운무는 암흑을 만들기도 광명을 열기도 하였다. 언제 다시 만날지 알 수 없기에 첫 등정의 감회를 더 느끼며 추억 쌓기를 바라나 기상 상태는 더 이상 머무름을 허락하지 않았다. 등산대장의 안내대로 옆 편에서 태백산을 옹위하고 있는 문수봉으로 발걸음을 옮겨갔다. 문수봉으로 가는 길은 주목군락이 눈꽃을 피우며 화석처럼, 망부석처럼 도열해 있었다. 간간이 잎과 가지가 사라진 불구의 고사목을 만나기도 하였다. 주목은 '살아 천년 죽어 천년'이라 하여 생명력이 긴 신성스런 나무이다. 육신은 천년을 살다 가고 혼은 또 천년을 지킨다. 태백산이나 지리산 같은 명산에 많이 서식하며 지리산 장터목의 고사목 군락지가 대표적이다.

평탄한 눈길을 따라 한참을 가니 문수봉에 도착했다. 문수보살의 지혜의 빛이 산행에 지친 심신을 평안하게 해 주었다. 속세의 번뇌가 부질없으니 지금 이 순간만은 모든 집착을 놓아 버리고 쉬었다가 가라고 반갑게 맞아 주었다. 멀리 허공을 바라보며 걷지 말고 지금 이 순간 발밑을 챙기며 걸어가라고 주문한다.

문수봉을 등반한 일행은 급경사를 따라 당골로 내려가야만 했다. 경사가 급하여 스틱과 아이젠으로 지탱하여도 보행하기가 어려웠다. 산행대장이 지시하는 요령대로 미끄럼 타기를 하며 내려가기로 했다. 제일 안전하고 편안한 게 엉덩이 썰매가 아니던가. 어떤 이는 판초우의를 타고 내려가기도, 비닐봉지를 엉덩이에 깔고 미끄러져 내려가기도 했다. 우리는 그냥 등산복 차림으로 미끄럼을 타고 동심의 세계로 돌아가 당골의 품에 포근히 안겼다. 당골에는 무속인이 굿을 하고 간 터에 촛불의 그을음 자국이 여기저기에 보였다.

태백산은 정상에 천제단과 단종비각이 있고, 당골 안에는 단군성전이 있기에 무속인들이 기도하거나 굿을 하는 산으로 이름이 나있다. 계룡산에 무속인과 도인들이 많듯이 태백산도 신령스런 산으로 이름을 올리고 있다. 단군 말고도 천제의 부름을 받아 태백산 산신령이 된 단종의 신통력이 강하게 작용하여 많이 모여든다.

태백산과 단종비각에
얽힌 이야기

단종비각

망경사 전경

태백은 그 후 90년대에 친구 가족과 함께 불영계곡을 거쳐 태백, 정선, 영월을 여행할 때 지나갔었다. 2000년대에는 혼자 야간열차를 타고 도계나 철암에서 내려 찾아가기도 했다. 오가는 길에 한번 내려딛고 가고 싶은 그리운 땅으로 남아 있었다.

그런데 왜 태백은 가고 싶고 그리워하는 곳이 되었을까? 거기에는 단종이 있고 광부가 있기 때문이다. 단종은 왕위를 빼앗기고 충신들과 함께 비명에 갔지만 백성들로부터 동정과 애모를 받던 인물이다. 무속신앙에서도 최영장군, 남이장군, 관운장과 함께 신령으로 섬기며 악과 불의로부터 민중을 보호하는 수호신으로 자리매김하고 있다. 태백산 인근에 있는 수많은 서낭당은 단종을 산신령으로 하여 영정을 모시고 있다. 백두대간의 줄기 양백지간인 고치령 고갯마루 산신당에는 태백산 산신령 단종과 소백산 산신령 금성대군의 위패를 함께 모셔놓고 있다.

그들은 불의에 의해 희생된, 정의를 대변하는 인물이다. 역사의 기록에는 패자이나 민중의 마음속에는 승자이자 신앙이었던 그들이다. 운명은 한과 비극으로 채색되어있지만 민중의 품 안에서 살아 숨 쉬는 행복한 주인공들이다. 한은 보기에는 서럽고 눈물겹지만 슬픔은 영혼의 정화제이고 눈물은 의를 향한 결의를 다져나가는 맹세이다.

단종은 어떻게 하여 태백산 산신령이 되었는가? 단종이 영월 관풍헌에서 비명에 간 날 혼은 태백산으로 왔다. 육신은 동강 위를 부유하고 있었지만 영령은 태백산으로 와서 산신령이 되었다. 전 한성부윤 추익한이 평소 단종의 영월유배지에 태백산 산머루를 은밀히 진상해 왔다. 단종이 승하한 날 꿈속에서 유배지로 진상차 가던 중 임금이 곤룡포를 입고 백마를 타고 오는 것을 보게 된다. 추 선비가 "임금님, 지금 어디로 가시느냐?"라고 물었다. "천제께서 불러 태백산을 지키는 산신령으로 명하여 가는 길이다." 하였다는 설화가 있다. 이것은 민중의 믿음이 만든 이야기이다. 단종은 백성들의 마음속에 함께 숨 쉬며 민생을 지켜주는 수호신이 된 것이다.

흔히 설화니 전설이니 하는 것을 꾸며낸 이야기라 하여 미신처럼 폄하하고 있는 게 현실이다. 우리가 꿈속을 헤매며 방황하다가 아침에 깨어나서야 꿈인 줄 안다. 현실은 지금 눈에 보이는 현상이요, 꿈은 눈에 보이지 않지만 정신적 공간에서 일어나는 작용이다. 사후세계에 입문한 단종이 산신령이라는 새로운 모습으로 등장하여 추 선비를 이끌어 나가는 것이 가능하다고 본다. 민중의 믿음이 꿈속에 투영되어 새로운 이야기를 만드니 마음이 정신세계와 소통하여 무한한 창조를 해나가는 것이라고 여긴다.

단종은 세조로부터 왕위를 찬탈당한 뒤 영월로 유배 길에 오른다. 한강을 거슬러 여주의 이포나루에서 내려 육로로 원주의 신림과 황둔을 지나 주천강 섶다리를 건너 영월로 나아간다. 임금의 가는 마지막 길을 백성들은 눈물과 곡성으로 배웅한다. 십자가를 메고 골고다 언덕으로 오르던 그리스도 예수의 모습처럼 너무나 안타까운 정경이었다.

태백산 산신령이 된 단종은 천제단을 보위하고 가깝게는 태백의 광부들을 보살핀다. 물길을 따라 자신의 신통력과 염원을 정선, 영월, 단양, 제천, 충주, 양수리를 거쳐 노량진의 사육신에게 보내고 있다. 태백은 그러한 점에서 한의 시원이라 할 수 있다. 그중에서도 망경사 경내의 단종비각이 모든 한을 대표한다.

1989년의 신년 태백산 등정 시에는 망경사 경내의 단종비각을 몰랐다. 그때 단종비각은 나에게 관심의 대상이 아니었다. 단종에 대한 역사현장의 글을 쓰게 되면서 그때 그 장소에서 단종비각을 처음으로 만나게 되었다는 사실을 뒤늦게 알았다. 무관심 속에 통과하는 지형지물처럼 만났지만 모르는 만남이었다. 그때 마음을 가다듬고 단종임금께 절하고 예를 갖추지 못한 것은 큰 아쉬움으로 남아 있다.

단종비각은 태백산 정상 아래의 망경사 경내에 위치하고 있으며, 장엄한 건립사연을 안고 있다. 1950년대에 망경사 주지인 김진정행 보살이 꿈속에서 단종으로부터 태백산에 비석을 세울 것을 주문받고 보시금을 마련하는 원력행을 했다. 1965년(단기 4298년 을사년 4월 15일)에 당대의 예언가이자 명필인 탄허 스님이 '단종비각'이라는 현판을 쓰고 '조선국태백산단종대왕지비'라는 높이 2미터, 폭 70센티미터의 비석을 세운다. 비문에는 태백산신령 단종임금의 영험으로 국운번성과 중생구제를 기원하는 내용이 담겨져 있다.

어찌하여 단종 임금이 꿈속에 나타나 비석을 세우라고 하였을까? 1950년대는 조국이 남북으로 갈라져 동족상잔의 비극이 발생하여 강산은 초토화되고 민생은 도탄에 빠져 있었다. 이러한 민족의 처참한 현실을 보고 그냥 있을 수 없어 태백산맥을 중심으로 떠도는 고혼을 달래고, 민생구제를 위한 자비심을 보태고, 나아가 분단을 넘어서 세계로 향하는 염원을 이루기를 바랐기 때문 아니겠는가. 지금껏 태백산맥 인근의 서낭당에 모셔져 기복이나 하는 토착신앙에서 벗어나 당당하게 태백산 정상에 올려 오가는 순례객들에게 믿음을 주라고 함이라고 본다. 그래서 김진정행 보살에게 계시를 내려 강력한 추진을 당부하였던 것이리라. 한편 보살의 간절한 마음이 단종의 뜻과 만나 꿈이라는 소통방식을 통하여 원력행을 낳게 하였을 것이다. 단종은 지금껏 애환과 비애의 추모 대상에서 민생구제와 국토번영을 향한 구원자로 등장하게 된 것이다.

단종비석은 인천에서 제작하여 천릿길의 먼 길을 어렵게 운송하여 태백산에 세워졌다. 대한중석 상동광업소 차량을 이용하여 어평재를 넘어 태백산 아래까지 비석을 운반하여 왔다. 산 아래에서부터는 인부 30여 명이 목도를 놓아 보름이나 걸려 망경사까지 별 사고 없이 무사히 견인했다. 하지만 인천에서 오는 중간에 단종의 묘가 있는 장릉 부근에서 차가 움직이지 않아 김진정행 보살이 장릉을 향하여 축원기도를 올리니 차가 움직였다는 설화가 전해온다.

비석에도 생명이 있고 영혼이 깃들어 있는가? 어이하여 장릉 앞에서 엎어져 움직이지 아니하였단 말인가. 인천은 망망한 서해에 이르는 한강의 종착지이자 한의 집결지이고, 태백산은 한의 출발점이다. 단종비석은 한의 흐름을 거슬러 단종의 유배길을 따라 영월을 거쳐 이곳 태백산에 안착하게 되었으니, 신묘한 인연의 작용에 경탄하지 않을 수 없다.

나는 이러한 단종비각의 장엄한 건립사연과 비면에 새겨진 염원을 기리며 한 수의 시조를 적어본다.

단종비각에서

반만 년 정기어린 천제단 망경사 품에
백마 타고 온, 님을 위해 비각을 세우니
이제는 임금이 아닌 산신령이 되었소

섶다리 건너오고 군등치 넘어와서
청령포 관음송 아래 보낸 짧은 세월
왕방연 눈물이 어린 시비 홀로 지키오

수백 년 간직해 온, 떠난 님 소식 모아
동강은 속삭이며 떼꾼에게 건네주면
노량진 사육신 만나 전해 주고 있다네

전생에 못다 한 백성사랑 원력 세워
태백산 정상을 감도는 흰 구름 되어
고된 삶 슬픈 사연을 다독이며 흐르네

이제는 머물리라 운수행각 마감하고
불보살 자비모아 천제단과 함께 하며
민중의 수호신 되어 이 국토를 지키리

추억을 찾아 다시 오른
태백산

'등태백산' 시비

태백산 정상에서

다시 한 번 태백산을 다녀왔다. 2012년 12월과 2013년 8월이다. 2012년은 그간 다녀온 태백의 명소를 다시금 접하여 추억을 되새기기 위함이요, 2013년 8월은 첫 등정 후 다시 밟지 못한 태백산을 올라 망경사 경내의 단종비각을 여유 있게 답사하기 위함이었다.

2012년 12월은 폭설과 한파로 완등을 못하고 아쉽게도 당골 중간에서 되돌아왔다. 겨울산행의 어려움과 단독 등정의 위험성을 현실적으로 받아들였다. 폭설 속에서도 꿋꿋이 자신을 드러내는 시비를 만난 게 그나마 위안이 되었다. 태백산 입구에는 고려 때의 문신인 안축의 '登太白山' 시비가 표지석 역할을 하고 있었다.

겨울산행의 위험성 때문에 해도 길고 등산여건도 좋은 여름산행을 다시 계획하기로 하였다. 2013년 8월 말, 피서의 끝 무렵인 다소 한산한 평일을 택해 열차로 태백으로 갔다. 부산역에서 저녁 10시 반에 출발하는 강릉행 무궁화 열차를 타고 새벽 5시경에 도계역에 도착하였다. 다시 태백으로 가려면 도계에서 1시간을 기다려 강릉에서 내려오는 청량리행 무궁화 열차를 타야 한다. 먼동이 트기 전이라서 1시간 동안 희미한 적막 속에 잠들어 있는 탄광촌을 더듬어 보았다. 시가지는 양옥으로 정비되었고 판자촌의 흔적은 사라져 버린 지 오래되었다. 외견상 발전을 한 것처럼 보이나 1960~1970년대의 흥청거림은 찾을 수 없었다. 추억의 징표가 사라진 현장은 삶의 온기를 잃고 식어버린 난로통 같은 분위기를 연출하고 있었다.

6시에 강릉에서 내려오는 열차를 타고 태백역에 도착하니 7시경이 되었고, 역전의 해장국 집에서 간단하게 아침식사를 하였다. 아낀 시간만큼 태백산을 천천히 등정할 수 있는 여유를 갖게 되었다.

당골 입구에 들어서니 이른 아침인데도 태백산에서 내려오는 등산객들이 제법 많이 보였다. 오히려 오르는 사람은 내가 유일하다시피 하였다. 하산객들은 무박 2일 일정으로 일출을 보고 내려오는 등산객이라고 쉽게 짐작이 되었다. 아침 일찍부터 서둘렀으니 태백산을 완등하기에는 충분한 시간이 보장되어 있었다. 햇살도 부드럽고 공기도 청량하여 산행하기에는 최적의 조건이었다.

24년 전에 있었던 신년 아침의 등정은 한겨울의 흰 외투를 걸친 태백산의 본모습을 보기 위함이었다면, 이번은 울창한 녹음과 우렁찬 계류의 속살을 보고 싶은 바람 때문이기도 했다. 내게 보다 더 중요한 것은 그 옛날의 어둠 속에 스쳐간 망경사의 단종비각을 가까이에서 여유롭게 만나보고자 하는 것이었다.

1시간 반을 오르니 백단사 방향에서 올라오는 길과 만나는 반재에 도착하였다. 그제사 태백산을 무사히 오를 수 있다는 안도감을 느끼기 시작했다. 매사에는 심적 안도감이 중요하다. 그것은 자신감을 불러오고 성취의 열정을 예열시키기 때문이다. 그러나 여름산행이 겨울산행보다 안전하지만 단독 등정이고 갑작스런 기상변화로 방심을 할 수는 없었다. 이제부터는 안내판을 따라 완만한 경사길을 가기만 하면 된다.

1시간을 또 오르니 태백산 턱밑의 망경사에 도착하였다. 24년 전 신년원단 어둠 속에 묻혀 있던 망경사와 용정수를 다시 만났다. 망경사는 탁 트인 전망과 거울같이 밝은 햇살을 안고 태백산을 지키고 있었다. 용정수에서 한 바가지의 물로 달려온 여정 속의 깊은 갈증을 해갈하고 응결된 재회의 갈망을 풀었다.

태백산을 오르는 마지막 길목의 단종비각은 정상의 천제단과 이웃하고 있었다. 천제의 부름을 받고 산신령이 된 단종의 혼을 고이 간직한 채 긴 세월을 인내하고 있었다. 비각 안에 고이 모신 비석을 유심히 관찰하면서 지난날에 스쳐 지나갔을 뿐 예를 올리지 못한 데 대해 참회하였다. 단종비각에 절하고 다시 오르니 마침내 정상에 도달하였다. 이번에도 태백산은 마음의 창을 활짝 열고 모든 것을 아낌없이 보여주었다. 청명한 날씨에 간간이 흘러가는 조각구름이 한여름의 폭양을 가려 시원한 그늘을 선사하였다.

당골 입구에 있는 안축의 '등태백산' 시비 속의 글귀가 떠올랐다.

길고 먼 하늘을 지나 붉은 안개 속 들어가니
그제야 최고봉에 올랐다는 것을 알겠네
둥그렇고 밝은 해가 머리위에 나직하고
사면을 둘러싼 산들은 눈앞에 내려앉았네

안축의 절묘한 표현을 실제로 체험해 보니 나도 그와 같은 감흥을 느껴 개작해 보았다.

급한 산길을 따라 고개를 숙여가니 하늘은 볼 수 없고
자욱한 산안개를 비집어서 붉은 해가 비추어 보이니
그때 가서야 내가 정상에 다 올랐음을 알아차렸고
산 아래서 보이던 높은 봉우리들이 발아래에 밟히네

두 번째 등정도 태백산은 밝은 얼굴로 변함없이 나를 반겨주었다. 나는 태백산 정상에 서서 경건한 마음으로 기도를 하였다. 최초의 등정 시에는 떠오르는 둥근 해를 보고 가족의 안녕과 소원 성취를 기원하였지만 이번 등정에서는 파노라마처럼 펼쳐진 태백산군을 앞에 두고 지난날을 참회하고 나아갈 바른 삶의 지혜를 염원하였다. 그간의 등정은 여럿이 어울려 낭만과 성취를 찾아 경쟁하는 오름이었지만 이번은 혼자서 걸으며 사색과 명상에 젖어 내면과 대화하는 수행의 길이었다.

나는 태백산을 대자연에 대한 겸허한 외경심으로 등정하였다. 특히 천제단과 단종비각에 대해서는 특별히 숙연한 자세로 대하였다. 하늘을 대변하는 천제단과 민심을 대변하는 단종비각은 동일한 진리의 표상이다. 순천자와 순리자에게는 밝은 일출과 청명한 기상을 선사하지만 역천자와 역리자에게는 그러하지 않다는 것을 일깨워 주었다.

나는 그토록 가까이에서 만나고 싶었던 단종비각과 천제단을 참배하고 느낀 감회를 한 수의 시로 응답해 본다.

태백산을 오르며

눈빛처럼 해맑은 태백산을 바라보니
장엄한 준령은 위세가 드높고
반만년 전설이 천제단에 쌓였네

내 마음이 허전하고 세파에 시달리면
언제나 그려보던 태백산의 정경이여
자주는 못 왔지만 마음만은 달려가네

흰 구름이 감도는 정상에 오르니
전설은 구름 타고 내 마음을 적시고
세속의 안고 온 고뇌 말끔하게 씻어주네

떠오른 둥근달이 망경사를 비추면
희미한 단종비각에 혼불이 일어나
잠들은 탄광촌을 자애롭게 쓰다듬네

2020년에 태백산을
다시 찾다

태백산 정상 설경

천제단 참배객

2020년 새해를 기념하기 위해 태백산을 다시 찾기로 하였다. 2010년대의 10년 단위 격랑의 세월을 되돌아보고 싶었다. 여생의 의미 있는 마무리가 무엇인지 여정 속에서 찾고도 싶었다. 지난 세월 아픔의 잔재를 여로에 뿌리고, 새로운 탄생을 꿈꾸면서 걷고 싶었다. 10년 단위의 인생다발은 작다면 작고 크다면 크다. 이제 일곱 번째 인생다발을 묶으면서 2030년까지 가야만 한다.

그 10년은 생로병사의 과정이요, 희로애락의 응결체가 되리라. 엄연한 자연의 법칙 앞에서 타협이란 미봉책은 없다. 오로지 가느냐 중단하느냐 선택만이 있을 뿐이다. 낙오는 죽음이며 행진은 생존이다. 70을 바라보는 나이에, 드러난 외형보다는 숨겨진 우주의 섭리를 만나고 싶다. 우주 속에 깃든 무한 생명 에너지를 흡입하며 나를 그 품 안에 던져 보고자 한다. 나와 우주가 둘이 아닌 하나라는 깨달음을 얻게 된다면 다가오는 죽음이 두렵기만 하지 않을 테지. 그것의 답은 고요와 묵상 속에서 찾을 수 있을 것이다.

태백산은 민족의 영산으로 백두의 정기가 응결된 곳이다. 삶의 종착역으로 달려가는 여정에서 항상 마지막 만남이라고 여기며 숙연하게 접근한다.

"오! 나는 낡아가는 육신을 이끌고 가서 천제단 성스러운 제단에서 불생불멸의 진리를 터득하리라."

죽어서도 천년을 살아가는 주목 고사목 군락지에서 생명의 유한함과 유장함을 동시에 본다. 망경사 허공에 빛나는 무한한 생명 빛을 보면서 삶과 죽음이 하나라는 진리를 얻게 되리라. 천제단에 '하나를 위한 기도'를 올리며 영원한 합일의 경지에 순응케 하여 안정된 마음을 얻게 될 것이다.

수많은 군상이 개미처럼 산을 기어오르니 산속에 파묻혀 하나하나가 모여 큰 산을 이룬다. 그 속에 있는 동안은 어머니의 품 안처럼 편안하다. 다시 하산을 하여 빠져나오면 전체에서 분리된 하나가 된다. 그 순간 두고 온 세속의 번뇌는 다시 끓어오르고 마음은 급해진다. 산은 수많은 하나를 아우르며 단 하나의 하나가 되어, 만물은 하나이면서 전체라는 걸 가르쳐 준다.

하나로 있으면서 번민하고 방황하던 육신을 이끌고 홀연히 세속을 등진다. 찾아가는 곳 또한 세속이지만 덜 세속적인 곳이다. 다만 스스로 세속의 굴레를 벗어난다는 마음이 중요하듯이 덜 세속적인 곳에서 세속을 잊고자 한다. 그러나 지리상 어느 곳에서도 영원한 안식처는 없다. 오직 마음이 만든 창살 없는 감옥이 우리를 옥죌 뿐이다. 이러한 진리를 알면서도 깨우치지 못하는 무명에 안타까울 따름이다.

나는 서서히 태백산을 오른다. 처음의 의도는 다만 찾아가서 품 안에 안기기만 하는 것이었다. 새해 첫날에 단순한 행장으로 평범한 산행을 예정했었다. 당골을 지나 서서히 태백산의 속살을 파고든다. 목적지는 이정표가 머무르는 곳에서 결정하고자 하였다. 당골에서 태백산 정상까지 4.4킬로미터라고 적혀 있다. 반재까지는 2.4킬로미터, 대략 반이니까 반재라고 이름 지어진 모양이다. 우선 반재까지만 가기로 하였다. 쉬엄쉬엄 시간에 구애받지 않고 나아가니 숨 가쁜 줄을 모르겠다. 마음이 바쁘면 숨도 가쁜가 보다. 가파른 목재 계단을 밟고 주욱 오르니 반재 쉼터에 도착했다. 눈이 많이 쌓였고 날씨가 추워서 앉기가 꺼려진다. 길섶 난간에 기대어 가쁜 숨을 조절하고 다시 오르기 시작했다. 망경사까지 1.7킬로미터라고 이정표가 가리키고 있다. 이왕 여기까지 왔으니 망경사까지 연장하기로 하였다. 눈길로는 험난하고 먼 거리라고 할 수 있다.

그러나 오늘 일정에 대한 부담을 없애니 마음이 편안하였다. 본래의 일정에 맞추려 하다 보면 본연의 목적에 벗어나 성취에만 집착하게 된다. 그래서 일정에 어긋남을 책망하지 않고 일탈을 즐기기로 마음을 먹었다. 그날 못 내려가면 큰일이 날 리가 없는 한가한 방랑객의 자유는 이럴 때 빛난다. 빡빡한 일정은 지금의 현실에 충실치 못하게 하고 건성에 젖게 할 수도 있다. 시간의 제약을 벗어나 마음을 비우니 눈앞에 집중하고 마음이 헐떡이지 않으니 육신도 편안하였다.

고도를 높여가니 적설량이 두텁게 느껴졌다. 뽀드득 밟히며 으깨지는 눈 소리가 듣기 좋았다. 한 개의 스틱을 중심축으로 하여 나아가니 뒤뚱거렸다. 앞서가는 노승(?)은 막대기로도 잘만 가네. 오직 정신줄 놓지 않고 집중하면 그것이 수행일 것이다.

드디어 9부 능선에 있는 망경사에 도착했다. 조선제일의 명수인 용정약수를 한 바가지 들이키고 감사의 기도를 올렸다. 정상에 오르는 길목에 있는 단종비각이 반겨주었다. 몇 년 전 만남에 추억을 만들었고 이제는 그리움의 재회에 눈시울이 뜨겁다. 마지막 200여 미터를 치고 오르니 기어코 정상에 서게 되었다.

천제단에 절을 올리고 감사의 기도를 하였다. 아득한 하늘을 향해 인연이 있는 만물의 안녕을 기원하였다.

"일체 만물을 편안케 해 주소서."

내려가는 길은 경사가 급해 조심해야 했다. 아이젠의 브레이크가 빙판을 자극하는 소리가 싱그럽다. '사각' '사각' 박자와 리

듬에 맞추어 내려갔다. 집중 또 집중하여 내려가니 당골에 무사
히 당도했다.

이번에도 태백산은 나를 무사히 보듬어서 편안하게 세속으
로 바래다주었다. 2020년 신년 첫날의 등정으로 청정한 마음
으로 한해를, 그리고 한 다발의 10년을 잘 보내게 해 줄 거라고
믿는다.

나의 인생에 마지막이 될지도 모를 태백산 등정을 기념하며,
새로운 10년을 의미 있게 보내 달라고 기도하는 마음으로 한 수
의 시를 적어 본다.

하나를 위한 기도

이 세상 홀로 와서 엄한 세파 견뎌내며
이루면서 무너지면서 종착점으로 달려가네
올 때에도 그러하듯이 갈 때에도 혼자라네
올 때처럼 용감하게 갈 때도 당당할 수 있을까

이 몸은 혼자지만 마음은 여러 갈래
마음속에 새겨진 수많은 그림들은
지울 수 없는 문신들로 운명처럼 남겨져
떠날 때는 영혼 속에 담겨져 제 갈 길로 가겠지

혼자라는 외로움이 가슴속을 파고들 때

부여잡는 새끼줄을 믿을 수는 있을까
보이는 구원의 손길은 아지랑이 신기루라
차라리 마음 비우고 당당하게 가야 하리

그 누가 물었었지 '하늘이 무슨 뜻이냐'고
하나이면서 둘이 아닌 모두라고 했었지
혼자라는 분리감이 내 마음을 흔들며는
하늘에 모든 걸 맡겨 하나 되길 기도하네

천제단이여 나를 하늘과 하나 되게 하소서
너와 내가 모두이며 하나임을 알게 하소서
스쳐가는 만물과 현상이 꿈이란 걸 알게 하소서
오로지 진리만이 참이며 실재임을 알게 하소서

떠나보낸 수많은 인연들이 안녕하게 하소서
슬픔보다 안도로서 그들을 추모하게 하소서
언젠가는 떠나야 할 길을 먼저 갔다 여기게 하소서
오로지 아름다운 추억만을 기억하게 하소서

여기 있는 인연들을 평등하게 대하게 하소서
사랑도 미움도 마음의 장난임을 알게 하소서
진정한 사랑은 차별 없는 헌신임을 알게 하소서
사랑도 미움도 슬픔도 기쁨도 모두 꿈인 줄 깨우치게 하소서

어느 광복절 사북을
지나며

사북역	사북 탄광촌

사북하면 떠오르는 것은 탄광과 광부의 삶에 대한 이야기이다.
사북은 장성, 철암, 도계와 함께 대표적인 탄좌가 있는 곳이다.
배움과 기술이 없어 취업이 어려운 단순 노무자들이 생명을 담
보로 비교적 큰돈을 벌 수 있던 일자리가 탄광이다. 석탄은 산
업발전의 기초적인 원동력이며 개발시대의 국민들의 절대적인
연료이자 난방자원인 연탄의 주 원재료이다.

연탄은 하루 한 장으로 서민들의 취사를 해결하고 여열로서 아랫목을 데울 수 있다. 한겨울을 대비하여 수십 장을 저장하는 세대보다 하루에 한 장을 새끼줄에 꿰어 구입하던 세대가 대부분이었다. 그 시절에는 생존의 필수품이었다. 그리고 한겨울 뉴스에 심심찮게 보도되던 연탄가스 중독사고의 원인이 되기도 하였다. 고단한 삶과 실연의 아픔을 극복하지 못해 생명을 끊는 수단의 악역이기도 하였다. 크리스마스를 즈음하여 독거노인과 소년소녀 가장에게 배달되는 대표적인 자선 선물이기도 하였다.

이러한 연탄의 고장인 사북을 처음으로 지나던 날은 마침 광복절이었다. 태백 시내를 거쳐 함백산의 싸리재를 넘어 정선으로 가는 길목에서 사북을 만났다. 지나던 길에 집도 냇물도 하늘도 어린이 얼굴도 새까맣게 탄가루로 채색된 칠흑 같은 동네를 통과하였다. 판잣집 대문가에 나부끼는 새하얀 태극기의 행렬을 보았다. 태백시내에서의 띄엄한 분포와는 달리 전 세대라고 할 정도로 태극기가 펄럭이고 있었다. 탄가루 검은색과 태극기 순백색의 극명한 대비는 선연한 감동의 풍경이기도 하고, 무언가 의미하는 삶의 모순 같기도 하였다. 가장 어둡게 사는 외형적 삶과 가장 밝고 희게 살아가려는 내부적 정신이 묘한 조화를 이루고 있었다.

무엇이 이토록 자발적인 동참을 하게 하였을까? 대체로 가난한 계층은 제대로 교육을 받지 못하여 가난을 대물림하는 것이 현실이다. 가난은 당사자의 근면과 노력의 부족에서 오는 것이 일반적이다. 순박한 사람이 법과 제도를 잘 지키고 정직한 삶을 살았기 때문에 겪는 모순적인 결과일 수도 있다. 그러한 사람들은 국민의 의무를 다하면서도 공권력을 너무 존중하여 두려워하기도 하였다. 그것은 우리 민족의 DNA 속에 깊숙이 잠복해 있는 현상으로 한스런 역사의 소산이기도 하다. 이러한 광부의 자식들은 부모로부터 정직과 애국심을 마음과 몸으로 배웠다.

무심코 지나가버릴 수도 있는 광복절 태극기 행렬의 현장을 응시하고 그 의미를 음미해 보았다. 나 또한 성장기에 판잣집촌의 골목정서가 한편으로 그립고 또한 편안한 추억이었기 때문일 수도 있다.

광부들은 못 배운 한을 승화시키고 가난을 대물림 않으려고 열심히 일했다. 죽음의 위험이 실시간으로 엄습해 오는 수천 길 막장 속에서 일한다. 후끈한 지열에 땀범벅이 되어 어둠의 공포와 싸운다. 엄청난 집중력과 담력이 아니면 견디기 힘든 작업 상황에서 말이다.

막장은 들어설 때는 생존의 기도를, 나올 때는 감사의 기도를 올린다. 그들은 하루 단위로 살아간다. 내일은 또 다른 생일이요 삶의 시작이다. 폭약을 탄층에 충진하고 발파 버튼을 누르면 폭발의 굉음과 함께 수십 톤의 탄가루가 천정에서 쏟아진다. 그 순간은 갱도가 무너져 내리지 않기를 기도한다. 탄가루 칠흑의 먼지가 걷히면 서로의 얼굴을 마주보며 살아 있음을 확인하다. 쓰리, 투, 원, 제로! 공(空)으로 돌아가는 카운트다운이다. 그 순간 살아 있다는 것을 알아차리는 것이 공이요 깨달음이라는 걸

배운다. 그들은 군대에서 배운 인내와 필승의 용기로 작전을 수행하듯 발파, 채굴, 채탄, 송탄 작업을 성공적으로 수행하였다.

막장이라고 부르는 채굴장은 이름 그대로 암흑 속의 지옥과 같다. 하는 일이 위험할수록 가기를 꺼려하나, 학력이 받쳐주지 못하고 별다른 기술이 없는 사람은 막장과 같은 곳으로 간다. 남자의 직업 중에서 제일 마지막에 선택하는 것이 광부이다. 그리고 원양어선, 외항선원 등은 그다음이라고 할 수 있다. 반면 위험하다 보니까 임금 수준은 꽤 높다. 어쩌면 일확천금은 아니더라도 단기간에 큰돈을 벌기 위해서 광부와 선원으로 자원하여 가는 경우도 있다. 옛날의 채석장이나 떼꾼이 막장이나 선원과 비슷한 경우라고 생각된다.

여자의 막장은 과연 어디인가? 빈한한 가정사정과 기구한 운명으로 인해 화류계에 발을 들이는 경우가 있었다. 젊었을 때는 도시의 화려한 조명 아래서 웃음을 팔면서 괜찮은 수입을 올리던 그녀들을 보자. 그녀들이 번 귀한 돈은 어려운 가정의 생활비로 남동생들의 학비로 보내졌다. 자신들의 삶을 희생하여 돈은 벌었지만 육체는 망가져 가고 정신은 피폐해 지는 경우가 대부분이었다. 나이가 들어가면 은퇴를 하여야 하나 사회는 해방시켜 주지 않는다.

그녀들의 종착지는 흑산도라는 이야기가 있다. 흑산도 아가씨의 노래 가사와는 좀 다르지만 육지를 떠나 외로운 섬으로 가서 인생의 마지막 빛을 발하며 모닥불처럼 사라진다. 모두 다 아쉽고 안타까운 스토리의 주인공들이다. 어쩔 수 없는 삶의 피

라미드를 구성하는 퍼즐이 되는 걸 거부할 수 없는 운명이라고
나 할까.

철암역사에 쌓인 원탄은 지하 수천 미터에서 수억 년간을 암
흑 속에 숨 쉬다가 광부의 땀과 눈물에 의해 지상에서 부활한
것이다. 그 검은 얼굴을 하늘 아래 드러내어 산업의 생명불이기
도 서민들의 삶에 온기를 불어넣는 난로가 되기도 한다.

그 당시에 사북을 지나면서 맑고 밝은 동심을 보고, 열심히 살
아가는 광부들의 모습을 보고 적어 놓은 시조 한 수를 올린다.

사북을 지나면서

칠흑 같은 탄가루가 사방을 도배해도
구공탄 불길처럼 피어오르는 새 희망
하이얀 태극기 물결 밝은 미래 새싹들

천길 깊이 탄맥 찾아 하루에도 두세 번을
그믐밤보다 더 어두운 막장 속에 숨 쉬지만
내일의 밝은 햇살을 고사리 손이 안겨줄 걸

팔도에서 모여들고 목숨 걸고 지원하는
진폐 구폐 감수하며 내일 위해 희망 심고
이 한 몸 스러져가도 지켜가는 광부의 혼

석탄과 광부의 혼이 깃든
철암을 찾다

철암역 전경

철암역

2013년 겨울 철암을 방문하였을 때는 엄청난 폭설이 지나간 뒤였다. 석탄에 채색된 검디검은 대지가 일시적으로 눈에 뒤덮여 모든 것을 순백의 진공 속 평등으로 되돌려 놓은 상태였다. 하지만 쓰러져가는 판잣집 속에는 지난날의 흔적만 남고 거미줄에 걸린 추억만이 숨 쉬고 있었다.

태백을 돌아보고 부산행 무궁화 열차를 기다리는 짬을 이용하여 철암 시가지를 돌아보았다. 한때 몇만에 이를 정도로 광부들과 식솔들, 음식점, 미장원, 다방, 전통시장 상인들로 붐비던 정경은 더 이상 찾아볼 수가 없었다. 모두가 일시에 허공 속으로 증발해 버린 폐허로서 다가왔다. 대로변의 상가는 수십 년간의 영화를 접고 의미 없는 퇴색된 간판을 그대로 달고 한겨울에 쌓여가는 적설로 문턱조차 보이지 않았다. 간혹 목 좋은 길목의 가게에는 퇴역한 원조 광부들이 옹기종기 모여서 어묵 국물을 안주 삼아 쓰디쓴 소주잔을 돌리며 지난날을 추상하고 있었다. 깊게 금이 간 낡은 구공탄 난로는 여전히 보리찻물을 데우고 그들의 몸을 녹여주고 있었다. 그리고 이야기를 재촉하는 마음속의 뜨거운 화로가 되어 세월을 지키며 사람은 떠나도 추억은 숨쉬고 있었다.

철암천의 까치발 집, 산비탈의 흙집에서 어렵게 살아가던 광부들의 삶을 상상해 보며 적어 놓은 시 한 수를 올려본다.

모두 어디로 갔는가

삶의 흔적은 퇴색된 채로 그대로 있는데
인적은 거미줄 친 채로 보이지 않는다
어디서 오순도순하던 지난날을 만날까

하루일과 마치는 즉시 달려오던 쪽방 집은
찬바람 거친 폭우에 곰보딱지 흙벽인 채

아무도 거들떠보지 않는 지난날의 보금자리

사랑 하나 믿음 삼아 막장인생 시작했지
어둠 속 깊은 천식을 희망으로 견뎌내며
순이와 긴 겨울밤을 포옹하던 시절 어디로 갔나

다시 고단한 삶의 애환이 배인 골목길로 들어서니 매서운 눈바람이 골바람 되어 얼굴을 때린다. 거의 전부라고 해도 과언이 아닐 정도로 골목 안의 스레트집은 녹슨 열쇠로 문고리가 잠겨져 삶의 호흡이 끊긴 것을 알려주고 있었다. 여러 가구가 단칸방에서 한 부엌을 같이 쓰며 엉덩이를 맞대고 살아가던 정경은 더 이상 찾아볼 수가 없었다. 간간이 진폐증을 앓고 있는 늙은 광부의 깊은 천식의 칼칼한 기침소리가 들려옴은 그래도 떠날 수 없는 사연을 간직하고 있었다. 그 지난날의 탄광 경기가 좋았을 때 인파로 붐볐던 철암시장과 골목은 인적이 끊겼다. 회색빛 적막과 그리움으로 채색되어 겨울바람에 문풍지와 함께 울고 있었다.

그 얼마나 많은 사람들이 살고 갔던가. 그리고 그 속에서 아기자기한 사랑이 꽃피고 애달픈 순애보가 가슴을 적셨던가. 운명처럼 만남에서 몇 남매 자식을 낳고 길러 도시로 유학 보내고 성공시켜 왔던가. 그들의 후예들은 속칭 출세하기도 하였고 부모님의 삶을 연출하는 배우가 되기도 하였다. 그리고 자신이 태어나고 살아온 그곳을 사랑하고 그 속의 한을 자신의 DNA에 담아 대대로 전승하고 있다. 그들이 성실하고 청순하게 자신의 삶을 설계하며 살아가기를 믿으며 행복을 기원한다. 가난과 역경이 인생의 큰 스승이자 노후에 반추할 훌륭한 추억의 소재가 될 것이다.

한편으로 보면 부유한 자와 가난한 자는 평등하다고 본다. 대부분의 부자는 넘치는 재산을 쌓아두어 장의 숙변처럼 독소를 내뿜어 건강을 해친다. 그러나 가난한 자는 조그만 것에 감사해하며 축적에서 오는 오만과 불화에서 자유로울 수 있다. 단 절대적 빈곤만 아니라면 말이다. 사북과 철암 탄광촌 광부들의 삶은 탄광이라는 거목에 붙어 서로 도와가며 살아가는 상생의 깊은 의미를 보여주고 있었다.

해인사를 지나면서 참나무에 붙어 푸르름을 간직하고 있던 겨우살이를 보고 상생의 참모습을 느끼며 적어 놓은 글이다.

겨우살이

한겨울 가야산 참나무는 푸른 고깔 쓰고 있네
삭풍이 휘몰아치면 서로 함께 부둥켜안고
기나긴 겨울밤 내내 다정하게 속삭이며

땅 위에 홀로 설 수 없는 불구의 몸 의지하고
참나무 헐벗은 머리 위를 꽃모자로 감싸주는
긴 겨울 힘 한번 뭉치면 겨우 살아갈 수 있을 거야

너와 나는 둘이 아닌 한 몸으로 만났지
나에게 남은 자양분을 너에게 나눠주마
해인사 일주문 앞에 도열해선 보리심

　마지막 열차의 여유 시간을 쪼개어서 철암 시장 통의 고향식
당에 들렀다. 할머니가 차려준 곱창전골을 안주 삼아 독한 경월
소주가 순하게 새로운 이름으로 변신한 소주를 들이켰다.
　1970년대 초에 친구 일행과 함께 한겨울 설악산, 경포대 등
을 보기 위해 영동지방을 여행한 추억이 있었다. 증기기관차 안
의 난로에 조개탄으로 불을 때던 아득한 시절이었다. 난로 주변
에 옹기종기 모여서 조개살에 독한 경월소주로 추위를 잊고 차
창 가에 스치는 설경을 감상하던 여정이 그리워진다. 고향식당
이란 간판은 모든 이에게 해당되는 공통분모로 그 속에는 수많
은 각자의 고향을 담고 있다. 출신지역, 신분을 초월한 훌륭한
상호임에 틀림없다.
　대부분의 광부는 떠났다. 남은 사람들은 늙고 허약하기도 하
고, 또 다른 형편상 떠날 수 없었다. 정든 시절을 반추하며 여생
을 보내는 것이 객지에서 또 다른 적응의 어려움을 겪는 것보다
나은 선택일 수 있다.
　마지막 손님인 나는 고향식당을 나와 눈보라가 몰아치는 철
암역 플랫폼으로 서서히 다가오는 무궁화호 승강구에 올랐다.

수억 년 신비를 담은
구문소를 찾아서

구문소

황지 못

2013년 8월 태백산 등정을 마치고 영월로 가기 전에 동점 인근의 구문소를 찾았다. 구문소는 2007년 겨울에도 답사하였으나 두꺼운 얼음장으로 뒤덮여 있어 신비로운 물줄기를 감상할 수 없었다.

구문소는 생성의 신비함과 낮은 데로 흐르려는 물의 힘을 실감케 한다. 태백은 북으로는 함백산, 서로는 태백산, 동으로는 연화산, 남으로는 도강산맥이 온 사면을 감싸고 있는 세계에서 보기 드문 독특한 지형을 갖고 있다. 그래서 고산분지에 갇힌 물은 어떻게 하든 물길을 틔워 흘러가야만 했다. 황지에서 발원한 물줄기가 태백산록에서 내려오는 물길과 합쳐져 장성을 거치면서 수량을 불려 구문소로 흘러간다. 초입에서 한껏 힘을 모아 수억 년을 깨고, 뚫고, 다듬어서 기필코 우람한 동굴을 만들었다. 그것은 진리요 환희의 발현이다.

물은 결코 한 곳에 머무르지 않으며 어떻게 하든 흘러가게 되어있다. 산이라는 큰 장애를 만나면 휘돌아 가기도 한다. 장벽을 만나면 억겁의 세월을 인내하며 마침내 관통하는 파괴를 통한 창조를 한다. 그것은 낮은 데로 임하는 겸손의 승리요, 차근차근 세월을 기다리는 인내의 작품이다. 마침내 진리를 온 천하에 알리는 아우성이며 그 염원을 이룬 득도의 환희이다.

한여름의 시원한 물줄기가 삼형제 폭포를 이루어 일시에 수백 척의 깊은 구문소 입속으로 쏟아진다. 소용돌이치며 서서히 동굴을 휘돌아 저 아래의 동점을 거쳐 석포를 지나 낙동강으로 흘러간다.

그 옛날에 삼재를 면하는 길지인 무릉도원이 구문소를 통과하면 열린다는 전설이 있었다. 많은 사람들이 넘어가려 했지만 동굴이 닫혀 건너지를 못했다. 자개문이라 하여 자시에 열려서 축시에 닫혀 신이 허락한 꼭 한정된 사람만이 통과하도록 하였다는 전설이 있다. 구문소 입구 암벽에는 '오복동천자개문(五福洞天子開門)'이 멋진 글씨체로 암각되어 있다.

구문소의 생성에 대한 역사적 기록을 살펴보면 흥미롭다. 구문소의 이름은 구무소, 뚜루내, 천천 등으로 여러 가지가 있다. 강물이 흐름을 가로막고 있는 산을 뚫고 나가는 특이한 지형이 있다. 도강산맥이라고 말하며 강이 산을 건너간다는 뜻이다. 구무소는 강이 산을 뚫고 나간 큰 돌문 아래에 큰 소를 만들었다는 이름이며, 뚜루네는 강이 산을 뚫고 나갔다는 뜻의 이름이다. 그래서 구무소는 구문소로 뚜루네는 천천(穿川)으로 한자식 표기의 이름으로 바뀐다. 세종실록지리지, 동국여지승람에는 천천으로 기록되어있다.

1937년 일제가 인공적으로 만든 석문이 바로 옆에 있는데, 차량이 통과할 수 있는 규모이다. 입구의 상단에 우혈모기(禹穴俜奇)라는 한자어가 음각되어 있다. 중국 하나라의 우임금이 치수를 위하여 뚫은 석굴과 닮았다는 뜻이다. 실제로는 일본이 석탄을 수탈하여 운반하기 위해 만든 석문이다. 본래의 의도를 왜곡하여 선현의 치적과 비교하는 우를 범하고 있으니 우임금이 한탄할 만하다.

구문소의 바로 위쪽에는 '고생대 자연사 박물관'이 있어 수억 년 전의 지형 형성의 과정을 알 수 있다. 현재의 지형은 과거에 바다로 석회암 층으로 이루어져 있다. 삼엽충, 두족류, 물결흔, 소금흔 등과 같은 해양생물의 화석과 흔적이 발견되어 이곳에 전시되어 있다. 석회암 층은 물에 침식이 잘되어 물의 천공작업을 기어코 이루어 내게 하는 요인으로 볼 수 있다.

나는 구문소 옆의 탐방로를 따라 주변을 조망해 보았다. 삼형제 폭포를 내려다보는 위치에 있는 자개루에 올라 구문소, 용소, 마당소, 삼형제폭포와 주변 암반의 지형을 바라보니 마냥 신비롭기만 하였다.

'신비하다'는 것은 무엇인가? 인간적인 시각과 우주적인 관점은 하늘과 땅 사이만큼의 간극이 있다. 구문소의 석굴이 뚫리는 데는 수억 년이 걸릴 수 있다. 인간적인 입장에서는 무량한 세월이나, 우주적인 입장에서는 찰나일 수 있는 것이다. 공간적으로 우주는 광대무변하여 항하사 모래알보다 많은 별들이 모여 삼천대천세계를 이룬다. 먼 우주의 별들이 발산하는 별빛이 지구에 도달하는 데 수억 광년이 걸린다니 시간과 공간의 개념은 상상할 수 없는 신비적 차원이다.

그래서 구문소가 뚫린 것은 우주적 견지에서는 자연스런 현상이라고 보아야 한다. 그리고 옛날 바다의 지층이 융기하여 육지가 된 것도 역학적인 관점에서 보면 신비가 아닌 자연스런 현상이다. 우리는 인간의 안목에서 보이는 세계만 진리로 인정하지만 우주적 관점에서는 모든 것은 신비가 아닌 당연한 것으로 진리를 표방하는 것이리라.

우리는 인간으로 살고 인간의 의식구조의 범위 내에서 상상하고 적당한 결론을 내리니, 이것이야말로 깨닫지 못한 무명의 상태라고 본다. 그러니 보이는 대로 생각한 대로를 합리적 기준이라고 정하는 인간의 논리와 우주적 진리에는 엄청난 괴리가 있는 것이다. 어쨌든 구문소의 생성은 신비하고 물의 흐름은 순리요, 인내의 세월은 목표를 이루고야 만다는 교훈을 얻게 해 준다.

검룡소에서 발원한 남한강은 영월, 충주를 거쳐 양수리에서 북한강을 만나 하나가 되어 노량진을 거쳐 서해로 흘러간다. 황지에서 용출한 또 하나의 물줄기가 낙동강의 원류가 된다.

장성 중앙병원의 진폐증을 앓는 늙은 광부의 깊은 천식을 안고 구문소를 통과한 물줄기는 철암천에서 내려오는 채탄광부의 한을 모아 춘양목 우거진 현동천과 만난다. 구불구불한 긴 여정을 거쳐 수려한 청량산을 조망하며 도산서원의 퇴계와 두향의 정담을 쓸어 담아 흐른다. 다시 흘러 예천의 삼강 주막거리 할머니의 애환을 싣고 회룡포에서 잠시 머문다. 금천에서 내려오는 가은 탄광의 광부들의 한을 녹여 함께 하며 남지에서 논개의 한을 실은 남강과 합류한다. 서서히 흘러 유역의 농토를 흥건히 적시며 정운 장군의 한이 서린 다대포 몰운대에서 대장정의 흐름을 마감한다.

강물의 시작은 산이며, 종착점은 바다이다. 시작은 높은 곳에서 마감은 낮은 곳에서 이루어진다. 흐름의 과정은 숱한 갈래의 냇물이지만 목표는 오직 한 곳인 바다이다. 한 방울의 빗물이 모여 지역을 대표하는 개천이 되고 수많은 개천의 이름은 마지막으로 하나의 강의 이름으로 통일된다. 만물의 생성은 다기다양하나 소멸은 하나로 귀결된다. 이러한 자연의 섭리를 따라 태백산록에 내린 빗물은 오늘도 순환한다.

구문소를 찾아가 느꼈던 생성의 신비함과 오복동천 자개문을 찾았을 때 느꼈던 민심의 염원을 되새기며 한 수의 시조를 적어 본다.

구문소를 지나며

무엇이 한스러워 떠나려고 하는가
무엇이 보고 싶어 넘어가려 하는가
황지천 물줄기 모여 구문소로 흘러가네

수억 년을 뚫고 닳아 큰 구멍을 만들어서
자시에 문 열며는 축시에 문 닫는데도
무엇을 구하려고 자개문으로 찾아갔나

그 옛날 청학동이라 뭇사람이 찾았건만
지금은 떠나려는 광부의 한 섞인 물길
흘러간 삶의 발자취 어디에서 찾을까

아우라지와
떼꾼의 고장,
정선

정선은 아리랑의 고장이자 떼꾼의 고향이다. 강원도 두메산골의 척박한 환경에서 바위틈의 동강할미꽃처럼 애처로우면서도 강인하게 살아가는 여인들을 만날 수 있다. 그 중심에 아우라지 처녀상에 관한 이야기가 있고, 아우라지 아주머니의 돌 이야기가 있다. 나는 동강의 원류인 아우라지를 찾아가 정선아리랑의 사연을 살펴보고, 아우라지 아주머니의 애환을 느껴보았다.

아우라지에서 출발하는 뗏목에는 인생역전을 꿈꾸며 떼돈을 벌고자 목숨을 건 떼꾼의 노래가 담겨 있다. 동강의 흐름을 따라 혼자 걷는 외로운 여정 속에서 피어나는 자유인의 희열을 느끼며 떠올랐던 감상을 정리하여 보았다.

아우라지 처녀상에
얽힌 이야기

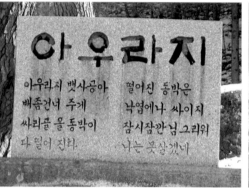

아우라지 시비   아우라지 섶다리

"아우라지 뱃사공아 배 좀 건너 주게. 싸리골 올 동박이 다 떨어
진다" 하는 아우라지 이야기는 '정선아리랑'이 되어 민중들 사이
에 애창되고 있다.

정선은 태백산맥을 기대어 형성된 아득한 산골 지역이며 정
선아리랑의 고장이다. 산은 높고 물은 길며, 터는 좁고 먹을 것
은 부족한 전형적인 감자바위 고을이다. 이곳에는 아우라지 처

녀와 떼꾼들의 애환이 정선아리랑에 서려 있다. 높은 산 깊은 골의 한정된 경지에서 한 뼘 땅도 갖기 힘든 상황에서 겪는 삶의 고통과 한이 깊은 곳이다. 그러한 삶을 대변하는 또 하나의 이야기가 옥산장 아주머니의 돌 이야기다.

전국 어느 지역도 나름대로 많은 유적지와 이야기가 있다. 정선은 산간마을의 적막함과 외로움이 깔린 척박한 환경에서 비롯된 삶의 애환이 남다른 곳이다. 그래서 처녀 총각의 사랑 이야기와 떼꾼들의 삶을 그린 정선아리랑이 태어나 널리 불리게 되었다.

정선의 첫 방문은 1990년대 초의 여름에 휴가차 친구 가족과 강원도 일원을 여행할 때였다. 태백을 거쳐 사북을 지나고 화암약수를 거쳐 영월로 가는 길에 들렀다. 그 길목에 우연히 '아우라지'라는 이정표가 눈에 들어왔다. 그때 아우라지 처녀상에 대한 이야기는 한갓 처녀 총각의 사랑 이야기로 비쳐져 깊은 인상을 받지 못했다. 30대 후반의 나이는 자연 풍광과 유람에 관심이 집중될 시기이기에 그러하였다. 다시 찾고 싶은 장소로 떠오르게 되었던 것은 50대에 접어들어 문화유산에 대한 관심이 일면서부터였다.

2008년 2월 주말, 그날은 며칠 전부터 강원도지역에 폭설경보가 내린 때였다. 청량리행 중앙선 야간열차에 몸을 싣고 새벽에 제천역에 내렸다. 역전 찜질방에서 쉰 후 아침 7시에 출발하는 아우라지행 무궁화 열차를 탔다. 열차는 영월을 지나 증산역에서 태백선과 갈리면서 정선선으로 들어섰다. 눈에 덮인 이른 아침의 고요는 열차의 포근한 의자와 어우러져 잔잔한 희열로 다가왔다. 정선을 거쳐 열차는 구절리를 한 역 앞둔 아우라지역에 도착했다.

태백산 금대봉의 검룡소에서 발원한 골지천이 이곳으로 내려온다. 발왕산에서 발원한 송천과 어우러러져 동강의 원류인 조양강을 이룬다. 여기 아우라지가 정선아리랑에 나오는 애정 편의 현장이며, 떼돈을 벌기 위해 목숨을 걸었던 뗏목의 출발지이다. 사람들은 산이 많기에 산에 의지하여 살아가야 하는 운명을 타고났다. 산이 너무 깊고 첩첩해서 앞산과 뒷산을 연결하여 빨랫줄을 걸었다는 우스갯소리가 있다. 처녀가 평생 동안 쌀을 한 되도 못 먹고 시집간다는 삶의 현장이다. 올창국수와 곤드레 나물밥으로 배를 채웠다는 곤궁한 생활은 지금은 추억으로만 남아 있다.

옛날에는 내륙 속의 고도로서 유배와 은둔의 대상지가 되었다. 고려 멸망 후 조선건국에 등을 돌린 유신들이 개경에서 이곳 거칠현동으로 이주해 은둔의 삶을 살았다. 은둔의 삶을 산다는 건 무책임하게 도망친 비겁한 것이 아니며, 세상을 살아갈 용기가 부족한 것도 아니며, 혼자만의 안일을 위한 이기적인 것도 아니다. 오직 세태가 요구하는 가치관이 자기의 것과 맞지 않기 때문이다. 혹자는 세상을 즐기려 나타나고, 혹자는 세상을 잊으려 떠나는 것이다.

정선아리랑 애정 편은 아우라지 처녀의 사랑이야기를 통해 삶의 고단함과 외로움을 달래주는 민요이다. 적막한 산간지방의 처녀 총각들에게 사랑의 설렘과 기대를 불어넣는 청량제와 같았을 것이다. 고된 삶과 슬픈 사연을 잊고 극복하게 하는 것은 노래이며, 그중에서도 청춘사랑의 노래가 제일일 것이다. 청춘사랑은 어두운 밤길을 두려움 없이 걷게 하고, 한 번 더 거울을 들여다보며 용모를 꾸미게 하고, 당당하고 풍모 있는 자세로 살아가게 하는 동력이 아니겠는가. 이루어지지 않았지만 사랑의 추억은 여전히 감미롭고, 삶의 의욕이 떨어질 때 반추하여 자신을 다시 세우는 힘이 있으며, 자신의 내면을 아름답게 가꾸게 하는 거울과 같은 것으로 누군가 자신을 쳐다보고 있다는 환상 속에 살면서도 현실을 멋지게 개척해나가게 하는 마력이 있다.

'떨어진 동박은 낙엽에나 쌓이지 잠시 잠깐 님 그리워 나는 못 살겠네'라는 가사가 그리움에 사무쳐 하는 아우라지 처녀의 심정을 적나라하게 표현하고 있다. 하루하루 그리움을 달래려고 하지만 님은 오지 않고 탱탱하게 부어오른 올동박은 손길도 닿기 전에 지쳐 떨어져 낙엽 위에 뒹군다. 이제까지는 은근하게 속마음으로 표현했지만 더 이상은 기다리기가 힘들어 못 살겠다고 격한 감정이 표출된 것이다. 잘 익어 탐스런 열매가 된 동박을 따 가주기를 바라지만 허무하게 낙엽에 쌓여 버리고 만다. 이 장면은 시골 처녀의 왕성한 사춘기의 욕망을 가감 없이 드러낸 야릇한 표현이다.

사람은 태생이 부유하건 가난하건 공통적으로 이성에 대한 연모의 정을 갖게 마련이다. 옛날 사대부 가문의 자녀들은 대부분이 중매로 부부의 연을 맺었다. 연애라는 로맨스를 경험하기가 힘들어 결과적으로 부부의 정은 메말랐다. 소작인이나 하인과 같은 하층계층의 자녀들은 상대적으로 스스로의 선택권이 강했다. 인권이 보장된 자유라기보다는 사대부계급의 애정에 대한 무관심이 역전된 현상이라고나 할까. 하층민은 상급계층에 비해 남녀유별이 들어있는 삼강오륜의 법도를 엄격히 강요받지 않았다. 하층계층의 청춘남녀들은 생계에 바쁜 부모의 방임 속에서 인근 동네에서 만나 서로 눈이 맞아 로맨스를 나누었다. 사방에 펼쳐진 울창한 숲과 드넓은 강변은 그들에게는 천혜의 데이트 장소였다.

그러나 건너편 동네의 총각을 만나야 하는 데 강물이 불어나 오갈 수가 없다. 겨울철에는 강이 얼어 오갈 수는 있지만 사방은 눈으로 뒤덮여 분위기가 영 시원찮다. 봄바람이 불어오는 춘삼월에는 처녀 총각의 마음에 바람이 들지만 눈 녹은 강물이 길을 막는다. 하루라도 안 보면 터질 것 같은 팽팽한 가슴은 손대면 금방 터질 것 같은 올동박 같다. 처녀는 가슴에 쌓인 그리움을 전하려고 무심한 뱃사공에게 부탁한다. 하지만 수줍은 처녀는 직접 표현하지 않고 뱃사공에게 빗대어 한탄한다. 이러한 청춘 남녀의 사랑 이야기를 아우라지 처녀상에서 읽을 수 있다

그 노래마저 없었다면 어떻게 원기 왕성한 청춘의 불꽃을 다스리고 끊임없는 출향의 악순환을 막을 수 있었겠는가. 그 가사 곡조마다 설렘과 야릇한 밀회의 뉘앙스가 풍겨 나온다. 도회지에서는 갖기 힘든 자연이 만들어 준 만남의 기회와 명분이 내포

되어 있다. 그러나 자신들이 하기 힘든 역할을 제3자에게 은근히 중재해 줄 것을 강제하고 있다.

아우라지는 청춘의 바람이 한결같이 불고 뜨거운 그리움이 사무치는 낭만적인 이름이다. 북쪽에서 내려오는 억센 송천이 총각이며 동쪽에서 내려오는 가녀린 골지천이 처녀인가. 깊은 산록에서 내려오는 강물은 사랑의 노래를 아우성치며 부르고 마침내 아우라지에서 어우러진다.

나는 아우라지 강변에 세워진 아우라지 처녀상의 글을 읽고 애절하면서도 야릇한 청춘사랑에 대한 감상을 읊조려 보았다.

아우라지 처녀

산과 산이 첩첩해 햇빛도 외로운 고을
올창국수 강냉이로 배고픈 건 괜찮으나
그리운 님 못 만나면 하루도 못 살것 같네

물이 막혀 가지 못해 산이 높아 오지 못해
님 기다리는 산골처녀 애간장이 다 녹는다
묶어둔 외로운 빈 배 어느 날에 움직이려나

뜨거운 청춘사랑 동백처럼 붉게 익어가
오늘내일 못 보며는 허공 속에 터질 것 같네
아라리 뱃사공아 어찌 한번 해결해 보소

아우라지 아주머니의
돌 이야기

옥산장 전경   구절리 가는 철길

2008년 2월 주말에 폭설이 솜이불처럼 두텁게 쌓인 아우라지
역에 내렸다. 꽁꽁 언 강가로 내려가 아우라지 처녀상과 섶다리
를 보고 시비를 감상하였다. 아우라지역은 폐차가 된 객차를 산
천어 모양으로 단장하여 커피숍이나 만남의 공간으로 선보이
고 있었다. 지역경제를 살리려는 몸부림이 아우라지역에서 구
절리까지 가는 레일바이크 페달에 매달려 아우성치고 있었다.

논도 밭도 없어 힘든 판에 그나마 수려한 경관과 정선아리랑은 새로운 활력을 불어넣는 주역으로 등장하고 있었다. 이미 전설이 되어버린 아우라지 처녀상 이야기와 옥산장 아주머니의 돌 이야기가 관광객을 끌어들여 휴가철 며칠간이나마 붙들어 두고 있었다.

아우라지 처녀상과 시비를 돌아보고 난 후 열차시간에 맞추어 아우라지 마을을 둘러보고 옥산장을 방문하였다. 아우라지 마을은 조그마하고 가난한 전형적인 시골 마을 그 자체였다. 무엇으로 생계를 유지해 나갈지 모를 막막한 현실과 어두운 앞길을 무너진 담벼락과 녹슨 철제 대문이 대변해 주고 있었다. 마을 군데군데에는 민박집과 여관이 몇 채 있었다. 마을 중간에 제법 현대식으로 잘 지어진 옥산장이라는 이름의 여관이 한눈에 들어왔다. 옥산장에 하루를 유숙하며 돌 이야기를 듣고 모아둔 돌을 하나하나 만나고 싶었다.

아우라지 아주머니는 한 손으로 앞 못 보는 시어머니를 부축하고, 다른 한 손으로는 가족의 생계를 책임지는 억척스런 삶을 살아왔다. 그녀는 한 분의 효부이며 온 가족의 보호자이자 따뜻한 모성의 어머니이기도 하였다. 힘든 인생을 살아가노라면 북받치는 설움을 달래야 하는데 한도 없이 마냥 울기도 거북하였다. 마음이 울적할 때면 강가로 나가 자기 인생의 이야기를 닮은 돌을 주워 모아 시름을 잊었다.

그녀의 이야기는 운명처럼 험난한 삶을 사는 수많은 산골처녀의 공통된 일대기의 표본이다. 인연 따라 태어난 다산의 가난한 가정의 딸은 집의 만만한 자산이자 출가의 의무가 따르는 부채이기도 하다. 성장기까지 살림을 거드는 잡역으로 어머니를 보좌하고 어린 동생들에게 어머니 역할까지 대행하는 갸륵한 누이들이다. 남존여비의 풍습에 따라 교육의 기회를 오빠, 남동생들에게 양보하고 인종의 미덕을 실천한 그녀들이다. 이른바 집안의 식모가 되기도, 표모가 되기도, 보모가 되기도 하였다. 그녀들의 삶은 가정의 보존과 남자들의 성공을 위한 헌신이기도, 희생이기도 하였다. 대부분은 혼기가 되면 부모의 선택에 따라 얼굴도 모르는 신랑을 찾아 낯설은 타향으로 출가를 한다. 시집을 가면 출가외인이라는 유교의 미덕을 실천하기 위해 그리운 친정집을 잊고 살아야 한다.

오늘날 세태는 급격하게 변하여 양성평등의 기치 아래 힘의 균형이 잡혀가고 있다. 과거 누이들의 희생 덕분에 지금의 여성들은 무르익은 평등의 과실을 향유하고 있는 것은 그나마 다행이다. 그렇지만 현대 여성의 아이러니한 양면성에 한편으로는 아쉬움을 느낀다. 신의 대리인과 같은 모성애를 지닌 어머니로서는 무한한 존경을 한다. 하지만 시기와 질투, 자기 가족만을 위한 이기심에는 천박한 단면을 보게 되어 천성의 한계에 연민을 느끼게도 한다. 이것은 영원히 피할 수 없는 신의 섭리이니 항변할 수는 없다. 단지 지혜의 안목을 열어 동병상련의 자비심을 가지면 좋겠다는 바람을 가져본다.

아우라지 아주머니도 이러한 굴곡진 여인의 삶의 표상으로 살아왔다. 집에 모아둔 돌에 대한 이야기가 퍼져나가 옥산장은 모여든 관광객들을 맞이하느라 분주하다. 그녀는 유명세를 타서 현재의 옥산장 돌 이야기를 테마로 한 아우라지의 또 다른 관광명소의 주인공이 되었다.

나는 돌 이야기를 듣고 자연과의 대화에 대해 생각해 보았다. 현대인들은 젊은 세대를 중심으로 능력중심주의가 몰고 온 서열화와 성과중심의 사회적 요구에 적응하지 못하고 방황하고 있다. 수많은 정보의 공급은 있지만 해법을 제시하지 못하고, 물질적 풍요는 있지만 정신적 공허감을 채워주지 못해 우울과 불안에 시달리고 있다. 자연과의 대화는 사람과의 대화보다 자유스럽고 진솔하다. 자연은 꾸밈이 없고 시비분별을 않으니 솔직하게 대화를 나눌 수 있다. 서 있는 나무와 풀꽃과 흘러가는 물과 바람, 산비탈의 바위와 강변의 돌도 대화의 대상이다.

우리도 그녀처럼 강변으로 나가 돌을 주우며 대화해 보자. 아니면 산에 올라가 나무를 부둥켜안고 고백해 보자. 말 못하는 사연을 유치하더라도 진실되게 말해 보자. 산꼭대기에 올라서 저 아래 세상을 내려보며 자신을 핍박한 세태에 욕을 한 바가지 퍼붓고 씩 한번 웃어 보자. 그러면 마음의 응어리가 풀려 후련해질 것이다.

꼭 사람과의 대화만이 대화가 아니다. 세상 만물과 소통하며 이야기를 진솔하게 나누면 된다. 마음의 문이 열리면 정선아리랑 곡조에 맞춰 자신의 이야기를 가사로 엮어 불러본다. 스스로 불러보는 소리는 마음의 체증을 내려주는 소화제이다. 그러면 자신감을 회복하고 자신만의 고귀한 가치를 발견하여 당당해질 것이다. 아우라지 아주머니의 돌 이야기는 자연과의 대화라는 값진 교훈을 선사하고 있다.

나는 옥산장 안의 돌 전시장을 돌아보고 그녀의 삶을 닮은 돌 이야기를 끄집어내어 한 편의 시조를 적어 보았다.

돌 이야기

꿈 많던 바닷가 소녀 높은 산 고개를 넘어
얼굴 한번 못 보고 가난에 이끌려 시집와
어느덧 어머니 되어 운명처럼 살아가네

손바닥만 한 자갈논에 벼모종을 심어놓고
초가을 추수하여 송편 만들 준비하고
차오르는 상현달 보며 외동아들 기다리네

앞 못 보는 시어머니 한 손으로 부축하고
서러운 마음 둘 데 없어 강가에 나아가서
제 삶의 이야기 닮은 돌을 줍는 아줌마여

동강의 흐름을 찾아가는
기행

동강의 얼굴

어라연

아우라지에서 골치천과 송천이 만나 조양강을 이루고, 다시 가
수리에서 남동천과 만나 동강이 된다. 동강은 흘러 흘러 그 유
역을 넓혀 영월에서 주천강과 평창강이 주류인 서강과 합하여
남한강을 이룬다. 일반적으로 원류인 조양강부터 동강이라고
불린다. 정선을 거쳐 가수리, 제장나루, 백룡동굴, 문희마을, 황
새여울을 거치고, 진탄, 문산나루를 지나 어라연을 감싸고 흐른

다. 만지산 앞의 된꼬까리 여울을 벗어나 영월 덕포 합수머리에서 서강을 만나면서 그 이름을 마감한다.

동강은 강원도를 종행하는 전형적인 사행천이다. 너무도 심하게 휘돌아 그 길이가 수백 리에 이른다. 그 유역에는 정선아리랑의 가사처럼 숱한 이야기와 애환이 서려 있다. 그 대표적인 이야기가 떼꾼의 노래이며 그 자취는 아직까지 곳곳마다 남아 있다.

내가 동강을 처음 만나게 된 것은 2000년 4월 초봄이었다. 충주에서 근무할 때 체류하는 휴일을 이용하여 영월을 거쳐 동강에 접근하였다. 충주에서 대전발 충북선 열차를 타고 봉양, 제천을 거쳐 영월에 내려 찾아갔다. 영월시장에서 김밥과 순대안주 도시락에다 소주 한 병을 장만하여 낭만 찾는 여정의 배낭에 담았다.

동강의 얼굴을 보기 위해 삼옥리 거운마을에서 출발하여 지도 한 장과 이정표에 의지하며 탐방을 감행하였다. 혼자서 찾아가는 길이라 다소 불안감도 없지 않았다. 한편으로는 단독 탐방의 자유로움을 느낄 수 있고, 모험심의 발동으로 또 다른 성취감을 맛볼 수 있는 기대감으로 설레기도 하였다.

그날따라 거운마을은 구름이 걷혀 화창하기 그지없었다. 나지막한 마을 뒷산을 돌아 강가로 나서니 갯버들이 물이 올라 눈망울을 터뜨리고 있었다. 자갈밭 강길을 따라 물소리를 벗 삼아 거슬러 올라가니 넓은 소와 큰 반석이 눈에 들어왔다. 그곳이 어라연이라고 표시되어 있었다. 이름 그대로 물고기가 비단결처럼 헤엄치고 맑은 물이 잔잔히 감돌며 흐르고 있었다.

거기에는 한 척의 나룻배가 손님을 건너편 어라연 반석 위로 건네주고 있었다. 거리가 한 20미터 정도인데 강이 다소 깊고 물이 차서 나룻배를 타야만 했다. 나룻배는 50대 중반으로 보이는 뱃사공이 삿대를 젖고 한 켠에는 백발의 노모를 태우고 손님을 건네주고 있었다. 그의 억양과 말투에는 경상도 사투리가 배어 있었다. 무슨 연유로 이곳 영월까지 오게 되었을까? 겸사해서 심심한 노모를 뱃놀이시키면서 손님을 모시고 있는지 상상에 맡겼다. 정말 효자로구나 생각하고, 그 할머니의 입가에 만족의 미소가 잔잔하게 흐르는 것을 보니 내 마음도 흐뭇하였다.

혹시 그 할머니는 어라연 아래 된꼬까리 여울에서 떼꾼에게 노래 불러주고 술을 팔던 만지나루 전산옥 주모의 며느리가 아닐까. 그 사공은 손자일지도 모르겠지만 나 혼자 시공을 초월한 상상을 하며 어라연 반석 위에 잠깐 머물렀다.

다시 동강을 거슬러 올라가기 시작했다. 강 건너 뼝대에는 진달래꽃이 바위틈에 숨어 부끄러운 듯 얼굴이 홍조되어 빼꼼히 내다보고 있었다. 옥순봉이 아름다운 자태를 그냥 내보이기가 수줍어 잔잔한 용유담에 속살을 살짝 드리우고 있었다.

강변의 돌섶길을 한참 동안 걸으니 피곤하여 적당한 곳에서 재충전하기로 하였다. 강 건너의 절경을 편안한 자세로 감상하기 위해 실개천이 소록소록 흐르는 너럭바위에 앉았다. 금강산도 식후경이라 하지 않았던가. 가져온 간식을 풀어놓고 요기를 하려는 참이었다. 그때 강 위쪽에서 한 떼의 떼꾼이 나타났다. 자세히 보니 레프팅팀이었다. 그들은 보트를 세워놓고 휴식을 취하려 하였다. 한명의 래프팅 체험객이 나한테 말을 걸어왔다. "혼자서 답사하느냐?"라고 묻자 "그렇다."라고 하였다. "무섭고 외롭지 않으세요? 정말 대단하시다."라고 하기에 나는 "그렇게 하고 싶어 왔지요." 하고 대답했다. 이태백의 산중문답에서는 그냥 웃기만 하고 대답하지 않았는데 나의 속된 수준과 많이 대비되는 대목이다.

나는 주로 혼자서 산행과 답사를 한다. 니체는 "침묵하기 어렵게 때문에 인간과 함께 사는 것은 어렵다."라고 하였다. 루소는 "사막에서 혼자 사는 것은 자기와 같은 사람들 사이에서 혼자 사는 것보다 어렵지 않다."라고 말했다. 나는 이 말들에 적극 공감한다. 독거 속에서 독락을 할 수 있으니 그것은 자유요, 해방이 아니겠는가.

나는 옥순봉, 용유담(가칭으로 이름 모를 바위와 소로서 그렇게 부르기로 한다)을 뒤로하고 동강 상류로 허이허이 걸어 올라갔다. 처음 밟는 이곳이 처녀 트레킹길이라 한 걸음 한 걸음 대지를 다지면서 나아갔다. 동강의 이야기와 숨길이 배어 있는 길이기에 느끼고 호흡하였다. 먼저 거쳐 간 김삿갓의 낭만스런 마음과 떼꾼의 공포와 전율, 설렘의 마음으로 걸었다.

강변길 옆의 제법 넓은 개활지에는 여기저기 담배농사를 짓는 밭이 보였다. 언덕배기에 농부들의 움직임이 여유로운 동네가 나타났다. 문산마을이다. 동강 변에서 제법 크게 형성된 마을로 래프팅의 기점이기도 하고 중간 기착지가 되기도 한다. 그 옛날 떼꾼의 중간 휴식지이기도 한 곳이다. 건너편의 절벽 옆으로 난 소롯길을 타고 넘어야 도착 예정지인 미탄 방향으로 갈 수가 있다. 한참을 고바위 산길을 돌아가니 조약돌 자갈밭이 환하게 펼쳐지고 있었다.

나는 "아! 여기구나!" 하고 소리쳤다. 도시락을 풀고 조촐한 안주와 소주 한 병으로 "천년 역사의 현장으로 환각 속에 빠질 수 있는 쉼터가 여기로구나." 하고 되뇌었다. 김밥 도시락과 순대 안주로 요기를 하고 한 병의 소주를 비우니 정말 나른한 환상의 세계에 빠져들었다. 여행객에겐 좋은 풍광과 이야기를 접하는 것도 중요하다. 그에 못지않게 자연 속에서 술 한 잔으로 자기만의 낭만에 젖어 보는 것도 멋이라고 여긴다. 도회에서의 술은 시비와 비판과 욕망과 자랑을 불러오는 탐진치의 독한 술이다. 여기서의 술은 영혼의 술이요, 정화의 술이요, 연민의 술이다.

목구멍을 통과한 알코올이 심장에서 짜릿한 전율을 일으킨다. 혈류를 타고 뇌에서 이성을 무장해제하고 숱한 감정의 편린을 융합한다. 긴장과 불안을 용해하고 만용의 충동을 잉태한다. 대자연에 던져진 자아의 존재를 찬미하며 모험심을 부추긴다. 술은 이성을 둔화시키고 만용을 촉발하여 미지의 세계로 나를 나아가게 한다.

우리는 그간 원만한 사회생활을 위한다는 구실로 감성을 억누르고 이성에 예속된 장애적인 삶을 살아오지 않았던가. 진정한 자아는 본성에 충실한 벌거벗은 모습의 자연과 같은 것이다. 벌거벗고 살아가기가 힘들기에 적당하게 치부를 가리고서 살아가는 게 아닐까 생각해 본다.

점심 반주로 얼큰해진 기운이 차츰 진정되자 일어나서 다시 걷기 시작하였다. 시간은 3시가 다 된 것 같았다. 산골의 춘삼월 태양은 오래 비추지 않고 높은 산에 가려 약간의 얼굴만 내밀고 곧 숨어버릴 태세이다. 그래서 서둘러야 했다. 다시 오기 어려운 곳이라 동강을 좀 더 많이 보아야만 하기에 길이를 늘여야만 했다.

강에는 이제 귀소를 준비하는 물떼새가 마지막 먹이사냥을 부지런히 하고 있었다. 그에 맞춰 돌팔매 파문처럼 물위에 부리와 발자취의 흔들림이 잔잔한 명경지수를 수놓기도 하였다.

조금 전 같이 걷던 할머니 한 분의 자취가 보이지 않는다. 잠깐 멈칫하며 사색에 잠긴 사이에 그분은 시야에서 사라진 것이다. 그토록 차이가 나버린 것인가, 아니면 내가 느낀 잠깐이 잠깐이 아니었다는 것일까. 산골에서의 시야는 좁기에 일시적으로 잠겨버린 것일까, 아니면 그 할머니는 산신할머니였던 것일까. 그래서 나는 주변에 동반자도 없이 종착지도 확정하지도 않은 채 형편이 되는 대로 걷는 방랑자가 되었다. 어차피 마지막 차편을 타야만 할 한정된 시간의 탐방객일 뿐이니까 말이다.

다시 그 할머니를 만날 수 있을까 발걸음을 재촉했지만 기어코 보이지 않는다. 한참을 갔는데도 보여야 할 미탄골의 이정표도 보이지 않는다. 지도상으로는 있어야 할 미탄골이 사라졌는지, 지나쳤는지, 아직 멀었는지 보이지 않는다. 돌아갈까, 계속 갈까 망설이다 더 나아가기로 했다. 돌아가면 만날 확률도 있지만 아닐 경우에는 손해가 막심하다. 동강의 길을 연장하지 못하고 시간도 버리게 될 뿐만 아니라 후퇴라는 용어가 마음에 안 들었기 때문이다. 어차피 길은 가야 하고 교통편을 이용할 마을은 만나야만 한다. 그냥 걷다 보면 사람도 만나고 이정표도 만나리라.

그런데 가도 가도 인적도 흔적도 없다. 방심으로 도착지를 지나친 것 같은 예감이 들었다. 한참을 가니 문희마을이란 지명이 이정표에 나왔다. 맞다! 놓치고 한참을 올라 온 것이다. 주변을 살펴보니 백운산 등산로와 백룡동굴 안내간판이 보였다. 뒷산이 백운산이요, 마주 보이는 동굴이 백룡동굴이었다. 나는 어쩌면 산신할머니의 배려로 길을 잃고 더 나아간 게, "온 김에 백운산 자락과 백룡동굴도 보고 가게나." 하고 행운을 선사받은 것으로 믿는다.

이제는 돌아가야 할 때라 속도를 더 내어 걸어온 길을 되돌아가니 실개천이 흐르는 곳에 미탄 갈림길이 숨어있었다. 주의를 않으면 놓치기가 쉬운 갈림길이었다. 1시간가량을 더 걸었으니 보행속도를 감안하면 10리 길을 더 간 셈이다. 실수에 의한 행운의 조우, 백운산과 백룡동굴…. 언제 다시 오리란 보장은 없지만 의미 있는 만남, 좋은 추억의 소재가 되리라.

나는 동강을 거슬러 올라가며 아름다운 풍광을 보고 느낀 감상을 한 편의 시로 적어 보았다.

동강

비구름 거친 거운 마을 산길을 돌아
실버들 눈망울 틔운 강길을 따라
나룻배 사공의 눈물 모인 어라연에 이르러
바위섬 외딴고송 외롭기만 한데

되돌아오기 아쉬워 건너는 살여울
떼꾼의 노랫소리 천년을 속삭이고
봄처녀 수줍은 미소 진달래꽃이 되어
바위틈 이곳저곳 함초롬히 숨어있다

이리 감고 저리 틀고 수백리를 흘러
용유담 깊은 곳에서 한숨 돌리고
옥순봉 그림자 담아 달빛을 기다리니
물떼새 짝지어 태고를 노래한다

마하천 맑은 물은 진탄을 만들고
앞서 가던 보살은 물안개 환영되어
토끼가 거북 쫓아 미탄 길을 재촉한들
미궁에 빠진 방심 누구를 탓하랴

동강의 축복인가 아쉬움의 연장인가
설레는 가슴 안고 십리를 더 간 것은
백룡동굴 얼굴도 보고 다시 한 번
찾으라는 동강의 배려일세

떼꾼의 애환이 어린
동강의 흐름

동강변 야생화

동강변에서

강원도 지역에서 벌목된 미인송은 20여 개가 한 동가리로 묶여 5 내지 7동가리가 한 떼를 이룬다. 도성 궁궐의 대들보가 되거나 대갓집의 기둥이 되기 위해 떼꾼에 의해 장도에 오르게 된다. 한양까지 수량이 많을 때는 2일, 적을 때는 10일, 보통은 5일 만에 도착한다. 정선을 출발하여 선장격인 앞구잽이가 조정하며 조양강을 따라 내려간다.

굽이굽이 휘돌아가는 물길 위에서 무사 도착을 기원하고 떼돈을 벌어 처자식을 먹여 살릴 부푼 꿈을 안고 내려간다. 제장나루를 거쳐 백룡동굴 앞의 잔잔한 흐름에서 잠시 쉬어가지만 황새여울에서 초긴장을 하게 된다. 이 고비를 넘지 못하면 모든 꿈이 물거품이 된다. '정선아라리'를 불러 힘을 내어 최선을 다해 난관을 벗어난다. 다시 잔잔한 물길을 따라 진탄을 지나 완만한 흐름의 문산나루에서 잠깐 쉬어간다. 문산나루를 출발하여 옥순봉, 용유담의 아름다운 정경을 감상하기도 한다. 비단결과 같이 맑고 푸른 어라연을 안도하며 내려가 만지산 전산옥의 품에 안겨 첫 하룻밤을 보낸다. 그날 밤 전산옥 주모가 차려준 술과 불러주는 아라리에 취해 깊은 잠을 청한다.

다음 날 아침 만지나루를 출발하여 최대의 고비인 된꼬까리를 통과해야 한다. 물길이 사납고 소용돌이가 심해 많은 떼꾼들이 목숨을 잃어 무척 두려워하는 여울이다. 이곳을 지날 때는 혼신의 힘을 다해야 한다. 용왕님이 보살펴주기를 간절히 기원하면서 운명을 하늘에 맡기고 내려간다. 된꼬까리를 벗어나서 천천히 내려가면 거운마을을 거쳐 삼옥리에서 마지막 관문인 둥글바위를 만나게 된다. 동강의 물길이 거칠면 뗏목을 통제하기가 힘들어진다. 강 중간에 버티고 있는 둥글바위에 부딪혀 떼가 산산조각이 나고 목숨을 잃는 사고가 자주 발생하기에 최선을 다해서 지나야 한다.

이곳을 벗어나면 떼꾼의 여정은 동강의 흐름처럼 수월하여 마포나루까지의 긴 여정의 반을 이루게 된다고 해도 무방하다. 지리상으로는 반의반도 못 갔지만 위험천만한 고비를 넘겼기에 이후부터는 남한강의 흐름에 맡기면 되기 때문이다. 고씨동굴을 거처 영춘의 온달성과 적벽을 조망하며 역사의 흐름과 호흡하며 내려간다. 단양 꽃거리에서 떼를 멈추고 들병장수가 가져온 술을 비우며 장구소리에 맞추어 홍겹게 노닐며 또 하루를 마감한다.

황새여울, 된꼬까리여울 등에서 일어나는 사고에서 시사하는 점이 있다. 물의 본성과 사람의 본성은 본래 선하다. 외부적인 조건에 의해 악하게도 된다. 즉 낮은 데로 흐르는 물의 속성은 순하나 흐름에 걸리는 바위가 모인 여울이라는 장애를 만나면 거칠어져 떼를 삼킨다. 사람의 본성도 순하다. 탐욕에 눈이 멀고 참지 못하고 분노하는 어리석음의 장애라는 유혹에 빠지면 흉폭해지는 게 물과 비슷한 현상이라고 할 수 있다.

그리하여 수일간을 흘러 마포나루에서 운행을 마감하여 목숨을 담보로 한 떼돈을 한 손에 쥐게 된다. 그러나 번 돈을 한양의 화류방에서 탕진하는 이가 많았고 돈독한 초심을 잃지 않고 귀가하여 부모와 처자식을 호강시킨 이는 드물었다.

수백 년이 흐른 현대에서도 원양어선 뱃사람들은 여울이 아닌 바다에서 거친 파도와 싸운다. 뗏목을 나르는 대신 참치나 조기를 잡아 큰돈을 만진다. 뱃사람은 속성상 떼꾼처럼 원양조업에서 오는 긴장과 불안에서 쌓인 스트레스를 풀기 마련이다. 기항지 통술집 등에서 통 크게 돈을 쓰게 됨은 떼꾼의 DNA을 계승하고 있다고 본다.

돈은 쓰는 사람이 있어야 물처럼 순환한다. 자기과시나 육욕에 의해 쓰는 자의 의도는 선하다고 할 수 없다. 다만 받는 자에게는 생계유지를 위한 귀한 피와 같은 것이 될 수 있다. 결과적으로 무절제한 낭비나 탕진은 권장될 수는 없다. 그러나 돈의 순한 기능으로 인해 소비하는 사람은 그가 의도함이 아니더라도 사회에 기여하는 소중한 보약인 보시를 실천하게 되는 셈이다. 없는 사람이 분수를 넘어 쓰는 것은 가산 탕진의 전조이다. 여유 있는 사람이 넘치는 부의 일부를 소비하는 것은 더불어 사는 미덕이다. 현대의 주점과 같은 서비스 가게는 떼꾼들 시절의 화류방과 같다. 고단한 삶에 몸을 던지며 살아가는 그들에게 돈은 피와 살이 됨은 예나 다름이 없다. "여보게 떼꾼들이여! 선원들이여! 큰돈을 한번 썼다고 후회하지 말게나. 그들은 다 함께 살아가야 할 우리들의 누이요 이모이지 않은가!"

아래는 '정선아리랑'에 나오는 떼꾼의 애환을 노래한 글이다. 떼꾼의 생리와 허무를 잘 표현한 글로 작가는 알려져 있지 않다.

눈물로 사귄 정은 오래 가지만
금전으로 사귄 정은 잠시 잠깐이네
돈 쓰던 사람이 돈 떨어지니
구시월 막바지에 서리 맞은 국화라
놀다 가세요 자다 가세요

그믐달 초생달이 뜨도록 놀다 가세요
황새여울 된꼬가리에 떼를 띄워 놓았네
만지산에 전산옥이야 술상 차려 놓게나

오늘 갈지 내일 갈지 뜬 구름만 흘러도
팔당 주막 들병장수야 술판 벌여 놓아라

지금의 동강은 그 시절의 생계를 위한 떼꾼의 뗏목 대신 여가를 즐기려는 탐승객의 래프팅 보트가 내려간다. 생사의 공포 대신 스릴을 즐기면서 여울을 타고 내려오는 것에 격세지감을 느끼게 한다.

나는 동강을 오가면서 느낀 생사를 건 떼꾼의 꿈과 애환을 한 편의 시조에 실어 보았다.

떼꾼의 노래

미인송 동가리에 인생역전 꿈을 엮어
조양강 물길 따라 한양으로 떠나는데
천구비 만구비 돌아 흘러가는 그 운명

황새여울 황천길을 천운으로 벗어나서
된꼬가리 회돌이를 용왕님이 보살펴서
만지산 전산옥 주모 나를 반겨 재우네

움켜진 굳은 맹세 한 잔술에 풀어져
꽃거리 들병장수 광나루 주모 품에
한 시절 떼돈을 벌어 한 순간에 버렸소

다시 찾은
백룡동굴

절매나루 유람선

백룡동굴 입구

2017년 10월, 17년 전에 다시 찾기로 한 백룡동굴과의 약속을 지키기 위해 떠났다. 가을이 무르익어 동강의 뼹대는 단풍으로 물들었다. 2000년 처음 탐방한 코스 중 중간 지점인 문산나루에서 출발하기로 했다. 백룡동굴과 백운산을 여유를 갖고 만나기 위해서였다.

그날과 다음 날은 김삿갓 축제와 백일장이 열리는 의미 있는 날이다. 며칠 전 내린 규모 있는 가을비로 동강은 풍성하게 흐르고 있었다. 문산나루 건너편의 고개를 넘어 강변길로 접어들었다. 옛날 답사 때의 자취를 더듬어 앞으로 나아갔다. 우선은 희미하게 나있는 길을 따라갔다. 어느 지점에서부터 강물이 길을 삼키고 진로는 동강에서 동강 나고 말았다. 며칠간 내린 많은 비로 강변길이 잠겨 버린 것이다. 강변길 옆쪽은 높은 절벽이 가로막고 있어 험준한 산길을 개척해가며 나갈 수는 없다.

그날 탐방은 백룡동굴을 다시 찾는 데 있었기에 진퇴양난의 절박한 상황을 맞게 되었다. 나아가려면 허리까지 차는 웅덩이를 건너야 한다. 그렇게 하려면 물에 빠져 옷을 버리고 배낭 속까지 젖을 수밖에 없다. 되돌아가려면 지금까지의 여정이 아깝고 허탈감을 인내하기가 힘들다. '위험을 무릅쓰는 도전이냐! 안전을 위한 후퇴냐!'라는 기로에 서게 되었다. 나아가기로 마음을 정했다.

우선 등산화를 벗어 배낭 뒤에 묶었다. 배낭은 끈을 조여 허리높이 위로 최대한 끌어올려 매었다. 양말은 신고 있어야 했다. 강 밑의 예리한 돌에 베일 수 있기 때문이다. 종아리부터 허벅지까지 서서히 잠겨갔다. 강 밑은 돌이끼로 미끄러워 중심을 잡기가 어려웠다. 태권도의 전굴 자세나 기마 자세로 나아가니 안정감이 있었다. 몇 번 중심을 잃고 넘어질 뻔하였으나 자세를 복원하는 순발력을 발휘했다. 운동신경이 발달한 것도 아닌데, 넘어지면 낭패이기에 집중력의 도움을 받았다. 물의 깊이를 알 수 없으니 마음은 강바람에 흔들린다. 밑을 보자니 겁이 나고 하늘을 보자니 불안하다. 더 깊은 웅덩이가 숨겨져 있다면 피해는 막심해진다. 일순간에 전신이 깊은 심연 속으로 함몰하고 말 테이니까. 물밑의 지도는 알 수가 없기에 운에 맡기는 수밖에 더 있으랴.

그러나 이제는 나아갈 수밖에 없었다. 이미 위험 속에 발을 담갔으니 주사위는 던져졌고 성공이냐 실패냐가 문제였다. 생존과 모험심 간의 갈등을 정리하고 전진은 생존이요 후퇴는 파멸이라고 마음을 굳게 먹었다. 육체적 위험을 두려워하여 전진하지 못한다면 이미 정신은 파멸한 것이리라. 내가 이곳을 탐사하는 목적은 무엇을 보려는 것보다도 무엇을 하고자 함에 있기 때문이었다.

이제부터는 물에 반쯤 잠겨 30여 미터를 헤쳐 나가야 안전한 길섶을 만날 수 있다. 살금살금 엉금엉금 한 발자욱씩 나아간다. 거북이가 한 걸음 한 걸음 나아가 목표를 향해 가듯이 진지하게 동강을 노 저어 간다. 발밑에 다슬기가 거슬리고 물이끼가 미끄럽다. 여기저기 잔 바위에는 수달의 분변이 쌓여 있어 동강의 생태계가 건강함을 읽을 수 있었다.

드디어 강변의 절벽을 감돌아 길섶에 올라섰다. 위기에서 벗어난 해방감으로 몸과 마음이 풀렸다. 짧은 시간이었지만 고도의 집중으로 목덜미는 경직되고 팔다리는 경련이 일어났다. 이마에는 아직도 굵은 땀방울이 떨어졌다. 안경은 뿌옇게 김이 서려 시야가 흐렸다. 아마 시각보다도 동물적 육감의 도움에 의해 무사히 건넌 것 같았다. 시각은 나침반이요 육감은 동력이었던가. 난생 몇 번 안 되는 비상시에 동물적 감각을 동원하여 모험적인 도강을 해냈다.

다시 몸을 잘 추슬러 미탄골로 나아가야 했다. 거기서부터는 신작로가 안전하게 백룡동굴로 안내해 줄 수 있으니까. 그러나 미탄골과 동강 본류가 만나는 기화천은 급류를 만들고 있었다. 건너갈 다리를 찾아 상류로 나아가나 찾을 수 없어 다시 하류로 내려왔다. 여기는 어떻게 하든 건너야 했다. 후퇴하면 조금 전에 지나온 물웅덩이를 다시 건너야 하고 자존심 또한 허락하지 않는다. 물살이 급해 체중이 나가지 않은 사람은 넘어져서 쓸려가기가 십상이었다. 나의 체중은 제법 나가고 배낭의 무게까지 더해지니 가능할 것 같았다.

20여 미터 폭의 기화천을 살금살금 건너기 시작했다. 급류에 쓸려오는 자갈이 종아리를 때리고 요란한 물소리는 전율케 한다. 나는 스스로 더욱 집중하고 하늘에 무사 도강을 기원했다. 넘어지지 않고 무사히 건넜다. 운이 따라 건넌 것이다. 만약 넘어졌다면 어쩔 수 없이 뗏목처럼 동강의 본류에 실려 갔을 텐데 말이다. 백룡동굴로 가는 2차 관문인 기화천 도강을 무사히 해냈다.

미탄골에서 백룡동굴로 가는 신작로에 들어섰다. 등산화는 다행히 젖지 않아 보행하는 데는 지장이 없었다. 오히려 위기의 관문을 통과했기에 발걸음은 엔진 달린 바퀴처럼 자동적으로 옮겨졌다.

고난 후의 상황은 순풍에 돛을 단 듯하였다. 심적인 안도감은 과업을 이루는 데 큰 힘이 된다. 인생살이도 그러하다. 도전을 할 적에는 용기와 집중력이 필요하다. 지레 겁을 먹으면 이룰 수 없으며 다른 기회가 와도 성취할 수 없다. 주어진 기회에는 건곤일척의 승부가 필요하다. 그렇다고 무모해서는 안 된다. 생명의 위험도가 30%를 넘으면 해서는 안 된다고 생각한다. 50%는 반을 불확실성의 운에 맡기니 너무 모험적이고 무모하다고 본다. 하지만 완전한 안전이 보장된 여정은 없다. 시시각각 도처에 도사린 위험과 장애를 만나는 게 답사의 멋이요 과정이다.

길을 따라 걸으니 어느덧 백룡동굴에 도착했다. 17년 만의 재회이었다. 오늘에사 재회의 약속을 지키려고 험난한 길을 거슬러 왔다. 쉽게 만나게 해 주지 않는 백룡동굴, 그 이름처럼 존엄하고 신비하다.

백룡동굴 이름의 유래를 알고 보니 흥미롭다. 얼핏 보면 백악기 시대 공룡의 자취가 발견되어 붙여진 이름으로 예단할 수 있다. 사실은 인근의 백운산의 백(白)자와 발견자의 이름 중 룡(龍)자를 합성하여 만들어진 그럴듯한 이름이다. 백룡동굴은 철제 펜스로 잠겨 있었고 유람선은 평일이라 운항하지 않았다. 한적한 절매나루에 묶여 주말 손님을 맞을 준비를 하고 있었다. 동강은 점재나루, 나리소를 지나 절매나루 앞 무당소에서 흐름을 조절하여 한참을 쉬어간다. 떼꾼이 쉬어갔듯이 강물도 함께 쉬어 가는 것이다. 여기서 한숨을 크게 쉬고 서서히 급류가 되어 황새여울을 넘어 문산나루, 만지나루를 거쳐 영월 덕포 합수머리에서 서강과 만난다.

자연도 사람처럼 고되면 쉬고 서러우면 울고 다시 흘러가는가. 태백산 정상에 걸린 구름이 숨이 차서 쉬고 슬픈 사연에 눈물같은 비를 뿌리며 흘러간다. 동강물도 무당소에서 쉬어가고 황새여울에서 부서지듯 울음을 토해내고 흘러간다.

백룡동굴 체험관을 돌아보고 다시 찾은 약속을 지킨 기념으로 인증사진을 찍었다. 체험관에는 수억 년의 세월을 거쳐 형성된 돌고드름과 석순들이 나의 배경이 되어 사진 속에 담긴다. 인근의 귀농한 농부가 약초 채취와 고랭지 채소를 재배하고 있어서 그와 잠시 한담을 나누었다. 스릴 있는 답사를 마무리하였던 장면이었다.

나는 길 끊어진 동강을 건너면서, 사라진 길을 찾아가는 사람들의 심정을 이해하며 적어 놓은 시조를 올려본다.

길

누구나 가야 할 길, 언제나 가야 할 길
끝없이 이어지고 때로는 보이지 않아
마음의 빛을 따라서 찾아가야 하는 길

보이지 않는 길, 만들면서 가는 길
없는 길 아니나 찾을 수 없었기에

누군가 이미 지나간 추억 속에 잠긴 길

숨어버린 길을 찾아 안개 속을 헤쳐 가며
또 하나의 길 만들어 기어코 옛길 만나니
언젠가 내 발길 따라 누군가가 가리라

단종과
김삿갓의 고향,
영월

영월은 충절의 고장으로 단종에 관한 애절한 사연을 안고 있다. 단종의 유배지인 청령포를 중심으로 장릉, 자규루, 금강정, 낙화암을 만날 수 있다. 그리고 단종을 사랑한 충신들의 자취인 관란정, 삼공제명석, 충절의 상이 있다. 또한 이러한 애절한 사연에 동화되어 운명처럼 영월을 찾아온 김삿갓의 유허지가 있다. 단종에 대한 충절의 사신과 배반의 사신들이 오가던 마구령과 고치령이 있다. 소백산 너머의 순흥에는 금성단과 죽계제월교가 있어, 영월은 영원한 이야기의 고향으로 기억에 남을 것이다.

나는 수차례에 걸쳐 영월을 오가며 충절의 현장을 답사하고, 충신들의 마음을 읽어 보았으며, 김삿갓 등산로를 따라 생가를 찾아가 위대한 시인의 한 많은 생애와 남긴 발자취를 더듬어 보았다. 충절의 밀사들이 오가고 민초들의 한스런 구름이 감도는 마구령과 고치령을 넘어 보았다. 당대 충신들의 마음을 읽으며 한이 스린 역사 앞에서 나의 심장은 끊어지는 듯한 고통을 멈추지 못했다.

영월,
그리고 청령포

청령포 전경

왕방연 시비

영월(寧越)은 한자의 표기대로 안녕하게 넘는다는 이름이다. 사방에는 두위봉, 백운산, 마대산, 태화산과 같은 준봉들이 병풍처럼 감싸고 있다. 동강, 주천강이 지역을 관류하며 험준한 산세와 더불어 장애를 만든다. 사람들의 드나듦이 쉽지 않기 때문에 거주인은 한편으로 편안하다고 할 수 있다. 그래서 편안하게 넘어올 수 없기 때문에 역설적으로 붙여진 이름이라고 생각된다.

영월은 나에게 각별한 애정과 관심을 불러일으키는 역사의 현장이다. 잘 알다시피 단종의 유배지이자 김삿갓의 고장이기도 한 곳이다. 이러한 사실로 인해 선비들에게는 마음의 고향으로 자리 잡기도 하였다.

내가 영월과 처음 만나게 된 계기는 단종과 김삿갓에 남달리 관심이 많으셨던 선친 때문이기도 하다. 단종의 충신들을 기념하는 사업 추진을 위해 셀 수 없을 정도로 영월을 오가셨다. 내가 영월을 찾은 횟수도 대단하지만 비교하기가 힘들다.

선친은 한학자로서 평소 김삿갓의 시와 생애에 대해 연구를 많이 하셨다. 매년 김삿갓 문화제 전통한시 백일장에 응모하셨다. 형님과 나도 부친의 한시 지도를 받아 응모한 적이 있다. 그래서 나는 김삿갓의 일생과 시에 대해 관심을 갖고 한시는 아니지만 시와 시조를 짓는 계기가 되었다.

선친의 한학에 대한 실력을 인정하는 숨은 이야기가 있어 소개하고자 한다. 내가 다니던 직장 선배의 가문에 얽힌 이야기로 1980년대 말로 기억된다. 어느 날 선배께서 나에게 다가와 "조군의 아버님께서 대단한 한학자이시더군." 하고 반색하며 말씀하셨다.

그분은 고향에 있는 문중의 정자가 수몰지구에 편입되어 이전하여야 했다. 그 정자의 현판에 기록된 한시를 번역하여 기념책자를 만들려고 하는 참이었다. 본래 산소나 정자를 옮기려면 조상들께 고유제를 올리는 게 일반 관례이다. 현판에 적혀 있는 한시를 자손들이 번역하기가 어렵고 문학적인 표현이 생명이므로 한문 교수에게 자문 받고자 하였다.

부산대학교의 원로 교수를 찾아가 현판의 헌시에 대한 번역을 부탁하니 "한시는 직역이 아닌 의역이 되어야 하고 그 시에 담긴 뜻과 문학성을 잘 표현하는 게 중요하니 그 분야에 조예가 깊은 분을 소개해 주겠네."라고 하였다. 그리고 부산 중구에 있는 "보수동 책방골목에 서점을 운영하고 계신 조 선생님을 찾아가게."라고 하였다.

그래서 그 선배는 보수동 책방을 찾아 아버님을 뵙고 부탁을 하게 되었다. 그때 부친의 일을 같이 돌보던 여동생이 선배의 양복에 달린 배지를 보고 "우리 오빠도 그 직장에 다니는데예." 하면서 이름을 말하자 모두가 놀라게 되었다. 문중 정자를 이전하는 기념행사에 부친이 초대되어 후한 대우를 받고, 그 행사에 참석한 직장 선후배들에게 소문이 자자하게 나버렸다. 그 일이 있었던 후로 나는 자연스럽게 온고지신의 학구열을 예열시키는 전기가 되었다.

한학자는 실록과 같은 역사서를 번역하는 대학교수와 한시, 서간문과 같은 문장을 번역하고 문학성을 불어넣는 재야 선비들을 포함한다. 부친은 김삿갓의 풍자적인 한시에 많은 관심을 가진 재야의 선비라고 생각한다. 이와 같이 부친께서는 김삿갓 백일장을 비롯해서 여러 문중의 현판 번역에 참여하여 실력을 인정받으셨다. 그 실력은 기본적인 한문지식을 갖춘 데다가 헌책방에서 희귀한 고서적을 접하면서 원숙한 단계에 이르렀다.

문중의 어계 선생, 두암공 선생 등의 문집을 번역하여 간행하는 책임을 맡아 일해 오면서 나름대로의 경지에 이르렀다고 본다.

내가 선비정신을 지향하기에 김삿갓 다음으로 단종에 대해서도 관심을 갖는 게 당연하였다. 생육신의 한 분이신 '어계 조여' 선조의 발자취가 배어 있는 곳이 영월이었으므로 각별한 관계가 형성될 수 있었다. 그러한 연유로 기회가 되면 단종과 김삿갓의 고장인 영월을 한번 찾아보고자 하였다.

1990년대 친구 가족과 함께 태백, 정선을 거쳐 영월을 처음으로 방문하게 된다. 한여름 무더위가 절정에 달한 서강변 청령포는 탐방객과 피서객들로 붐볐다. 우리는 먼저 청령포의 단종 유배지로 가기 위해 도선장으로 갔다. 선착장으로 내려가는 언덕에는 왕방연 시비가 오백년 세월을 증언하며 서너 그루의 소나무에게서 호위를 받고 서 있었다.

금부도사 왕방연은 단종을 어명으로 사사하고 한양으로 올라가던 중 개울가에 주저앉는다. 시비에는 본인의 임무와 인간적 고뇌 사이에서 갈등하던 심경을 표현한 시조가 새겨져 있었다.

천만리 머나먼 길 고운 님 여의옵고
이 마음 둘 데 없어 냇가에 앉았으니
저 물도 내안 같아서 울어 밤길 예놋다

왕방연은 자신에게 녹을 준 단종을 사사하기 위해 세조의 명을 받고 영월로 내려간다. 어명을 수행할 수밖에 없는 관리의 입장에서는 그의 소임이 당연하다고 할 수 있다. 그는 권력의 무상함과 세월의 덧없음을 한탄한다. 자신의 감정을 들어낼 수 없는 현실의 비정함을 한 수 시조로 은유하고 있다. 충의의 근본을 아는 선비로서 단종의 애처로운 현실을 묵과하기에는 마음이 편치 않았다. 냇가에 우두커니 앉아서 흘러가는 냇물을 자신의 마음과 비유하며 통곡한다.

그러면 왕방연은 어떤 사람인가? 단종의 녹을 받은 신하로서 사사하는 어명의 집행자가 되었으니 기구한 운명의 소유자이다. 실세 권력에게 밉보이지 않기 위해 대다수가 그러하였듯이 감정의 표현을 절제해야 했다. 하지만 그는 그렇지 못했다. 관풍헌에서 단종을 마주하며 차마 사사라는 어명을 아뢰지 못하고 땅에 엎드려 어깨를 들썩거리며 흐느낀다. 그러자 단종은 눈치를 채고 체념하며 왕방연을 두둔한다. 마음이 아픈 장면이다.

그는 마음속에서 북받쳐 오르는 불충의 죄스러움과 심적인 갈등을 연군가로 표현하였다. 어쩔 수 없는 체제에 의한 가해자였지만 불사이군의 충의에 역행한 죄책감에 괴로워하는 또 한 사람의 피해자이었다. 스스로 참회의 눈물을 흘리고 연군가를 지어 읊으며 자신을 구원하려 했다. 역사는 이것을 알고 그를 용서하며 속죄의 시비를 새겨 그의 고혼을 달래주고 있다.

다수의 관리도 내심으로는 왕방연처럼 정의의 편에 서서 단종을 옹호하였다. 하물며 하늘의 대변인인 민중의 마음은 당연히 그러하였다. 이러한 점을 세조뿐만 아니라 계유정난의 주역들도 알고는 있었다. 그들은 정의의 향방이 어떤 것이라는 것을 알았지만 힘의 우위만이 정국을 주도할 수 있다고 믿었다. 자신들의 야망과 가문의 영광을 위하여 비록 당대에만 머물겠지만 그 진한 권력의 유혹을 뿌리치지 못하였다. 그래서 순리가 아닌 역리의 길에 발을 디디는 가련한 선택을 하게 되었다.

계유정난의 주도세력 외에는 대다수의 신하들은 불사이군의 충의를 지키고자 하였다. 권력의 가혹함에 억눌려 그 뜻을 표출하지 못한 점은 역사의 모순이자 현실이다. 왕방연은 그중의 한 사람이며 그것으로 불충이니 방관자이니 비난할 수는 없다. 후일 역사는 순리를 따라 왜곡된 부분을 교정하는 과정을 거쳐 바로 서게 되어있다.

왕방연의 시조를 국어 교과서에서 읽고 충절과 연모의 정에 이끌려 암송하곤 하였다. 그는 비극적인 사건의 집행자이었지만 다른 한편으로는 문학사에 한 편의 탁월한 시조를 남긴 인물이 되었다. 비극 뒤에 숨은 참회의 눈물은 영혼을 정화하기도 한다. 왕방연 본인은 슬픔에 눈물짓고 괴로워하였다. 후세에 시의 독자는 아픔보다도 충절에 감동하여 마음 한켠에 후련해하였다.

우리는 철제 도선을 타고 청령포에 내려 단종의 유배지로 향했다. 그곳에 다가갈수록 향내음이 그윽이 풍겨오고 주위는 침묵으로 숙연하였다. 참배객 대부분의 표정도 그러하였다. 한여름의 매미소리와 솔바람 소리만이 무거운 분위기를 깨우고 있을 뿐이었다. 사당에는 단종의 영정이 걸려 있고 평복으로 갈아

입은 단종의 밀랍인형이 그 시절을 연출하고 있었다. 담밖에는 500년의 긴 세월 동안 그 자리를 지키고 증언해 온 관음송이 두 갈래 가지를 하늘로 크게 뻗으며 서 있었다. 두 갈래 가지는 저 높은 하늘로 날아가려는 자유의 몸부림이기도, 더 커서 한양 땅 정순왕후의 모습을 찾으려는 발돋움 같았다.

청령포는 사방이 천연의 장애물로 가로막혀 견고한 유배지의 요건을 갖춘 지형이었다. 앞에는 깊은 서강이 도도히 흐르고, 뒤편은 육육봉이 지키고, 옆으로는 천인단애의 절벽이 가로막고 있었다. 그것도 모자라 금표비를 세워 동서로 300척, 남북으로는 490척까지 나가지 못하도록 금하였다. 자연의 장애물이 속박하고, 발 없는 비석이 경고하고 있었다. 그러한 면이 마음을 더 아프게 하였다. 북쪽 편의 절벽 위에는 노산대가 그 아래의 정순왕후를 그리워하며 쌓은 망향탑과 이웃하고 있었다. 망향탑은 참배객의 돌과 보태어져 그리움의 높이를 더해가고 있었다. 단종이 사사당한 관풍헌 주변 금강정 아래에는 낙화암이라는 곳이 있다. 단종이 운명하자 시중하던 궁녀들이 민들레 꽃잎이 되어 강바람을 안고 몸을 날린 절벽이다.

이러한 천연의 감옥인 청령포를 누가 유배지로 추천하였는가를 알면 놀라게 된다. 그는 다름 아닌 계유정난의 주역이며 선왕의 유지를 배반한 신숙주였다. 그는 영월에서 수령을 지내 이곳 청령포의 지리를 잘 알았기 때문이다. 신숙주는 단종을 죽음으로 몰고 가고 장지까지 지정해 준 셈이니 역사는 비정하기만 하다.

일행은 단종의 유배지를 탐방한 후 청령포 맞은편의 강변 백사장에 텐트를 쳤다. 청령포의 날이 저물자 백사장은 캠핑족들의 노랫소리로 요란스럽다. 활활 타오르는 캠프파이어 불빛에 반사된 망향탑 위에 단종의 얼굴이 가물거린다.

　삼경을 넘기니 젊은 열기도 모닥불처럼 사그라져 서강의 흐름 속에 잠기어 가고 태고의 적막만이 감돈다. 건너편의 청령포에는 두견새 소리가 애처롭게 울려오고 어미새 찾는 새끼 원앙의 간절한 부름이 나를 쉽게 잠들지 못하게 한다. 그날 밤 꿈속에서 단종을 본 듯하다. 백마를 타고 태백산에 올라 산신령이 되어 잘 있으니 걱정 말라고 하였다. 꿈은 꿈일 뿐이지만 간절히 그리면 보이는 것은 지극정성의 보상일 수도 있지 않으련가.

　그 후에 나는 영월 땅을 밟으면 꼭 청령포를 방문하고 왕방연 시비를 찾아가서 단종의 애환을 추상하곤 했다. 청령포를 탐방하고 애절한 사연에 가슴이 아파서 한 편의 시조를 적어 강물에 흘려보내 보았다.

청령포의 밤

　자규가 애절히도 울고 있는 청령포에
　왕방연 눈물 안은 이끼 낀 시비 하나
　관음송 두 팔을 벌려 한양 땅을 그리네

　서강도 서러워서 한숨짓는 이곳에

오백년 애환 안고 홀로 섰는 금표비
가려도 갈 곳 없는데 강물마저 막았구려

지금도 그때처럼 강물은 흘러가네
역사는 흐르면서 진실만이 남는다오
지금은 노산군이 아닌 단종이라 부르오

그때의 충신 역신 구천에서 만났으리
권력이 무에 좋아 인륜까지 배반했나
남는 건 한줌 진토로 망각 속에 묻힐 것을

해 저문 나룻가에 빈 배는 외로운데
길 잃은 원앙새끼 어미 찾아 우는 밤에
무심한 초생달빛은 그때처럼 비추네

엄흥도의
의로운 길

암흥도 충절의 상

청령포 금표비

단종을 장릉에 안장한 충신은 영월 호장 엄흥도이다. 그는 역사에 가장 의롭고 용감한 충신이자 한편으로는 삼강오륜을 철저히 실천한 선비이기도 하다. 멸문지화를 감수하면서 자식들과함께 선을 실행하여 가문의 참교육이 무엇인지를 보여준 훌륭한 아버지이다.

관풍헌에서 운명한 단종의 시신은 동강에 버려져 정처 없이 부유하고 있었다. 단종의 시신은 임금이 아닌 한갓 대역죄인의 주검일 뿐이었다. 누가 감히 시신을 수습하기로 작정을 할 수가 있었겠는가. 시신을 수습하는 자가 있으면 삼족을 멸한다는 칙령이 공포된지라 감히 접근을 할 수가 없었다. 관아도 이런 엄한 칙령의 위력을 믿고 내버려 두었다.

그런데 역사의 현장에는 정의의 사자가 출현하여 하늘의 뜻을 실천하는 경우가 많다. 영월 호장 엄흥도는 야음을 틈타 두 아들과 함께 단종의 시신을 수습하기에 이른다. 단종의 시신을 수습하여 현재의 장릉이 위치한 동을지산에 암장하였다. 생육신들의 협조하에 이루어졌는지 단독적으로 행하여졌는지는 알수 없다. 사건의 중대성으로 볼 때 단독으로 하였으리라 본다. 이곳을 자주 출입하던 생육신 일부와 의기투합하여 언젠가는 단종에게 다가올 위기에 대해 평소에 많은 의논은 하였으리라.

그리고 또 하나, 단종 시신의 수습에 관한 설화가 있다. 영월 읍지에 나오는 '호배도강설(虎背渡江說)'이 그것이다. 생육신인 어계 조여공이 향리인 함안에서 단종의 부음을 예감하고 급히 영월을 찾는다. 마침 그날이 단종이 임종한 날이어서 염습을 위해 청령포를 건너려는데 배가 없던 터라 난감해하였다. 그런데 어디서 호랑이가 나타나 자신을 등에 태우고 강을 건너게 하였다는 것이다. 어계 조여 선생의 비원이 영월읍 방절리 흰재에 영월군의 지원으로 건립되어 향토사학 교육의 중요한 문화재로 활용되고 있다.

영월의 단종 유배지에 생육신들 중에서 원호, 김시습, 조여 등이 자주 왕래하였다는 기록이 있다. 특히 원호는 향리인 원주를 떠나와 서강변에 관란정이라는 정자를 짓고 단종을 자주 배알하였다고 기록되어있다.

그러면 엄홍도는 어떤 사람인가? 그의 가문은 영월에 뿌리를 내려 대대로 살아왔다. 그는 영월 관아의 아전으로 호장을 맡고 있었다. 그의 성품은 온후하면서도 강건하였고 매사에 충실한 전형적인 공복이었다. 그의 역대 조상 중에는 한나라의 광무제 때 유명한 학자로 은둔의 삶을 산 엄자릉이 있다. 영월 엄 씨의 시조는 당현종 때 신라에 파악사로 파견되어 귀화하여 영월을 관향으로 정착한 엄임의이다.

뭇 사람들이 자신의 안위와 가문의 번성을 위해 실리에 이끌려 의로움을 외면하기도 하는데 엄홍도는 그렇지 않았다. 진정한 효도와 가문의 명예는 보이지 않는 데서 선을 행하고 올바름을 추구하는 것임을 일찍이 깨달았다. 대저 명망이 있다고 하는 선비들조차도 양지에서 보여주기 식 충성을 하는 게 다반사였다. 즉, 정의의 길인 음지에서 소외와 빈한을 두려워하여 의로운 행동을 쉽게 행하지 못했다. 더구나 대역죄인의 시신에 손을 대면 삼족을 멸한다는 칙령이 포고된 상태였다. 안정적인 벼슬과 정든 고향을 버리고 타향으로 떠난다는 게 얼마나 어려운 결단이겠는가. 그의 행동의 근저에는 의분이라는 게 내재되어 있었다. 그것은 불의를 보면 참지 못하고 기어코 바로잡고야 말겠다는 결기이다. 강직한 선비정신과 인간애가 수반되지 않고서는 실행하기 힘든 정신적 발로이다.

장릉과 이웃한 엄홍도 비원에는 다음과 같은 글귀가 새겨져 있다.

爲善被禍 (위선피화)   吾所感心 (오소감심)

"선을 위하여 화를 당해도 기꺼이 감수하겠다."

이 글귀가 말해 주듯이 엄홍도는 죽음을 각오하고 정의의 길을 가고자 하였다. 엄홍도는 단종이 청령포로 유배되자 배소에서 자규시를 읊으며 신세타령을 하는 단종의 처지에 가슴 아파했다. 강을 건너가 힘닿는 대로 임금을 모시겠다는 충성을 명세하기도 하여 어린 단종을 안심시켰다. 형편이 되는대로 배소를 방문하여 어탕을 준비해서 진상하는 등 정신적, 물질적 시봉을 다하였다. 이런 점에서 그의 시신수습 행위는 이미 예견되기도 한 것이었다.

엄홍도가 김시습, 원호, 조여 등 생육신과 지속적으로 접촉한 것으로 보이는 기록이 영월읍지를 포함한 각종 사료에 나타난다. 특히 김시습과는 단종의 위패를 계룡산 동학사 숙모전에 모시기도 한다. 이는 250년이 지나 단종이 복위된 후 나타난 사료에 의한 것이다. 그간 과연 누가 단종의 시신을 수습하고 동학사에 위패를 모셨는지는 드러나지 않았다. 단지 추측만이 난무하였을 뿐이었다. 영월관아에서는 엄홍도를 유력한 용의자로 지목하였을 것으로 보인다. 왜냐하면 평소 단종을 중심으로 시봉한 점과 그의 임종 후에 홀연히 사라져버린 점이 그러한 혐의를 가능케 한다.

그러면 엄홍도는 어디로 잠적하였을까? 이것은 지금까지도 명확히 밝혀지지 않고 있다. 엄씨 집성촌이 있는 봉화, 문경, 안동, 울산 등 경남북 일원으로 추정된다. 엄홍도 일가는 성씨와 이름을 바꾸고 이곳저곳 떠돌다가 소문과 추적이 잠잠해 질 즈음에 정착하였을 것이다. 그 가문은 은인자중하던 중에 단종 복권 후에 비로소 세간에 족보를 나타내었을 터이다.

엄홍도의 사망연대는 미상이다. 그럴 수밖에 없고, 그의 무덤의 소재도 정확치 않다. 현재 영월에 엄홍도의 묘소가 있지만 상징적인 봉분일 것으로 보인다. 그의 무덤이 알려지지 않고 있는 게 오히려 당연하다. 2009년 경북 군위군 의흥에서 엄홍도의 무덤이 발견되었다는 보도가 있어 그 가능성은 높다고 보아진다. 영남 내륙 깊숙이 파고 들어갔으며, 의흥이라는 지역명이 시사하는 바가 크다. 의흥 즉, 의로움이 발흥한다는 뜻으로, 엄홍도의 의로움을 기리기 위해 붙여준 이름이라고 보인다. 그 당시에 엄홍도의 행실과 충의의 평가는 세간과는 달리 관(官)은 소극적이었으리라. 가혹하고 암울했던 세조와 연산군 시절을 훨씬 지나서야 비로소 단종복위운동의 재평가 분위기가 일기 시작하였다. 그때에야 엄홍도 일가에 대한 소문과 자취가 서서히 드러났다고 짐작이 간다.

엄홍도의 '충절의 상'을 대하고 의(義)의 길과 정(情)의 길에 대해 나름대로 적어본다.

義와 情

義의 길은 변함이 없는 길
情의 길은 변덕이 있는 길
義는 차갑지만 오래 가나
情은 뜨겁지만 식기가 쉽네
義는 일시적 감정에 흔들리지 않으나
情은 일시적 서운함에 변하기도 한다
情을 나눌 수 있는 사람은 많고 만들 수 있으나
義를 나눌 수 있는 사람은 귀하고 만들기 어렵네

인생사에서 우리는 情과 義 사이에서 희비하고 갈등한다. 정은 부드럽고 뜨겁기 때문에 쉽게 끄달리나, 의는 진리의 길이기에 상응하기가 쉽지 않다. 정은 세속적 욕망을 먹이로 길러지니 이해관계에 민감하게 반응한다. 의는 양심적 공감에 의해 형성되기에 맺어지면 굳건하고 오래간다.

사육신과 생육신, 엄흥도 등과 같은 충신들은 의로 형성된 관계로 영원히 지속하나, 계유정난 모신들은 이해관계에 의한 정으로 맺어져 시절인연이 다하면 소멸하는 한계를 갖고 있다. 이상적인 인간관계는 어렵지만 정과 의가 뭉쳐진 자비롭고 정의로운 만남일 것이다.

나는 '충절의 상' 현장에서 엄흥도가 걸어간 의로운 길에 대해 느끼며 적어 두었던 글을 꺼내어 본다.

의로운 길

그 누가 시켰던가 목숨 건 수습의 길
동강에 부유하던 님의 주검 거두어서
패륜의 어둠을 깨고 양지 편에 안장했소

들키면 멸문지화 안 들켜도 근심 걱정
부자가 한뜻으로 의로운 길 찾아가나
그 길은 다시는 못 볼 고향과의 이별이네

남들은 타향에서 고향으로 돌아오나
스스로 고난 찾아 어둔 세상 등지는데
진실이 바로 서며는 구름타고 오리라

단종을 사랑한
사람들

관란정

어계 비원

유배시절의 단종과 관련된 충신은 엄흥도 외에 누가 있었는지 주요 인물에 대해 적어본다. 정사와 야사에 기록되어 있거나 구전으로 전승되어오는 내용을 참고로 하였다. 대체로 관리로서는 엄흥도와 추익한, 정사종, 은자로서는 김시습, 원호, 조여 등이 주요한 인물이다. 그들의 자취가 영월읍지를 중심으로 여러 문헌에서 산견되고 있다.

한성부윤을 지낸 우천 추익한 공은 은퇴 후 지금의 영월 중동면 망경대산 아래의 고비덕에 낙향하여 살고 있었다. 그는 청령포를 종종 찾아 단종이 좋아하는 산머루를 바치기도 하였다. 어느 날 꿈속에서 백마를 타고 길을 떠나는 단종을 만난다. 잠을 깨어 꿈의 내용이 심상치 않아 영월의 소식을 들으니 그날이 마침 단종이 승하한 날이었다. 황겁결에 단종의 발자취를 따라 태백산으로 향하던 중 길가에서 죽음을 맞았다고 한다. 그의 묘소는 단종이 태백산으로 가던 길목인 연하리와 석항 사이에 있다. 그는 단종과 함께 태백산 산신령이 되었다는 설화도 있다. 죽음도 따라 하고 죽어서까지 흠모하던 단종임금을 따라 산신령이 된 것이다. 단종의 영정을 모신 영모전에는 추익한이 산머루를 진상하는 모습이 그려져 있다.

단종폐위 후 원주에서 은거하던 생육신 관란 원호가 있다. 단종을 가까이에서 모시려고 거소를 신천리 사평으로 옮겨 관란정이라는 초막을 짓고 기거했다. 영남의 어계 조여, 도촌 이수형과 함께 단종을 지근에서 배알하고 지극 정성으로 시봉을 하였다. 임금의 건강을 위하여 빈한한 가운데서도 사재를 털어 가물치탕과 메기탕을 장만하여 바쳤다. 한양의 정순왕후를 그리워하는 어린 임금의 말동무가 되어 정신적으로 위로하기도 하였다. 관란정에서 표주박에 계절 따라 과일을 담아 서강에 띄워 청령포로 떠내려 보냈다는 설화가 그의 충절을 짐작케 한다.

다음은 원호가 관란정에서 어린 단종 임금을 그리며 지은 글로 그의 충절을 표현한 애절한 시조이다. 초성, 중성, 종성 삼장

에 걸쳐 울어, 울던이 반복된다. 애처로움에 대한 진실한 답은
울음이다. 어떤 논리도 하소연으로도 상쇄할 수 없는 안타까운
감정을 울음으로 표현했다. 선비와 장부는 쉽게 울지 않는다.
충효의 문제에 부딪히면 그때사 울음으로 답변한다. 이 시조가
그러하다.

간밤에 울던 여울 슬피 울어 지내어라
이제야 생각하니 울어 보내도다
저 물이 거슬러 흐르라저 나도 울어 보리라

그리고 생육신 중 한 분이신 어계 조여 선생은 향리인 함안에
서 천리 길을 달려와 관란 원호 선생, 도촌 이수형 선생과 함께
단종을 보살폈다. 그의 단종에 대한 충의의 마음은 『어계집』의
"구일등고시"에 나타나기도 한다. 그는 단종애사 후 일체의 벼
슬길에 나가지 않았다. 향리인 함안 군북 백이산 자락에서 채미
정이라는 정자를 지어 은거하며 여생을 마쳤다. 함안 군북에는
백이산과 숙제봉이 있다. 채미정은 백이숙제가 고사리를 채취
하여 연명하다가 죽은 고사에 따른 정자이다. 함안조씨 문중의
가훈인 "백세청풍"(百世淸風)은 어계 선생의 변치 않는 곧은 절개
와 청빈한 삶을 표방한 것이라고 여겨진다.
    어계 선생이 남긴 "구일등고시"에서 단종을 사모하는 애절한
마음을 읽을 수 있다. 다음은 이 시에서 일부를 발췌한 것이다.

복희헌원 어디 갔나 슬프기가 그지없네

요순시절 못 만나서 마음이 아프구나

침통하게 읊조릴 때 천지가 망망하고

흠뻑 취해 노래하니 세월이 유유해라

슬프다 이내 신세 어인 일로 괴로운가

마음속 그리운 님 잊을 수가 없으라

대표적 생육신인 김시습은 단종 폐위 후에 불가와 유가를 오가고 기행(奇行)으로도 유명하다. 엄흥도, 조여와 더불어 단종의 위패를 동학사에 봉안하고 난 후 미친 자처럼 방랑하며 세상을 등지고 살아갔다. 경주 남산 용장사에서 오래 기거하며 금오신화를 집필하고 설악산 오세암에서 수도하기도 하였다. 그는 오세신동으로 불릴 만큼 글재주가 탁월하였다. 학문의 깊이와 해학도 촌철살인의 경지에 도달하였지만 세상을 잘못 만나 능력을 음지에서 허비한 아까운 인재이다.

생육신 중에서 또 다른 한 분으로 추강 남효온을 들 수 있다. 사육신의 행장을 발굴하여 『육신전』을 편찬한 인물로 뛰어난 문장가이자 사학자로 인정하여도 무방하다. 그의 기록은 단종 복위 후 사육신의 복권과 추증의 중요한 자료와 근거로 활용되었다. 남효온은 김시습처럼 학문과 재능을 펼쳐보지 못하고 비운의 삶을 살다간 분이다. 대부분의 생육신이 은둔과 침묵을 통한 내적인 저항을 하였다면 두분은 방랑과 표출의 외향적 저항의 삶을 살아갔다.

그는 성종 시절에 단종의 모친인 현덕왕후의 '소릉복위 상소'를 올린다. 그 전에 지은『육신전』과 함께 소릉복위 상소가 화근이 되어 임사홍, 정창손 등 훈구대신의 미움을 사서 등용의 길이 막힌다.『육신전』은 사육신이 국문장에서 죽음을 각오하고 당당하고 의연하게 불복하는 장면을 생생히 기록하고 있다. 이것은 진실한 역사의 기록이지만 한편으로 찬탈의 부당성을 고발하고 복위운동의 당위성을 옹호하는 행위이기도 하였다. 비록 세조 시절을 지난 후왕 때일지라도 사육신에 대한 거론 자체가 금기이며 불순으로 여겨졌기에 계유정난의 주역들이 생존하고 있는 상황에서는 위험천만한 행동이었다.

그는 김종직의 제자로서 학문을 배우고 과거를 준비하기도 하였으나 권력무상을 느끼고 행주에서 은거하며 짧은 생을 마감하였다. 그는 세태에 영합하지 않고 자신의 신조에 따라 마음 속 깊이 담은 인륜과 정의에 대한 열정을 가감없이 드러내며 소외된 삶을 자초하고 살아간 방외인(放外人)이기도 하다. 그가 남긴『추강집』에는 권력과 인간관계에서 오는 심적갈등과 청정한 삶에 대한 염원이 담긴 애잔하면서도 맑은 글이 빛난다.

나는 추강 남효온 선생의 사육신의 행장을 기록한 그의 정의로운 용기가 사마천을 연상케 하여 한 많은 삶을 외롭게 살다간 그를 추모하며 한 편의 시조를 적어 보았다.

추강에 어린 달빛

어린 시절 소문 듣고 적어본 육신 자취
무엇이 중하길래 그토록 파헤쳤나
죽음을 두려워 않은 정의로운 기록들

눈 감고 덮어두면 세상살이 편할 텐데
그것을 못 참는 건 사마천을 닮았네
역사의 붓을 들어 사육신을 그렸네

모진 수모 빈한한 삶 숙명처럼 끌어안고
사람들을 원망 않고 불의만을 미워했네
추강에 달빛 어리니 떠오르는 그 얼굴

단종이 넘은
고갯길

군등치 전경　　　　　　　　　　　배일치 쉼터

한양에서 출발한 단종의 유배 행렬은 중추부사 어득해, 군자정
김자행, 내시 홍득경과 군졸 50여 명이 호송한다. 영도교, 광나
루, 여주 이포나루, 원주 신림 싸리재, 황둔을 거쳐 주천강 입구
에 이르게 된다. 단종의 행차 길에는 수많은 백성이 울며불며
절하고 배웅하고 있었다. 어떤 이는 백설기를 대접하려고 나서
고 어떤 이는 시원한 물을 소박한 바가지에 담아 건넨다. 나머

지는 그것도 저것도 없이 단지 눈물로써 배웅하고 있었다.

하지만 어명에 의한 비정함도 있었다. 유배지로 향하던 중 단종이 시장하여 내시 홍득경을 불러 음식을 청하자 거절당하였다. 호송 책임자 어득해는 명(命)대로 아니하거든 걸어서 압송하라고 지시하였다고 전한다. 이런 사연을 알고 차성복이라는 분은 어포를 넣은 백설기를 만들어 몰래 건네며 시장할 때 드시라고 하였다. 주천강의 물이 불어 단종의 행차를 위해 소나무 가지와 흙으로 만든 섶다리가 앞길의 험난함을 예고하고 있었다.

나는 주천강과 단종임금이 넘은 유배길을 우연하게 답습한 적이 있다. 충주에서 직장 시절인 2000년 11월 말경이다. 집안별로 시사가 한창이던 시기에 한반도 지형을 닮은 장소를 가보기로 했다. 그곳은 바로 주천강이 이룬 서강 변에 있었다. 원호의 관란정이 인근 장곡산 기슭에 자리 잡고 있다는 걸 나중에 알게 되었다.

이러한 사실은 나에게 시사하는 바가 크다고 할 수 있다. 내가 생면부지의 주천강과 군등치, 배일치에 가게 된 인연은 도대체 어디에서 연유한 것인가? 거기 관란정 근방에서 준비해간 막걸리와 마른안주로 혼자서 머나먼 객지에서 시사를 올리게 된 것이다. 조상의 이끎과 관란 원호 및 단종의 정신과 소통하지 않고서는 이루어지기가 힘든 우연치고는 묘한 만남이었다.

나는 그곳을 탐방한 후 나룻배를 타고 강을 건너 주천강 둑으로 나아갔다. 그곳이 단종의 유배행렬이 지나간 주요한 포스트이었다. 그곳 어딘가에 그 시절 섶다리가 있었을 것이다. 나는 둑길을 따라 한참을 내려와서 원주 쪽에서 오는 국도를 만나서 영월 쪽으로 걷기 시작했다. 어디까지 간다는 목표도 없이 시간과 체력이 허용되는 대로 걷기로 하였다.

조금 걸으니 가파른 경사의 고갯길로 접어들었다. 그 길은 길고도 멀었다. 별로 무거운 짐도 없는데도 땀에 온몸이 젖어오기 시작했다. 거친 숨결을 모아 드디어 고갯마루에 당도하였다. 그곳에는 아담한 쉼터가 조성되어 있었다. 그때서야 내가 단종의 유배길을 걷고 있다는 것을 뒤늦게 알았다. 그 고행의 길을 걷게 되는 우연이 숙명처럼 느껴지기도 하였다. 묘한 인연이었고 그로 인해 다시 한 번 단종에 대한 관심을 갖게 되었다.

군등치는 주천강변의 절벽을 깎아지른 험준한 고개이다. 대단히 길어 그 당시 단종의 유배행렬의 무겁고 비장한 분위기를 느낄 수 있다. 군등치는 어린 단종이 금부도사에게 "이 고개가 무슨 고개인데 이다지도 험한가?" 하고 물으니 "노산군께서 넘어시는 고개이니 군등치라고 하지요."라고 대답하여 붙여진 이름이다.

나는 다시 단종의 행렬 길을 따라 발걸음을 재촉하여 나아갔다. 고단함과 갈증이 발걸음을 더디게 하였다. 절망의 유배지로 향하던 단종을 생각하면서 고행을 공유하며 함께 호흡해 나갔다. 늦가을 주천-영월간 지방도 주변은 가을걷이를 끝내고 한적하기만 하였다. 하지만 임금이 행차하던 유배길은 과거를 잊은 채 간간히 지나는 차량의 소음에 파묻혀 있었다. 1시간 넘게 걸으니 다리가 저리고 허리가 아파 와서 길섶 바위에 앉아 잠깐 휴식을 취해 보았다. 어린 단종도 흔들리는 수레 위에서 오래 머무르다 보니 멀미도 나고 마음도 편치 않았을 것이다. 호송행렬은 중추부사 어득해의 명에 의해 간간이 쉼터에서 휴식을 취하고 대열을 정비하였을 것이다.

그 시절이 음력 6월 20일경이었으니 한여름의 뙤약볕과 무더위로 호송의 어려움을 짐작해 본다. 단종의 유배행렬은 한양에서 출발한 후로 6일을 보내고 7일째를 맞고 있었다. 길가에는 마지막 가시는 임금을 배알하러 나온 백성들로 길이 막히고, 길을 뚫기 위한 군졸들의 매서운 호령 소리가 자자하였다. 물 한 바가지 건네려다 바가지를 깨고 넘어지는 노파의 애처로운 목소리도 들린다. 묵묵히 한숨만 쉬고 있는 시골 선비의 안타까움과 함께 어우러져 한 폭의 슬픈 풍경화를 만들었다.

호송 대열이 멀어지자 어느 누군가 곡을 하니 매미소리 합창하듯 일제히 통곡을 한다. 퉁퉁 부은 눈물보가 터지고 곡성이 메아리 되어 임금의 행차를 배웅한다. 호송 군졸들의 호령으로 그 곡성은 주천강의 거친 물결 속으로 사라지고 만다. 지금의 명라곡이라는 지명은 그때의 백성들이 유배행렬을 따라 함께 울면서 가던 마을로, 옛 이름은 울래실에서 우래실 바뀌기도 한다.

행렬은 차츰 영월로 다가가지만 안도보다는 불안감이 증폭된다. 도착이 안정이 아닌 삶의 종착점이 되리라는 절망감이 파고든다. 단종은 직감적으로 영월이 가까워짐을 알고 마음이 흔들린다. 한여름 무더위에 잠시 내려놓았던 자신의 처지를 되돌아보고 예사롭지 않은 불길한 감정에 사로잡힌다.

　호송자와 단종의 처지는 어떠한 차이가 있으며 어떠한 심경이라고 설명할 수 있을까? 영월이 가까워질수록 호송 책임자와 군졸들은 무사히 임무를 마칠 수 있다는 안도와 기대에 부푼다. 단종은 어떻게 전개될지 모를 자신의 운명에 대해 불안해하고 도착이 반갑지만은 않다. 호송 책임자와 군졸들 중에서도 속 깊은 사람들은 민중의 한사람으로서 안타까운 심정을 갖는 게 인지상정이다. 단지 권력의 녹을 먹는 기회주의적인 세력들은 상대의 억울한 처지와 심정을 헤아리는 대신 자신의 이해에 충실할 뿐이다.

　나는 발걸음을 재촉하여 피로한 몸을 이끌고 나아갔다. 한참을 가니 높다란 고개가 가로막고 길은 경사를 줄이기 위해 몇 구비를 감아 오르고 있었다. 길섶에는 코스모스가 시들어 가고 있었다. 길쭉한 줄기와 빗살 같은 잎새가 찬바람에 흔들리며 수명을 마감하려 영글은 꽃씨를 내놓고 있었다. 봄에 씨앗을 틔워 한여름에 키를 키우고 잎새를 다듬어 가을에 울긋불긋 꽃을 피운 코스모스는 짧은 세상살이를 마쳐가고 있었다. 그들은 아무런 불평도 하소연도 하지 않는다. 자연이 정해 준 순리에 따라 죽음을 맞으며 불평 없이 순응하고 있는 것이다. 모든 생명체도 자연의 섭리에 의한 운명에 순응하여야 하고 억울해 할 필요가 없다. 하지만 순리가 아닌 역리의 지배를 받아 타율적인 삶을 강요당하면 한스러운 것이다.

　500년 전에 단종 행렬의 길가에는 코스모스가 없었겠고 비슷한 들국화나 야생화는 있었을 것이다. 그 길에서 단종은 그러한 자연의 섭리와 인생의 무상함을 느꼈을는지 궁금하다. 이런저런 생각을 헤치고 나가니 고개 정상에 당도하였다. 거기가 바로 배일치였다. 저 멀리 건너편에는 소나기재가 아련히 보인다. 그 안부에는 장릉이 있으며 좀 더 아래 서강변에는 유배지인 청령포가 있을 터이다.

단종의 유배 행렬도 이름 모를 고개에 당도하였다. 옛날 그 고개를 지나던 사람들은 보따리 상인이나 새 삶을 찾으러 떠나는 출향객이 대부분이었을 것이다. 저 멀리 법흥사나 신륵사로의 만행을 가던 스님들이 간혹 그 길에 자취를 남기곤 하였으리라. 이러한 단종유배 대행렬은 영월이 생긴 이래 처음이며 경이로운 사건이었다.

단종의 행렬이 고개에 당도하였을 때 해가 서산에 막 지려고 하는 참이었다. 단종은 자신의 운명을 깨닫고 저무는 해를 향하여 절을 올린다. 하늘에 자신의 처지를 고하고 마음의 안정을 찾으려고 간절히 빌었다. 누구나 스스로의 힘으로 해결할 수 없는 상황이 되면 불안하고 연약해지는 법이다. 단종은 아직 열여섯의 나이로 근기가 축적되지 않았기에 고립 무원한 상태인 점으로 미루어 하늘에 기대지 않을 수가 없었을 것이다.

내가 배일치에 도착한 시간도 오후 4시가 넘었다. 늦가을이어서 시간이 이른 데도 해는 서산에 걸려 있었다. 그날 중으로 직장이 있는 충주로 가야만 하니 더 이상 영월로 걸어서 갈 수가 없었다. 충주행 마지막 열차를 타기 위해서는 배일치에서 탐방을 끝내야만 했다.

그 후 2011년 8월 주천에서 장릉으로 가는 길에 10여 년 전에 들렀던 배일치를 다시 넘어 보기로 하여 옛 도로로 접어들었다. 지금은 배일치터널이 생겨 옛길은 차량이 좀처럼 다니지 않는다. 나처럼 세월을 거슬러 역사의 향기를 찾는 사람들이 주로 옛 산길을 오른다. 나머지는 시간을 아끼기 위해 직선의 포장도로를 따라 터널을 거쳐 고속으로 질주하며 산 밑으로 지나가버린다.

단종이 넘었던 배일치에 다가가니 해가 첫 방문 때처럼 저물어가고 있었다. 여름인데도 산이 높고 골이 깊어 해가 금방 서산으로 넘어갈 태세여서 마음이 바쁘다. 여행은 시간과 마음도 여유를 갖고 하여야 제격인데 올 때마다 서두르는 게 수양의 부족인가, 설렘의 장애일까.

배일치에 내려서니 저녁노을이 단심처럼 붉게 주변의 풍광을 물들이며 석양 속으로 젖어들고 있었다. 길섶에는 단종이 지는 해를 향해 절하는 모습의 조각상이 외롭게 세월을 인내하고 있었다. 구부린 연약한 자태가 오백년 전의 애잔한 감흥을 불러일으킨다. 이 고개를 넘으면 불안한 현실이 마중 나오니 하늘에 의지하고자 하였다. 갓을 쓰고 절하는 가녀린 모습에 나의 가슴도 고동친다. "임금님 부디 그만하소서 이제는 세월도 많이 흘렀고 한도 사그라질 때가 되었으니 일어나서 쉬소서." 하고 그를 일으켜 세우려 하나 꿈적도 하지 않는다. 오늘도 배일치에서 님의 절하는 모습이 또 한 사람 길손의 마음을 울리고야 말았구려!

다음의 글은 배일치에서 단종이 저무는 해를 보고 절하는 모습에 애절함을 느껴 적어 본 시조이다.

배일치에서의 해후

주천강 건너고 서강변을 돌고 돌아
머나먼 유배길을 금부도사 호위 하에
영월땅 깊은 곳으로 밀려가는 운명이여

다가오는 유배지에 두려움은 조여 오고
이 고개 넘으면 다시 못올 뒤안길
차라리 꿈속이 되어 벗어나고 싶으라

지나가는 길섶에 이름 모를 야생화가
수백 년 시공을 넘어 지금에사 나타나고
배일치 절하는 모습 나의 마음 울리네

삼공제명석,
관란정을 찾아서

| 삼공제명석 | 원호의 모현사 |

2011년 8월은 무더위가 막바지 기승을 부리고 피서객도 추억 쌓기에 바쁘다. 그들은 역사의 자취를 알려기보다 육신의 열기를 식히는 일상의 즐거움에 심취하고 있었다.

　나는 여주의 이포나루에서 점심을 먹고 단종유배 행로를 따라 문막인터체인지에서 남으로 달려 치악산 터널을 겹겹이 통과하였다. 원주의 마지막 나들목인 신림인터체인지를 빠져 나와 싸리재를 넘어 황둔을 거쳐 주천 쪽으로 향하였다. 그 지나는 과정에서 단종 유배시절에 충절의 삼은(三隱)인 원호, 조여, 이수형이 도원결의를 하고 세운 삼공제명석을 찾아가기로 하였다. 처음 가는 길이라 초입을 제대로 찾지 못해 수주면 이라고 적힌 이정표만 따라갔다. 수려한 계곡은 끊임없이 이어지는데 삼공제명석으로 가는 길이 제대로 맞는지 확신하기가 힘들었다. 답사 여행은 말 그대로 모르는 곳을 더듬어 목적지에 수렴해 가는 여정인지라 길이 나있는 대로 마냥 가기만 하였다. 그런데 험준한 고개를 이리저리 돌고 돌아도 목표를 확신하기가 힘들었다.

한참을 가니 도원경이 펼쳐지고 치악산에서 내려오는 여러 계곡이 모여 커다란 내를 이루어 비단결같이 흘러가고 있었다. "아! 경치 정말 좋구나." 하고 목적지에 대한 생각을 순간적으로 잊고 곡선의 강길을 따라 하류로 내려갔다.

그런데 저 멀리 펼쳐지는 계곡이 언젠가 한번 본 듯한 강렬한 끌림이 있었다. "이상하다!" 생각하고 마음을 조용히 집중하니 요선암이 아닐까 하는 추측을 해 보았다. 사람에게는 예감이라는 초능력이 한 번씩 발현되고 막연한 추측이 신비하게도 적중할 때가 있다. 정말로 그곳은 요선암 계곡이 맞았다. 요선암하면 과거 인연이 한번 닿은 곳이다. 치악산 무릉계곡에 자리 잡은 기암괴석이 신비감을 더해 주는 별난 장소이다. 형상이 억겁을 거쳐 물결에 닳고 닳아 선녀의 백옥 같은 피부를 닮은 부드러운 질감의 암반이다.

나는 2007년 6월에 직장 동기이며 뜻을 같이하는 친구인 권 처사와 영월, 봉화, 순흥을 답사한 바가 있다. 제천에서 만나 영월로 들어오는 길에 적멸보궁의 한 곳인 법흥사를 처음으로 순례했다. 내려오는 길에 권 처사가 영월로 가는 길목에 절경이 한 곳 있는데 구경 한번 해 보자고 제안하여 찾아간 곳이 바로 요선암이었다.

요선암이 있는 낮은 산 정상에는 요선정이 세워져 시인 묵객들이 다녀간 자취가 현판에 새겨져 있었다. 내려다보이는 요선암계곡은 그야말로 신선놀음을 하기에 제격이라고 느껴졌다. 그때 만났던 그 요선암이 바로 눈앞에 펼쳐지는 게 아닌가. "좋은 인연으로 이렇게 조우를 하는구나." 하고 생각하며 행운이라고 여겼다. 그것도 단종의 유배길을 찾아가는 무거운 발걸음의 방랑객을 맞이해 주니 반가웠다.

이제는 목적지인 삼공제명석을 찾기 위해 서둘러야 했다. 낮이 긴 여름철이라지만 당일 중에 내가 가야 할 여정은 빠듯하다. 영월로 가는 길에 군등치와 관란정, 배일치를 거쳐 장릉에 도착해야 한다.

요선암 계곡을 돌아 법흥사로 가는 길과 영월로 가는 갈림길에서 이리 갈까 저리 갈까 망설였다. 그런데 법흥사로 가는 길가에 모현사라는 간판이 언뜻 보이는 게 아닌가. 혹시 모현사가 삼공제명석의 주인공들과 관련이 있지 않을까 싶은 강한 의구심이 들어 그곳에 들렀다. 역시 추측대로 그곳은 생육신의 한 분이시고 삼공제명석의 주인공이신 관란 원호 선생을 모신 사당이었다. 모현사 입구 안내판에는 원호 선생의 은둔 배경과 충절에 관한 추모의 글이 적혀 있었다. 원호 선생의 영정에 예를 표하고 나서, 이 부근에 필히 삼공제명석이 있을 것이라는 확신이 들어 사당을 관리하는 분에게 여쭙기로 하였다. 그분은 원주 원씨이었고 원호의 직계 후손으로 은퇴하여 고향에 귀농하여 사당을 관리하고 있었다.

나는 어계 조여 선생의 후손이라고 소개하고 삼공제명석의 위치를 찾는다고 하였다. 그분은 삼공제명석이 요선정에서 마주보이는 길가에 세워져 있다고 하여 또다시 묘한 인연에 경악을 금치 못하였다. 바로 내가 지나온 요선암이 우연히 조우를 한 곳인데 바로 길 건너편에 내가 찾는 삼공제명석이 있다니 말이다. 2007년 6월 요선정을 다녀간 그 당시에는 인근에 단종 충절의 표지석인 삼공제명석이 있을 줄을 누가 알았겠는가. 나는 일거에 뜻 깊은 조우를 하게 되어 더위에 지친 심신을 일시에 회복시켜주었다.

삼공제명석은 경치가 좋은 요선정을 조망하고 있었다. 안내판에는 새로이 삼공제명석을 건립한 축조기가 쓰여 있었다. 과거 도로변에 몇 백년간을 쓸쓸히 먼지를 뒤집어쓰고 외면 받고 있던 비석을 거두어, 도로 확장공사 시에 터를 넓게 잡아 새 생명을 얻게 되었다고 적혀 있었다. 삼공제명석을 발굴하고 새로 건립한 데는 이곳 출신인 향토 사학자 정암 박영국 선생의 헌신적인 노력이 있었다. 박영국 선생은 단종의 역사적 발자취는 물론이고 김삿갓 생가와 묘소를 발굴하여 세상에 알렸다. 이는 향토 사랑을 넘어 충절과 인륜의 중요함을 후세에게 알린 참교육의 실천으로 보아야 한다. 그런 점에서 선생은 사학자이자 교육자로서 존경받아 마땅하다.

이날 한여름 오후의 강렬한 태양을 요선정의 고마운 그늘이 삼공제명석을 양산으로 가리고 있었다. 대리석 비면은 오색구름의 잔영으로 채색되어 한 폭의 동양화가 그려진 듯 선경을 담고 있어 나의 마음은 편안하였다.

삼공제명석을 세운 배경은 단종이 유배되어 청령포에 머물자 원주의 원호, 함안의 조여, 봉화(옛날 순흥)의 이수형이 모여 의논한 데서 비롯된다. 장차 임금의 안위를 걱정하고 심적인 위안을 드리고, 힘닿는 대로 잘 모시고, 벼슬에 나아가지 않고, 향리에서 후학 양성에 힘쓰기를 명세하게 된다.

훗날 추강 남효온에 의해 육신전이 지어지는 계기로 원호와 조여는 생육신으로 이름을 올리게 된다. 실제로 원호는 세조가 왕위를 찬탈하자 즉시 성균관 직제학을 사직하고 낙향하여 일체의 벼슬길에 나가지 않았다. 후손들에게도 벼슬길을 경계토록 하였다. 이후 주천강 절벽에 관란정을 짖고 기거하며 단종의 정신적인 힘이 되고자 하였다.

이러한 면모는 선조인 고려조의 대학자인 원천석 선생의 은둔 배경과 맥을 같이한다. 그는 이성계가 조선을 창업하자 벼슬길을 버리고 원주로 낙향하여 버린다. 사사 제자인 태종이 수차례 벼슬을 권하여도 결코 나아가지 않고 끝까지 불사이군의 신의와 지조를 지켰다.

한편 어계 조여는 단종애사 이후 성균관을 떠나 향리인 함안으로 낙향한다. 백이산 자락에 채미정을 짓고 백이숙제가 고사리와 같은 나물을 취하며 살아갔듯이 초야에 묻혀 권력과 담을 쌓고 여생을 보냈다.

도촌 이수형은 본시 세조와 젊은 시절 친구 사이였다. 왕위찬탈 이후에 권력의 비정함과 반인륜적인 행태에 환멸을 느껴 출향한다. 출생지인 한양을 떠나 장인의 고향인 봉화로 낙향하여 이후 한 번도 한양 땅을 밟지 않았다. 세조의 간절한 부름도 외면하고 봉화 땅 도촌에서 공북헌을 짓고 영월의 단종을 추모하며 여생을 마감하였다.

이 세분은 어떤 의미에서 고려의 삼은과 대비하여 조선의 삼은이라고 말할 수 있다. 이러한 삼공의 행실은 정의가 살아 있으며 진정한 절의가 무엇인가를 실천한 본보기가 되었다. 무언의 항명이 무력보다 무서울 수 있다는 것을 보여주었다. 사실 사육신의 죽음과 생육신의 은둔은 이후에 김종직, 조광조를 비롯한 사림파의 정신적 지주를 형성하는 데 영향을 미쳤다.

삼공제명석을 뒤로 하니 언제 다시 들를 수 있을지 아쉬운 마음이 들기도 하였다. 한편으로는 또 다른 답사의 시발이 조우의 행운으로 이어져 다행스럽게 생각하며 다음 목적지로 차를 몰았다. 요선정의 그림자가 제명석에 길게 드리워지는 것을 보니 남은 일정을 위해 부지런히 가야 할 것 같았다.

삼공제명석을 탐방하고 나니 어느덧 오후 4시경이 되었다. 오늘 일정은 주천강변의 군등치를 거쳐 관란정을 들르고, 배일치를 넘어 장릉까지 가는 빡빡한 여정이다. 8월 말 여름의 긴 해가 다소 위안이 되지만 촌음을 아껴야 일정의 소화가 가능하기에 서두르기로 했다. 내일은 장릉을 참배하고 김삿갓 묘를 거쳐 마구령을 돌아보아야 한다. 다시 베틀재를 넘어 영춘을 거쳐 단양의 두향 묘를 보고 부산으로 귀향하여야 하는 또 다른 일정이 남아 있다.

주천면 사무소를 지나 한참을 가니 쉼터라고 하는 안내판이 보여 나도, 차도 함께 잠깐 쉬기로 하였다. 한여름 단종의 유배 행렬이 뜨거운 폭양을 피해 잠시 쉬어갔던 장소이다. 갓을 쓰고 유배지로 떠나는 단종의 마음을 느끼며 그가 갔던 길을 달구지가 아닌 코란도로 빠르게 따라갔다. 그때의 행적과 체취는 검은 아스팔트에 포장되어 버리고 뜨거운 열파만이 복사되고 있었다.

한참을 달려가니 단종의 유배행렬이 힘들게 넘던 군등치가 보인다. 군등치를 지나 원호의 충절이 어린 관란정을 찾는 데 다소 시간이 걸렸다. 눈대중으로 접근하려다가 주천강의 심한 회돌이 흐름으로 인해 위치를 착각하였다. 한반도 지형을 닮은 곳으로 갔다가 아니어서 다시 제천 장곡 쪽으로 넘어가서 비로소 관란정을 찾을 수가 있었다.

관란정은 원주 원씨 집성촌인 장곡리의 주천강 즉 서강변 절벽 위에 세워져 있었다. 내려다보이는 풍광은 눈이 시릴 정도로 아름다웠다. 서강의 흐르는 물결이 물고기 비늘처럼 번쩍거리고 비단결처럼 부드러웠다. 원씨 문중의 선산에 세워진 관란정에는 인적이 끊겨 있었다. 나 이외에는 찾는 사람이 없었고 솔바람 소리만이 사연을 전하고 있을 뿐이었다. 오히려 역사의 현장을 찾아가는 나로서는 조용한 분위기가 더 나았다.

원호는 원주를 떠나 일가가 있는 이곳 장곡리 선산에 서강의 아름다운 물결을 관망할 수 있는 터에 관란정이라는 정자를 짓는다. 원호는 마음은 이미 청령포로 항상 와있지만 몸도 가까이 하기 위해 이곳으로 옮겨왔다. 그리하여 정신적 위안과 물질적 시봉으로 단종을 안도케 하고자 하였다.

정자에 앉아 수백 년 전으로 타임머신을 타고 되돌아가면서 사색에 잠겨보았다. "임금님 주천강 흘러가는 물결은 한 불충한 신하의 모습이라고 여기시고 안심하소서." 하면서 마음을 전했으리라. 원호 선생이 강물의 흐름을 보고 권력의 무상함을 느끼고 인륜의 숭고함을 확인하였을 것이다. 관란정 아래의 심하게 구부러져 흐르는 강물은 어떠한 장애도 넘고 낮은 곳으로 임하는 섭리를 상징한다. 그도 사필귀정의 순리가 역리를 기필코 이긴다는 확신을 흐름을 통해 터득하였을 것이다.

다시 차를 몰고 영월을 향해 나아간다. 배일치를 거쳐 북쌍삼거리를 돌아 장릉으로 가야 한다. 삼공제명석을 돌아보고 그 시절 세 분 충신들의 도원결의를 한 편의 시조에 담아보았다.

삼공제명석

치악산 무릉도원 법흥천옆 길가에는
긴 세월 님 그리는 비석이 서있는데
삼공은 요선정 올라 도원결의 했다네

권세보다 안빈을 명망보다 절의를
우정보다 충절을 생명같이 지켰기에
삼공은 초야에 묻혀 삼은이 되어 갔다네

제명석 얼굴에는 요선정이 그려지고
뭉개구름 속에 세 얼굴이 함께 모아지니
신선이 누구이던가 삼공들을 말하네

님 떠난 자규루를 관란정이 지켜오고
백이산 자락에다 채미정을 이루었고
공북헌 세운 그 뜻을 후세들은 알려나

장릉에서
하룻밤을

장릉 전경

자규루

장릉에 도착하니 어느덧 해가 저물어 주변은 어둠에 잠겨 있었
다. 장릉의 낙락장송들이 길게 도열해 있는 모습이 아직도 단종
의 곁을 떠나지 못하고 있는 충신들의 현신과 같았다. 그중에는
엄흥도가 있고 원호가 있고 조여가 있었다. 저 한켠에는 박충원
이, 저 멀리에는 추익한이, 그리고 김시습이 보였다.

　오늘은 날이 저물어서 여장을 풀고 내일을 기약하여야 할 것이다. 나는 장릉 인근에 숙소를 잡고 영월의 밤 풍경을 찾아 나섰다. 장릉에서 출발하여 시내로 걸어 허이허이 내려갔다. 한참을 가니 어둠 속의 은은한 조명 속에 누각이 보인다. 자규루다. 단종이 지은 자규시에는 애환과 그리움이 사무친다. 그날도 어둠 속에서 자규(子規 두견새)는 절규하고 있었다. 바로 옆에 관풍헌이 있었지만 밤이기에 문이 잠겨 들어가 볼 수가 없었다.

날이 밝으면 다시 찾기로 하고 영월의 밤풍광을 별빛 속에서 조망하였다. 오늘도 동쪽 봉래산의 '별마로' 천문대는 광대무변한 우주의 별들을 관찰하고 있었다. 스쳐간 역사의 인물들이 하나 둘씩 별들로 나타나서 끊임없이 밝고 맑은 정기를 송신하고 있었다.

이튿날 아침 일찍 일어나 장릉으로 향하였다. 이른 아침인데도 참배객으로 붐볐다. 장릉의 정문을 지나면 홍살문 우측에 단종을 위해 목숨을 바친 분들을 모신 사당이 있다. 배식단사이다. 종친과 충신, 환관과 궁녀 등 268명을 신분과 공직별로 나누어 위패를 모셔 놓은 곳이다. 이중 정단에 안평대군, 금성대군 등 종친과 성삼문, 박팽년 등의 사육신과 엄흥도를 비롯한 32위가 배치되어 있다. 여기서 특이한 것은 32위 중 31위는 단종 복위를 위하여 목숨을 바친 인물들이다. 오로지 한 분, 엄흥도만이 그렇지 않다.

이는 정조가 엄흥도의 충절을 높이 평가하여 같이 배향토록 하였기 때문이다. 배식단사는 장릉이 비록 영월이라는 오지에 있지만 결코 초라하지도 외롭지도 않다는 것을 보여주었다. 오히러 한양의 종묘에 배향된 인물보다도 한층 의롭고 다감하고 다채롭기도 하였다. 배식단사는 권력과 지위와는 다른 충절과 의기와 인간애가 점철된 진실한 삶의 본보기를 모셔놓은 거룩한 곳이다. 이들은 현대사를 살아가는 후손들에게 중요한 교육적 귀감이 되어야 한다. 이러한 삶이 진실로 의미 있고 행복한 삶이라는 것을 교육해야 한다. 하지만 오늘의 현실은 이를 비켜가고 있기에 안타까울 뿐이다.

배식단사와 정자각을 들러보고 장릉으로 오르기 시작하였다. 장릉으로 오르는 길은 완만하고 자연 그대로 꾸밈없이 잘 정돈되어 있었다. 자칫 참배객의 편의를 위한다는 명목으로 포장을 하거나 과도한 정비가 없이 자연 그대로 길을 열어두고 있어 기분이 좋았다. 한참을 오르다 보니 눈앞에 커다란 봉분이 펼쳐져 보인다. 여기가 장릉이구나 하는 것을 직감할 수 있었다. 물론 오래전에 처음 다녀간 적은 있었다. 해후의 정을 새롭게 느낄 수 있었고 환한 얼굴을 보여주니 반가웠다. 장릉은 보는 순간 정말 좋은 자리에 위치해 있다고 느껴졌다. 탁 트인 양지바른 곳에 솔바람이 시원하고 잔디밭이 편안하다. 사슴이 놀다 가고, 다람쥐가 숨바꼭질하고, 나무꾼이 팔베개를 베고 한 섬 자고 가고 싶을 정도이다. 평온하고 고요한 분위기로 인해 무덤이 아닌 쉼터처럼 보였다.

비극적인 죽음으로 천추의 한을 남기고 떠나간 단종의 운명을 보면 분명 음산하고 비감에 젖은 분위기가 드는 게 당연하다. 하지만 장릉의 분위기는 그러하지 아니하였고 오히려 밝고 편안하게 느껴졌다. 왜 그럴까 하고 곰곰이 생각해 보았다.

여기가 조선의 충절과 의기가 다 모인, 민중의 염원과 사랑이 응결된 정혈이기 때문이다. 비록 단종은 비명에 갔지만 사후에 태백산 산신령이 되었다. 자신의 한을 한층 승화시켜 민중의 아픔을 달래주고 눈물을 닦아주었다. 한스런 역사의 피해자가 아닌 오히려 구원자가 되었다. 단종은 폐위되어 노산군으로 죽음을 맞아 육신은 떠나갔지만 그의 혼은 치열한 민생구원의 염원을 품고 환생하여 오늘을 지켜오고 있는 것이다.

장릉의 묘역에 이르니 한 무리의 인부들이 벌초를 하고 있었다. 가만히 지켜보니 그들은 벌초를 하기 전에 대왕에게 술잔을 올린다. 감히 봉분을 밟고 작업을 하여야 하는 무례를 사전에 용서받기 위해 예법대로 절을 하고 벌초를 시작하였다. 단종의 봉분은 한양의 어느 왕릉보다도 벌초를 하는 인부의 정성이 각별하다는 생각이 든다. 이는 단종이 민중의 사랑을 받고 소원을 이루게 하고 한의 눈물을 씻어주는 데서 나오는 자연스런 발로가 아닐까.

장릉을 출발하여 어제 저녁에 잠깐 들른 자규루로 향하였다. 밝은 아침에 보는 자규루는 위풍당당하게 관풍헌과 함께 하고 있었다. 자규루는 단종이 청령포에서 관풍헌으로 배소를 옮김에 따라 밤낮을 가리지 않고 오르던 누각이다. 단종의 애절한 사연을 담은 자규시가 현판으로 걸려 있다. 자규루에 올라 시를 읽어 보니 자신의 기막힌 처지를 비관하고 있는 것을 절감할 수 있었다. 한양에 생이별한 정순왕후를 그리며 돌아갈 기약이 없는 현실에 절망하고 있었다. 쓸쓸한 한밤을 넘기기 힘든 자신의 처지를 절규하는 자규에 비유하였다.

자규루를 내려와 넓은 마당을 품은 관풍헌으로 향하였다. 이곳은 영월 관아가 있던 자리이다. 또 한 분의 비운의 인물인 김삿갓 선생의 자취가 배어 있다. 영월 백일장에서 조부를 성토한 글을 지은 아이러니한 역사의 현장이다. 그것이 업이 되어 천하를 주유하는 기구한 삶을 시작하게 된다.

역사는 어느 한 인간을 궁지에 몰아넣어 비극을 파생시키는 비정의 산물인가. 아니면 비극을 통해 정의를 바로세우는 교훈의 소산인가를 생각해 보게 한다. 관풍헌은 금성대군의 2차 단종복위운동의 실패로 단종이 대역죄인의 누명을 쓰고 운명한 곳이다. 이름 그대로 뜰 앞에 불어오고 흘러가는 바람을 구경하는 아름다운 객사! 그 아름다운 장소에서 가장 슬픈 한의 역사가 시작되었단 말인가!

관풍헌의 문을 열고 단종의 영정을 바라보니 그 옆에 산머루를 진상하는 추익한 공의 모습이 함께 했다. 영전에 절하고 물러나오니 대청마루에 노부부가 참배 순서를 기다리고 있었다. 깊게 패인 주름진 손에는 포도주스 캔 하나가 들려 있었다. 단종이 추익한 공으로부터 머루를 진상받은 점에 미루어 구하기 힘든 머루 대신 포도주스를 올리려고 준비한 것으로 짐작해 본다.

관풍헌을 벗어나 인근에 있는 금강정으로 향하였다. 지금의 동강은 그 당시에 금강 또는 금장강이라 불렀다. 금강정은 동강을 굽어보는 언덕 위에 세워진 정자이다. 영월 8경의 하나로 절벽을 배경으로 한 가을 단풍이 비단으로 수를 놓은 듯하다 하여 붙여진 이름이다. 하지만 아름다운 명승 뒤에는 어김없이 슬픈 사연이 숨겨져 있는 법이니 금강정 또한 그러하다. 바로 아래에 낙화암이라는 절벽이 있다. 단종이 죽임을 당하자 시중하던 궁녀들이 천 길 낭떠러지에서 동강 물에 투신한 데서 비롯된 이름이다. 고란사가 있는 부여의 낙화암과 사연의 맥을 같이 한다.

금강정에 오르니 저 멀리 태화산과 봉래산이 바라보이고 발 아래에는 천인단애로 낙화암이 내려다보인다. 암강과 수강이 만나는 두물머리 아래쪽에는 청령포가 자리하고 있다. 여기서는 영월의 주요한 역사의 포스트를 조망할 수가 있다. 태백에서 발원하여 떼꾼의 노래를 싣고 오는 동강의 흐름을 볼 수가 있고 마대산 자락의 김삿갓 선생의 자취를 그릴 수가 있다.

금강정 가는 길목에는 몇 개의 사적비가 세워져 있었다. 영월을 대표하는 인물에 대한 것으로 김삿갓이 있고 정사종이 있었다. 여기서 주목할 것은 정사종에 대한 추모비이다. 나도 여기에 와서 처음으로 그에 대해 알게 되었다. 그는 세종조에 무과에 급제하고 단종조에는 군위현감으로 봉직하던 중 단종이 폐위되자 즉시 사직한다. 영월로 찾아들어 단종을 엄흥도 등과 함께 배알하며 시봉하였었다. 단종이 사사되자 시신을 엄흥도 일가와 함께 장사지내고 자신은 동강에 투신하여 자진하였다.

죽기 전에 자식들에게 일체 벼슬길에 나가지 말고 시골로 돌아가 농사를 짓고 소나 키우며 살아갈 것을 당부한다. 그의 호야은이 말해 주듯이 초야에 묻혀 안빈낙도의 길을 가는 게 난세를 사는 도리라는 것을 후세들에게 가르쳐주고 있다. 그는 엄홍도, 추익한과 더불어 단종을 위해 충성한 인물로 충절사에 함께 배향되어 있다. 관풍헌과 자규루, 금강정과 낙화암! 이런 장소는 인접해 있고 단종에 관한 사연을 진하게 담고 있는 현장이다.

나는 그 장소에서 의가 무엇인가를 곰곰이 생각해 보았다. 그것은 정의이자 섭리이며 인륜이라는 것을 알았다. 수많은 선비와 민중이 죽음으로써 지키고자 했던 게 의이다. 그들의 희생을 통해 올바름이 살아 숨 쉬고 인간의 길이 끊어지지 않고 연결되었다. 금강정 비원(碑苑)에는 비석을 세워 이러한 의사들의 사적을 기록하여 기념하고 있다. 영월은 이러한 의미에서 대단히 자랑스러운 고장이 되었다. 전국에서 모여든 의로운 사람들이 행적을 남겨 영월을 영원하게 만들었다.

김삿갓 등산로를
따라서

김삿갓 생가

김삿갓 계곡

2000년 4월에 김삿갓을 찾아 떠났다. 평소 그의 낭만적 시를 좋아하였고, 방랑으로 자유를 실현한 삶의 자취를 만나고 싶었다. 이번 김삿갓 탐방길은 나의 방랑의 단초가 될지도 모르는 우려와 기대도 함께 하였다.

사실 김삿갓 등산로를 거쳐 유허지를 다녀온 후 나의 취미와 관심은 빠르게 변화하였다. 그 이후 역사현장의 답사와 접근로에 대한 산행이 거의 전부라고 해도 과언이 아니었다. 김삿갓과 단종의 자취가 서려 있는 영월에 대한 관심과 애정은 운명적이기도 하다.

김삿갓에게 관심을 갖고 좋아하게 된 배경은 이러하다. 첫째로 그는 단종처럼 독특한 한을 안고 살아간 한 사람이기 때문이다. 둘째로 그는 한을 승화시켜 아름다운 시로 또 다른 한을 안고 살아가는 민중을 위무하였기 때문이다. 셋째로 나 또한 김삿갓처럼 아름다운 산수를 찾아 유랑하고 자연을 사랑하기 때문이다.

김삿갓은 한을 안고 팔도를 방랑하며 민중을 웃기고 울리기도 한 천재 시인이다. 그리하여 민중의 친구이며 삶의 스승이 되기도 하였다. 어릴 적에 유일한 소식통이자 시계이기도 하였던 시골 라디오 앰프가 있었다. 12시 55분에 울려 퍼지던 '김삿갓 북한방랑기'가 떠오른다. 그 방송은 점심시간을 알리면서 고된 삶을 사는 북한의 실상을 풍자하는 프로그램이었다.

김삿갓은 어릴 적에 가정의 애환을 모른 채 홀어머니 손에 이끌려 객지를 전전한다. 한양에서부터 황해도 곡산, 경기도 여주, 강원도 평창을 거쳐 영월 삼옥리에 일시적으로 정착하게 된다. 성장과 운명의 종착지는 오지인 영월 하동면 와석리 마대산 자락의 노루목 화전민 마을이다.

내가 김삿갓 생가를 첫 방문한 루트는 '김삿갓 등산로'라고 알려진 코스이다. 이 등산로는 하동면 옥동천을 끼고 마을 뒤편 산허리를 돌아간다. 해발 1,052미터의 마대산 8부 능선을 거쳐 선낙골로 다시 내려와 생가로 가는 지름길이다.

김삿갓이 이 길을 통해 집에 오가게 된 이유는 두 가지라고 생각된다. 먼저 지리적인 이유이다. 그는 상동 방면으로 가서 다시 김삿갓 계곡을 거쳐 가는 정상적인 진입로는 피한다. 지리적으로 많이 돌고 멀며 개울을 건너야 하는 번거로움 때문이다. 다소 큰 고개를 넘지만 선낙골을 거쳐 가는 길은 간결하고 가깝고 조용하여 선호하였다고 본다. 다음으로는 심리적인 이유이다. 조부에 대한 탄핵의 시를 쓴 후 세간의 눈을 마주치기길 극도로 꺼려하였다. 그래서 죽장에 삿갓을 쓰고 병연이란 이름마저 버리고 삿갓이라는 별호로 은둔과 무관심의 대상이기를 원하였다. 그래서 사람과 마주치는 한길은 피한다. 멧돼지랑 산꿩들과 더불어 초목과 시냇물이 맞아주는 이 등산로가 적격이었으리라.

하동 마을 입구의 이정표를 따라 시골 담벼락을 벗어나니 본격적인 등산로가 펼쳐진다. 고랭지 채소밭을 지나 한참을 오르니 한적한 숲을 만나게 된다. 거기서부터는 인적이 끊기고 오직 나무와 바람이 부대끼는 자연의 숨소리만이 존재하였다. 간간이 멧돼지의 기척과 산새소리와 산꿩의 요란한 푸드득거림이 있을 뿐 인적 없는 적막이 고요함을 더하고 있었다.

30분 정도를 오르니 잔등에 땀이 흐르고 숨도 거칠어진다. 김삿갓이 쉬었을 만한 길섶에 배낭을 벗고 사지를 뻗어 보았다. 그리고는 나른한 피로감을 즐긴다. 귤을 두어 개 벗겨 산신령에게 고수래 하고 먹고 나니 원기가 충전되었다.

마대산 8부 능선의 마지막 급피치는 세속의 탁한 잔재를 토해내게 하고 신선한 피톤치드를 자연스레 흡입케 하였다. 숨을 토해낸 만큼 다시 들이쉬게 되고 길은 걸은 만큼 거리는 줄어드는 게 여정의 진리이다.

드디어 능선의 분기점에 도달하였다. 밑으로 옥동천이 잔잔하게 흐르고 저 멀리 선달산과 마구령이 손짓한다. 다시 내리막길로 들어섰다. 삿갓은 무엇에 의지하여 이 가파른 선낙골의 하산길을 통과하였을까? 등산화도, 스틱도 없던 시절에 짚새기에 칡넝쿨을 감고 나무 지팡이에 의지하며 내려섰을 것이다. 미끄러지기도, 엉덩방아 찧기도 하며 운명처럼 거쳐 갔으리라. 선낙골 내리막길은 정말 험난하였다. 잔나무 가지를 잡기도 나무뿌리를 딛기도 칡넝쿨을 당기기도 하며 비자발적인 유격훈련 코스를 답파하여 드디어 계곡에 도착하였다. 선낙골은 신선이 강림하였다는 이름인데 김삿갓도 신선이 되어 이곳을 내려섰을 것이다.

춘삼월의 계곡물은 차가왔지만 험로를 거쳐 온 또 다른 삿갓의 땀을 식히는 데는 선선하였다. 금강산도 식후경이라 도시락을 펼치고 소주 한 병과 함께 공복을 달래고 삿갓의 체취를 체험하였다. 한 잔술은 상상의 나래를 펴서 나를 자연에 대입시키고 인생길의 다양함과 선택의 불가피성을 깨닫게 한다.

김삿갓 등산로를 넘어서 선낙골 개울가에서 땀을 씻고 한 잔술에 젖어 썼던 글을 올려 본다.

김삿갓 등산로

옥동천 옆에 끼고 돌아가는 허리등
처녀봉 올라서서 선낙골로 내려서고
가파른 산길을 따라 홀로 가는 임 발길

길섶의 들꽃들이 춤을 추는 고갯길에
보릿대 하나 뽑아 피리 하나 만들고서
가슴에 파묻은 애환 바람 속에 날리네

눈 가린 삿갓으로 사람 눈을 피하고서
노루랑 멧돼지와 함께 가는 귀갓길에
불타는 저녁노을이 쓰린 마음 달래네

백리길 영월길을 오고 가던 임 발자취
눈에 시린 좋은 풍광 삿갓은 사랑했네
슬픔이 깊다고 한들 한 수 시로 잊고나

다시 가야만 삿갓의 집을 만날 수가 있기에 발길을 재촉하였
다. 한참을 내려와 다시 다리를 건너 오르막길로 노루목으로 접
어들었다. '김삿갓 유허지'라는 팻말이 곳곳에 서있어 찾아가는
데는 아무런 어려움이 없었다. 그것이 없더라도 삿갓의 체취와
노랫소리가 나를 인도하였다.

드디어 삿갓의 집에 도착하였다. 먼 길이었으며 힘든 여정이기도 하였다. 초가집은 복원하여 일부가 단장되어 옛 모습을 연출하려고 노력한 흔적이 엿보였다. 삿갓집 방문이 중요한 게 아니라 이 현장에 다가오는 과정에 의미를 부여하고 싶다. 두 칸 방 초가와 황토 부뚜막이 그 시절의 초라하고 궁핍한 환경을 짐작케 한다.

이 험준한 오지에 오게 된 피치 못할 사정이 무엇인지 궁금하였다. 무엇이 산으로 오지로 가게 하는가. 권력의 두려움이 호랑이의 무서움보다 더 가혹하다는 말이 있다. 권력의 힘에 쫓겨 이곳에 왔기보다는 인륜을 저버린 죄책감이 그렇게 하였으리라. 양지에 서기가 부끄럽고 세간의 눈이 두렵기도 한 점이 한 가지 이유가 될는지…. 일반적으로 죄인은 육체적으로 살기 위해 스스로 도망쳐 오지로 온다. 의인은 정신적으로 살기 위해 육신은 고달파도 양심의 부름을 받고 스스로 오지로 간다.

다시 하산을 하기 시작한다. 삿갓 생가를 벗어나 구불구불 산길을 뒤돌아보니 툇마루에서 삿갓이 나를 배웅한다. 노루목 입구의 김삿갓 계곡에 도착한 때는 해가 서산에 걸릴 듯 말 듯 한 해거름이었다.

생가를 방문하고 내려오는 길에 김삿갓의 묘소를 찾았다. 준비해 간 소주를 한 잔 치고 재배하며 삿갓을 찾아온 자초지종을 고하였다. 그리고 한 많은 방랑의 종지부를 찍고 자유로운 신선이 되어 훨훨 날아 다시 현세에 출현하기를 청하였다. 아름답고 정겨운 시를 짓고 풍자와 해학으로 왜곡된 세상을 꼬집어 경각심을 불러일으키는 재등장을 부탁하였다.

김삿갓 생가와 묘소를 방문하여 느낀 그의 삶의 체취를 한 편의 시조로 적어 본다.

김삿갓 유허지

마대산 산허리에 홀로 섰는 초가삼간
서까래 썩어가고 연기자욱 군데군데
삿갓은 어디 있는고 허공 속에 불러보네

백리길 영월 길을 오고가던 임 발자취
눈 시린 풍광을 슬픔보다 사랑했기에
묻어둔 깊은 시름을 한 잔술에 잊구나

동복땅 그 먼 곳에 지친 육신 마감하고
노루목 고향땅에 편안하게 잠들었소
그대 혼 들꽃이 되어 가는 길손 반기오

김삿갓 시 감상과
추억들

김삿갓 유적비   김삿갓 묘

김삿갓은 천재적인 시적 재능과 촌철살인의 해학이 넘치는 시인이다. 이백의 낙천적이고 두보의 우수적인 시풍을 넘나들며 민초의 애환을 담은 간결하면서도 사실적인 풍자시를 많이 남겼다.

그의 시 중에는 기생들과의 애정에 관한 것이 많다. 가련한 처지의 가련에게 보내는 시다.

가련에게 준 시(可憐妓詩)

가련행색가련신 可憐行色可憐身
가련문전방가련 可憐門前訪可憐
가련차의전가련 可憐此意傳可憐
가련능지가련심 可憐能知可憐心

가련한 행색으로 가련한 이 몸이
가련의 문전으로 가련을 찾는다
가련한 내 마음이 가련에게 전해지면
가련은 가련한 내 마음을 알아주겠지

이 시는 가련에게 보내는 연민의 정을 자신의 처지에 빗대어 표현하여 그의 인간적인 면모를 보여준다. 가련이라는 시어를 이름과 동사로 반복적으로 활용하는 재치에 감탄하였다.

그리고 김삿갓이 기생 홍련과 주고받는 또 다른 시 한 편이 압권이다. 음풍농월하는 김삿갓의 천재적인 재능을 엿보게 한다.

완월정(玩月亭)에서 홍련과 함께 지음

삿갓: 누상상봉시목명 樓上相逢視目明
　　　유정무어사무정 有情無語似無情

홍련: 화무일어다정밀 花無一語多情蜜
　　　월하유장문심방 月下踰墻問深房

누각 위에서 서로 만나보니 눈이 눈부시게 아름답고
정은 있으나 말이 없으니 정이 없는 것만 같으네

꽃은 말이 없어도 꿀을 많이 간직하고 있고요
달은 담장을 넘지 않고도 깊은 방에 찾아 든다오

이 시는 삿갓이 방랑에 지친 외로운 심신을 달래려고 홍련이
따라주는 한 잔술에 취해 지은 시다. 달빛 은은한 완월정에 올
라 미인의 눈썹을 닮은 초생달을 희롱하듯이 주고받는 시어는
품격 높은 구애의 진수를 보여준다.
　김삿갓이 방랑하면서 산골 외딴집에 날이 저물어 유숙을 하
면서 가난한 노부부로부터 밥상을 받고 감사해하는 시가 있다.

죽 한 그릇(粥一器)

사각송반죽일기 四脚松盤粥一器
천광운영공배회 天光雲影共排徊
주인막도무안색 主人莫道無顔色
오애청산도수래 吾愛靑山倒水來

개다리 소나무 밥상에 희멀건 죽 한 그릇
거기에 푸른 하늘과 흰 구름이 어리는구나
그렇다고 주인장이시여 무안해하지 마시게
나는 청산이 거꾸로 비추는 것을 좋아한다오

이 시는 비록 건더기 없는 희멀건 죽 한 그릇이지만 그렇게
차려준 마음에 감사함을 담고 있다. 죽에 어린 산수화를 좋아한
다는 재치로서 아름다운 마음을 표현하였다. 나에게도 김삿갓
의 경우처럼 가난한 시골 노부부의 아름다운 마음을 추억 속에
간직해온 이야기가 있다.

고등학교 2학년 시절에 친구 2명과 함께 전국을 무전여행을
하게 되었다. 구례 화엄사를 찾아가는 길에 날이 저물어 조그만
사하촌에 들어서게 된다. 마을회관에 가서 이장님에게 사정을
말하였다. 대부분의 집들이 저녁식사를 끝낸 뒤라 노부부가 계
신 초라한 오두막집으로 안내받았다. 그분들이 밥은 없고 도토
리 죽을 조금 남겨 둔 것이 있는데 먹을 수 있겠냐고 하셨다. 고
마운 마음으로 점심까지 거른 허기진 배를 채운 적이 있다. 그
분들이 도시에서 온 학생들이 이렇게 거친 죽을 먹어서 되겠느
냐고 먼저 미안해하셨다. 오히려 더 순박한 고마움에 가슴이 뭉
클해진 기억이 아직도 잊히지 않고 생생하게 남아 있다.

그 노부부께서 보여주신 죽 한 그릇의 진심공양은 두고두고
마음이 척박해질 때면 떠올려 자비심을 기르는 추억으로 간직
한다. 우리를 행복하고 풍요롭게 하는 것은 선행을 베풀고 후의

를 입은 좋은 추억을 간직하여 후일에 반추하는 것이 아닐까 생각한다.

김삿갓은 한 많은 방랑을 전남 화순의 동복에서 마감하였다. 안참봉의 정성어린 간병과 후의로 그런대로 버티어 왔다. 하지만 깊이 뿌리박힌 심화와 술병이 노환과 겹쳐 나약한 육신은 건더내지 못하고 영면하게 된다.

서양의 시인 라이너 마리아 릴케는 임종 시에 "어머니 저 창문을 열어 주십시오."라고 마지막 떠나가는 순간에 밝은 빛을 간구하였다. 하지만 삿갓은 혼미한 의식 속에서 어머니를 부르며 "어머니 저 창문을 닫아 주십시오."라고 중얼거렸다고 한다. 이렇듯 두 분의 천재적 시인에게서 심경의 단초를 엿볼 수 있다. 릴케는 돌아가는 순간 환희와 보람을 수반하여 드높은 하늘로 가기 위한 빛을 갈망하였다. 김삿갓은 죽는 순간까지도 조상에게 속죄하는 데 있어 참회어린 방랑과 도피와 은둔으로도 모자람을 느꼈다. 누구나 바라는 빛을 거부하고 폐쇄의 공간에 영구히 잠들기를 작정하였다.

2017년 가을에 김삿갓 문화제를 보기 위해 영월을 찾았다. 그 전날 동강과 백룡동굴을 위험하게도 탐사했다. 저녁에는 안도감과 자긍심에 젖어 한 잔 술을 즐겼다. 현대의 단란주점에서 가련이를 옆에 앉히고 삿갓을 불러보았다. 삿갓은 오지 않아 내가 삿갓이 되어 가련이를 위로하였다. 그때의 주막은 주점으로 바뀌고, 홍등은 네온사인으로, 막걸리는 맥주로 세월을 포장하고 있었다.

김삿갓 문화제는 이틀간 와석리 김삿갓 문학관에서 열린다. 그날 아침 일찍 시내를 출발하여 문화제를 보았다. 행사 마지막에는 김삿갓 생가 탐방 재현 행렬이 있었다. 관람객은 그 시절의 한복을 입고 삿갓을 쓰고 노루목 삿갓의 생가를 답사하였다. 수십 명의 삿갓은 죽장을 짚고 허이허이 산길을 오른다. 나도 행렬에 끼여 함께 삿갓의 집을 찾았다. 마대산 김삿갓 등산로를 거쳐 찾은 지 17년 만에 다시 만났던 것이다.

삿갓의 생가를 방문하니 수염 기른 삿갓이 마루에 걸터앉아 나를 반겼다. 그 현대판 삿갓은 김삿갓을 흠모하여 삿갓으로 탄생한 '최상락' 씨다. 잠깐 통성명을 하고 마루에 앉아 시절 이야기를 나누었다. 그는 뒤뜰에 떨어진 싸락밤을 몇 개 주워 나에게 권한다. 몇 개를 까먹으니 텁텁한 맛 속에서 향긋한 여운이 감돌았다. 그것은 김삿갓이 좋아하던 막걸리 맛이기도 가련이의 분 내음 같기도 하였다.

삿갓의 푸근한 마음이 전해오며 나를 환상 속으로 이끌어 간다. 오늘 이곳으로 불러올린 삿갓과의 인연은 분명 있을 터이다. 전생에 내가 그를 보살피던 동복의 안참봉인지, 주막거리에서 어울리던 정선달인지 알 수는 없지만….

생가는 보존되어 있으나 관리는 좀 부실하다. 지붕갈이가 늦어진 건지 곧 할지 모르지만 삿갓의 머리는 잡초로 무성했다. 진정한 김삿갓의 추모와 기념의 의미를 되새기게 한다.

영월 시내의 단란주점에서 삿갓을 그리며 현대의 가련이를 앉혀놓고 지은 시조를 올려 본다.

가련이를 만나다

동강을 건너와서 자규루에 앉으니
불 밝힌 밤거리가 나그네를 유혹하네
발걸음 족쇄가 풀려 유흥가로 향하네

황홀한 달밤에 주점에 자리 잡고
흥취를 돋우려고 들국화를 부르니
가녀린 몸매를 지닌 가련이를 만나네

단란한 주점에서 가련이와 마주하며
지난 세월 노래 속에 그녀 인생 들으며
김삿갓 안부 들으려 과거로 여행하네

의풍 땅 주막에서 백 년 전에 맺은 인연
삿갓선생 어디 있소 가련이가 찾고 있소
술값은 제가 낼 테니 어서 빨리 오소서

마구령에 얽힌
사연들

마구령 주막거리

마구령에서 바라본 마대산

나는 2004년 늦가을 단풍이 지고 가을걷이를 마친 시절에 또
다른 김삿갓의 루트를 찾아가기로 하였다. 영월에서 버스를 타
고 종착점인 김삿갓 묘소에서 내려 의풍을 거처 마구령을 넘기
로 하였다. 해가 짧은 계절에 많은 시간이 소요되기에 당일치기
로는 빠듯한 코스다. 초행길이고 동행자마저 없어 다소 긴장되
기도 하였다. 마구령은 단양의 영춘면 남대리에서 영주의 부석

면 임곡리 방향으로 넘어가는 고개다.

이 고개 입구에는 의풍이라는 지역이 있다. 사방이 산으로 둘러싸여 외부에서는 찾기가 힘든 곳이다. 청학동과 같은 곳으로 은밀히 살아갈 수 있는 10승지지이다. 충청도, 강원도, 경상도와 맞닿아 삼도의 유민들이 정착하여 조그만 마을을 이루고 조화롭게 살아가고 있다. 이곳에 오기 위해 강원도에서는 옥동천을 건너 김삿갓 계곡을 거쳐야 한다. 충청도에서는 영춘을 거쳐 베틀재를 넘어야 하며 경상도에서는 마구령과 고치령을 택해 넘어와야 한다. 여기에 있는 의풍은 김삿갓의 자취가 흥건히 배어 있는 듯하였다.

이곳에는 예전에 주막이었을 듯한 장소에 한두 군데의 구멍가게가 보였다. 여인숙은 보이지 않고 민박 촌집이 한 군데 눈에 띄었다. 필시 이곳은 김삿갓이 노루목 고향집에서 출발하여 잠깐 쉬었다 갔을 장소이다. 경상도나 충청도 방향으로 넘어가기 위해 숨을 고르며 막걸리 한 잔을 기울이던 주막에서 말이다. 수년의 방랑길을 일시 접고 설 대목에는 어머니와 처자를 보기 위해 경상도와 충청도에서 달려와 망설이던 곳이리라. 고향을 목전에 두고 가족을 볼 면목을 궁리하며 한 잔 술로 마음을 추스르던 주막이었을 것이다. 혹은 김삿갓 시 속의 주인공인 가련이와 매화와 같은 여인이 머물던 곳이었으리라.

빠듯한 일정을 생각하여 가게에서 간식거리와 생수를 장만하여 마구령길을 재촉하였다. 마구령으로 가는 길은 남대천 물길을 따라 가게 되어있었다. 어래산, 선달산에서 발원한 냇물이

덩치를 키우며 김삿갓 계곡을 거쳐 남한강으로 흘러간다. 주변의 산야는 가을걷이가 끝난 한적함과 여유로움이 묻어 있었다. 하늘은 청명하게 개고 늦가을 햇빛은 따사로이 외로운 탐방객의 앞길을 안내해 주었다.

길을 가면서 마구령에 얽힌 사연과 이야기를 유추해 보고 상상하며 걷는다. 이 고개는 단종이 영월의 청령포에 유배되어 있을 적에 의인들의 발길이 지나간 곳이었을 것이다. 단종복위를 위해 순흥에 유배된 금성대군과 순흥부사 이보흠의 밀사가 오가던 곳, 단종이 사사되었을 적에 경상도 선비들에게 부음을 알리던 통로, 단종의 시신을 수습하여 장릉에 암장하고 경상도 땅으로 숨어버린 엄홍도 일가의 탈출로 등 이었을 것이리라.

한참을 걷다 보니 '여기서부터 선비의 고장 영주'라는 표지석이 서 있었다. 내가 보기에는 충청도인지 경상도인지 구분하는 것이 의미가 없게 보였다. 한편 표지석의 단호한 선포가 긍지의 표현인지 모르나 신분차별의 뉘앙스가 풍기기도 했다. 양반과 상민에 얽힌 김삿갓 시에 나타난 일화가 이런 생각을 들게 했다.

이 길은 경상도 영주지역의 양반집 노비로 있던 옥화와 눈이 맞아 강원도 영월 오지로 도망친 칠동이의 사랑에 얽힌 엑서더스의 길이었을 것이다. 양반집 주인의 노리개로 전락해 버릴 수 있는 아리따운 옥화를 뺏기지 않기 위해 이 고갯길을 통해 죽음을 불사한 도피와 탈출을 감행하였으리라. 추노꾼에 의해 잡혀 무서운 벌을 받고 심지어 목숨도 내놓아야 하는 위험을 감수하면서 말이다. 뜨거운 피가 끓는 머슴은 사랑하는 여인이 노회한 주인영감의 노리개가 되는 걸 보는 것이 죽기보다 참기가 힘들었으리라. 그래서 그믐날 야음을 틈타 옥화의 손목을 감아쥐고 황급히 마구령을 넘어 영월땅 오지로 숨어들었을 것이다. 김삿갓 일가가 노루목으로 숨어들었던 그때의 심정과 동기가 다른, 인권과 자유를 찾아가는 엑서더스라고 할 수 있을 것이다.

위험을 크게 예견하고 더 멀리 깊숙이 숨은 커플은 안전지대에 안착하였을 것이다. 그런데 방심하여 추적이 설마 이곳까지 오겠는가 하고 의풍 땅에 머문 남녀는 추노꾼에 잡혀 더 고된 시련의 길을 자초하였으리라. 길가에는 그때의 흔적과 아우성과 거친 숨소리가 잠들고 있었다. 목마른 옥화가 쉬어가자고 조르던 목소리, 조금만 더 가서 쉬자고 달래던 칠동이의 하소연, 저 멀리 산 넘어서 들려오는 말발굽 소리, 횃불의 그을음 등이 지금도 시공을 초월하여 현시되고 있는 듯했다.

남대리를 거쳐 마구령 초입에 다다랐다. 입구에는 그 옛날 유명했던 삼거리 주막집이 폐가가 되어있었다. 가끔 지나가는 차량의 먼지에 파묻혀 과거의 영화는 사라지고 세월을 넘나드는 칡넝쿨만이 주막을 감싸고 있을 뿐이었다.

그 옛날 이곳에는 김삿갓을 비롯한 수많은 민초들이 고개를 넘기 전에 채비를 하거나, 넘어온 후 안도와 갈증에 막걸리 한 사발과 국밥 한 그릇으로 주린 배를 달래던 장면이 생생히 어린다. 그 와중에는 전라도 판소리, 경상도 밀양아리랑, 강원도 정선아리랑이 흘러나왔으리라. 개다리 밥상에 젓가락으로 장단 맞추던 낭만이 살아 숨 쉬고 있는 듯하였다. 그중에는 김삿갓이 있었고 정선달과 양춘봉도 있어 서로의 사연을 나누고 해학으로 세파에 찌든 과객들을 위안하였을 것이다. 주방에는 환갑을 바라보는 늙은 주모가 하룻밤 길손에게 정을 주어 느지막하게 얻은 어린 딸과 함께 주안상을 장만하느라 손길이 바빴지 않았을까!

이제는 상상을 쉬고 현실에 눈을 떠서 부지런히 고개를 넘어야만 한다. 소백산의 잘록 허리를 넘어야 목적지인 영주를 거쳐 부산으로 갈 수 있다. 마구령은 백두대간이 지나는 고개로 남으로 달려 죽령과 조령, 추풍령을 거쳐 지리산 천왕봉까지 이어지는 등산로의 한 곡점이다.

고갯길 정상 해발 800미터에서 내려다보는 영주 땅은 가을 햇볕을 포용하고 수많은 전설의 소재를 간직하고 있는 듯하였다. 구불구불한 산길을 따라 한참을 내려가면 임곡리의 초등학교를 만나게 된다. 인근 과수원에는 소백산 사과가 부석사의 범종처럼 수없이 매달려 있어 불심이 가까이에 있음을 직감하게 하였다.

수많은 보따리장사와 선비들이 어우러져 넘던 고개를 따라 세월의 자취를 더듬어 가는 그리움의 탐방로에서 나는 서산으로 저무는 해를 보며 김삿갓과 사랑의 도피 행각을 벌인 노비들이 넘던 마구령길에서 비롯된 모든 상상에서 벗어난다.

나는 마구령을 넘으면서 추노꾼에 쫓기던 사랑의 이야기를 상상하며 적어 놓은 한 편의 시조를 올려본다.

마구령 이야기

고갯마루 넘어서자 안도하던 마음이
횃불에 말발굽소리에 다시 또 급해지네
연약한 손목 휘감고 의풍으로 달리네

애처로운 그대여 안타까운 그대여
쉬지 말고 달리자 잡히면 끝장이다
달님아 구름 속으로 어서 빨리 숨거라

지은 죄는 없는데 사랑한 게 죄인가
쫓겨가는 운명이여 조여오는 목숨이여
죽어도 자유를 찾아 그대 함께 살련다

고치령,
충절과 배반의 길

고치령 입구 마을	고치령 산령각

2017년 9월의 초가을, 무더위가 한풀 꺾였으나 그래도 늦여름 같은 날씨에 나는 떠난다. 예전부터 김삿갓 유허지에서 마구령과 함께 넘고 싶었던 고갯길이다. 7년 전 월드컵이 한창이던 7월에 보슬비를 맞으며 넘기로 했지만 못 넘었다.

　한강 탐사의 마지막이 될지도 모를 제법 연로한 나이에 동강을 걷고, 김삿갓의 정취를 느껴보고, 금성대군의 충절을 찾아 고치령을 넘기로 하였다. 마구령이 김삿갓과 민초들의 고갯길이라면 고치령은 충절의 전령들이 오가던 길이다. 양백지간에 함께 한 태백산신 단종과 소백산신 금성대군의 신위를 모신 산령각이 있는 고갯길이 고치령인 것이다. 이번 여정은 의풍에서 출발하여 마락리를 거쳐 고치령을 넘어 영주 단산면 좌석리까지 40여 리의 산길이다.

삼도가 맞대어 이루는 십승지지의 고을이 의풍이다. 영주 남대리와 단양 의풍리가 터를 잡은 청학동 같은 비교적 넓고 안락한 산골마을에서 하룻밤을 묵는다. 고치마을 민박집에서의 하룻밤의 숙식은 시골 사람의 성실함을 체감케 하고 나의 나태함을 부끄럽게 한다. 아침 일찍이 밭에 나가 오미자, 아로니아, 블루베리 같은 특용작물을 수확하고 늦게 집으로 돌아오는 사람들은 개미처럼 꿀벌처럼 부지런하다. 남편은 힘을 쓰고 부인은 손질하여 음식을 만드는 역할분담의 지혜가 돋보인다.

고치골 순두부집의 일과는 쉴 새 없이 돌아가는 물레방아 같았다. 물이 넘치는 농번기에는 요란스럽게, 물이 적은 농한기에는 조용하게 돌고 돈다. 하지만 멈추지는 않는다. 쉬는 것도 일을 위한 재충전이요 삶의 즐거움이다. 그들은 번뇌도 잡념도 불안도 불만도 없는 듯하다. 번뇌와 심란함은 탐욕에서 발원하여 나태와 무력감을 잉태한다. 과도한 육체적 안락은 나태를 낳고 부질없는 번뇌와 상념에 시달리게 하는 부정적인 요소다.

그들에게서 눈앞에 펼쳐진 일거리에 질리지 않고 하나하나 정리하며 평정해나가는 끈기와 뚝심을 보았다. 노동은 그들에

게 자양분을 공급해 주고 번뇌를 끊는 묘약이며 수행이었다. 그
들은 내일의 일과를 위해 저녁 일찍 잠자리에 들고 한 치의 단
절도 없이 숙면으로 연결되며 불면증 없고 불안증 없는 신선의
삶을 산다. 폭우와 폭설이 내리는 날이면 그들은 쉰다. 노동의
보상을 하늘은 내려주어 강제적으로 쉬게 할 뿐이며 어디에도
요령과 방일의 기미는 찾을 수 없다.

나는 하룻밤의 숙식에서 민박집 부부의 일상을 살펴보았다.
그들은 착실하고 부지런한 농부요, 어버이이며, 금슬 좋은 부부
요, 거짓 없는 삶의 화신이며, 부처 같은 자비를 지니고, 침묵을
귀하게 여기는 선비 같은 사람들이었다.

아침 일찍 의풍리 민박집을 출발하니 초행의 긴 고갯길을 넘
는 발걸음은 일단은 가벼웠다. 들녘은 아침이슬로 젖어있고 가
을햇살에 영롱히 반짝이고 있었다. 길가의 코스모스는 잘 가라
손짓하고 대추나무가 빠알간 열매를 한 알 맛보라고 권한다. 참
새들이 조잘대며 허수아비를 놀리고 논두렁을 넘나들며 풍요의
가을을 노래한다.

한 40분을 걸으니 마락리에 도착했다. 마락리는 이름 그대로
길이 험해 말이 떨어졌다는 곳으로, 영주시 단산면에 편입되어
있다. 소백산맥을 넘어서까지 영주시라니, 옛날에는 군세를 강
화하려는 영역다툼도 있었나 보다. 마구령으로 가는 남대리도
영주시 부석면 소속이다. 지리상으로는 단양군에 속하는 게 맞
는데 영주 즉 옛날 풍기군수의 힘이 세었던 모양이다.

고치령은 마구령과 다른 점이 있는데 마구령은 남대리에서

바라보는 어래산, 선달산과 반대편의 마대산을 편안하게 조망하는 원경이 압권이다. 고치령은 소백산 자락의 틈새에 나 있는 소롯길을 따라 계류와 함께 하며 자연의 심연 속으로 빨려가는 듯한 근경의 신비감이 있다.

초가을 일요일인데도 인적을 찾기가 힘들다. 간간이 송이버섯을 채취하는 소형트럭이 오갈 뿐이고 대부분의 시간은 나와 소백산 나무들과의 대화로 채워진다. 우거진 전나무 숲에 승천을 위한 등나무가 칡넝쿨과 함께 꼬며 의지하며 번창해가고 있었다. 만물은 혼자서 생육할 수 없는 공생의 관계에 있다. 소나무와 전나무는 깊게 뿌리를 내려서 땅에 의지하여 곧게 자란다. 등나무와 담쟁이는 소나무에 의지하여 생장한다. 칡넝쿨은 땅을 기다가 장애를 만나면 나무를 감고 오른다. 겨우살이는 참나무에 기생하며 영양분을 공급받고 대신 겨울에 푸른 고깔모자를 선사한다.

산은 생존의 전쟁터처럼 보이지만 상호 의지함을 통해 무한한 공생의 길을 간다. 나는 인적 없는 고치령길에서 자연의 미덕을 발견하였다. 사람도 자연을 닮아 의지하며 나누며 상생하는 지혜를 갖기를 기대해 본다. 소백산 자락을 한 구비 두 구비 오르면서 숲과 대화를 나누다 보니 잔등이 흠뻑 젖었다. 젖은 피부에 맑은 바람이 스치니 뇌는 청량감을 느끼고 세포는 생동한다. 도회에서 축적된 탁한 매연을 토해내고 신선한 소백산의 정기를 흡입한다.

아마 오늘의 산행으로 보약을 한첩 먹은 이상의 심신 건강에

효과가 있을 테다. 보이지 않지만 퍼져오는 송이버섯의 솔내음과 산삼 천향이 폐부에 침습한다. 삼나무에서 뿜어내는 피톤치드는 경직된 두뇌를 이완시키고 엔돌핀을 분비하여 기분을 상쾌하게 한다. 아무도 간섭하지도 재촉하지도 않는 혼자만이 누리는 자유에 행복감이 넘친다. 서서히 고도를 높여 나가 지나온 길을 뒤돌아보니 목적지가 임박함을 알 수 있겠다.

의풍리를 출발하고 두 시간이 지나 양백지간의 고치령에 도착하였다. 글로서나 말로서만 듣던 고치령, 역사의 숨길이 깊게 배인 한 많은 고갯마루! 그곳에서 내가 그리던 단종과 금성대군을 모신 산령각을 만났다. 고치령 고갯마루에 서니 감회가 새롭다. 백두대간을 오가는 숱한 산객들의 발자국이 낙엽과 함께 퇴적되어 살아서 숨 쉬고 있었다.

나는 태백산신령 단종대왕과 소백산신령 금성대군을 함께 모신 산령각에 참배하였다. 단칸 맞배지붕의 조그만 서낭당에는 두 분의 신위를 모신 제단에 촛불과 향이 타오르고 참배객들이 올린 술잔이 외롭지 않다. 나는 삼배하고 깊은 생각에 잠긴다. 그토록 그리워하며 안위를 빌던 임금과 신하로서 숙부와 조카가 함께 하고 있기에 더욱 감회가 새롭다. 그토록 흠모하던 두 분의 신위를 뵈는 내 마음도 함께 했다. 태백산의 단종비각에서 그리던 소백산 산령각이여! 오늘에사 단절된 한의 흐름에 태백과 소백의 끈을 이었으니 마음이 편안하다.

참배하고 나오는 길에 현대판 무속인 차림의 방문객을 접하게 된다. 그들은 매일 배식시간에 맞추어 산령각을 돌보는 관리인인가! 영험을 얻고자 하는 무속인인가!

이제는 내리막길을 따라 올라왔던 높이만큼 등고선을 낮추며 내려가야 한다. 피로도는 덜하지만 무릎의 부담과 방심에서 오는 실족의 위험에 조심하여야 한다. 단산면 좌석리까지 5.5킬로미터의 거리를 걸어 내려가야 한다. 시간은 충분하니 천천히 걷기로 하였다. 내려가는 길은 도로가 계류와 교차하고 헤어졌다 만났다 한다. 고치령 고갯길에서 만난 나무와 풀과 꽃과 새와 풀벌레와의 대화는 순간을 스쳐갔지만 내 영혼의 샘물을 적시고 있었다.

저 아래 순흥골에는 소수서원과 금성단이 있을 터이다. 영월 땅에 유폐된 단종의 소식을 전하고 복위를 위한 충정의 말발굽 소리가 요란하던 고개, 고치령은 지금 역사를 잊고 있는 듯하다. 고치령 고갯마루에 산령각을 세운 이유를 후세들은 알고 있을런지, 연화교 밑을 흐르는 냇물에게 물어본들 답할 수 있겠는가. 역사를 탐방하는 나그네의 발걸음은 풀려 방향성을 잃고 안락의 장소를 빨리 찾고자 한다. 연화교를 몇 개 지나고 나니 드디어 좌석리 입구에 도착하였다.

영주로 가는 버스가 언제 있을는지 시간을 맞출 수 있을는지 궁금하다. 굴곡진 산길에 시야가 확보되지 않아 정류장을 볼 수가 없다. 아뿔싸! 조금 속도를 내어 걸어서 내려가니 저 밑에 버스가 보인다. 시동을 걸고 막 출발하려는 참이었다. 목소리로는 전달되지 못할 것 같아 손을 크게 흔들었다. 드디어 승차하니 출발시간이 2분이나 경과한 상태였다. 버스기사 분께서 피

곤한 몸을 이끌고 오는 탐방객을 백미러로 알아차리고 기다려
준 것이다. 승객이라고는 할머니 몇 분과 산판 노동에 지쳐 귀
향하는 젊은이 한 명이 고작이었다. 기다림에 감사하며 나도 기
다림으로 보답할 때가 오리라.

버스는 소백산의 산간마을 순회하며 1시간에 걸친 운행 끝에
영주시에 도착하였다. 2박 3일간의 일정으로 동강과 김삿갓 유
허지를 돌아보고 고치령을 넘는 고단하면서도 의미 있는 여정
을 마무리하였다.

오래전부터 찾고 싶었지만 여러 사정으로 늦게 만난 고치령
산령각을 대하고 느낀 감회를 적은 글이다.

고치령 산령각

코스모스가 가을을 재촉하는 계절에
삿갓을 만나고 금성대군을 찾아가며
의풍땅 주막의 추억 수첩에다 남긴다

소백산 자락에는 단풍이 물들었고
저 멀리 고치령은 아득히 멀고먼데
혼자서 고행길 따라 정처 없이 떠난다

등고선을 높여가니 시야는 넓어지고
지나온 마락리 길은 시야에서 사라지니

드디어 양백지간에서 산신령을 만난다

단칸의 맞배지붕 형색은 초라하나
산객들 올린 잔에 외롭지 않다마는
한 개비 향을 사르니 눈물 가득 어리네

한가한 순례객은 무심히 넘지마는
금성단 제월교에 아픈 역사 있다네
믿었던 그 마음 변해 피바람을 불렀네

그토록 믿었건만 어이하여 변했는가
무엇이 유혹했나 굳은 맹세 저버리고
오갈 때 다른 마음을 어찌하면 고칠까

우구치 넘어
금성단으로

소수서원 경자 바위

금성대군 위리안치지에서 권 처사

2007년 6월에 직장 동료이자 친구인 권 처사와 만나 함께 영월을 거쳐 우구치를 넘어 봉화의 오전약수를 들러서 영주와 순흥을 답사한 적이 있었다. 나와 권 처사는 평소 충절이 서린 역사의 현장을 돌아보는 일에 관심과 견해를 같이하고 있다. 우리는 지난날의 추억을 반추하고 퇴직 후의 삶에 대한 소회를 나눌 수 있기에 만남 자체가 큰 즐거움이다.

나는 부산에서 중앙선 열차를 탔고 권 처사는 용인에서 승용차로 접근하여 제천역에서 해후를 할 수 있었다. 우선 우리는 자동차를 몰아 영월의 주천을 거쳐 5대 적멸보궁 중의 한 곳인 법흥사를 순례하였다. 내려오는 길에 치악산의 무릉계곡에 있는 요선정을 구경하고 군등치, 배일치를 넘어 장릉에 도착하였다. 여장을 풀고 단종의 충절이 깃든 역사의 현장에서 한 잔의 막걸리로 충신들의 애환을 느껴보았다.

다음 날 동강을 만나기 위해 문산마을로 들어갔다. 2000년도에 내가 한 번 넘었던 고개를 다시 넘어 미탄으로 가서 동강의 흐름에 몸과 마음을 적셔보니 7년 만의 재회에 감회가 새로웠다. 그날 미탄을 들러보고 오는 길에 길섶에 산딸기 군락을 만났다. 사람의 손길이 닿지 않아 지천에 널린 산딸기를 따는 데 정신없이 시간을 보내는 즐거움을 만끽하기도 하였다. 그것을 봉지에 담아 복분자술을 담아 동강이 그리울 때면 한 잔씩 흠향하자고 말하며 동심의 세계에서 노닐곤 하였다.

우리는 다시 차를 몰아 김삿갓계곡을 찾아가기로 하였다. 하동면 옥동천을 거슬러 가서 김삿갓계곡으로 접어들었다. 권 처사는 이 길이 서울에서 명절이나 휴가철에 우구치를 넘어 고향인 춘양으로 가는 지름길이라 지리에 익숙하였다. 김삿갓 묘소에 들러 참배하고 기념묘역을 들러보았다. 위대한 천재 시인의 체취를 느끼며 자주 들르기로 마음을 정하고 김삿갓계곡을 빠져나와 우구치로 향하였다. 우구치라는 이름은 몇 번 들어 보아 한번 가고 싶었었다. 봉화로 가는 데 마땅히 넘어야 하는 고개인지라 자연스럽게 만나 볼 수 있었다. 우구치에서 내려다보는 영월 땅과 봉화 땅은 포근하고 정겹고 눈부셨다.

우리는 다시 차를 몰아 봉화군으로 들어섰다. 시간이 나면 권처사의 선조인 충재공 권벌 선생을 모신 삼계서원과 청암정이 있는 닭실마을에 한번 들르고 싶었었다. 일정상 다음 기회로 미루고 오전약수터에서 약수로 초여름의 더위를 식히고 전날 오랜 해후의 정으로 마신 음주의 숙취를 풀기도 하였다.

그곳에서 늦은 시간이지만 간단한 점심요기를 한 후 영주 부석면을 거쳐 순흥의 소수서원으로 향하였다. 소수서원은 조선시대 풍기군수로 있던 주세붕 선생이 백운동서원이란 이름으로 세웠다. 후일 퇴계 이황 선생에 의해 현재의 소수서원으로 개칭된 주자학을 처음으로 들여온 안향 선생을 모신 최초의 사액서원이다. 이곳 서원에는 안향 외에 유명한 유학자들이 배향되어 있다. 소수서원 경내를 흐르는 죽계천 계곡 암벽에는 경(敬)이라는 글자가 암각 되어 붉은색으로 채색되어 있었다. 이는 주세붕 선생이 풍기군수로 재직하던 시절에 유교의 핵심사상인 공경의 뜻으로 새겼다. 선비들의 교육적 이념과 수양의 목표로 삼도록 하는 깊은 성찰의 표상이다.

소수서원 바로 인근에 금성단이라는 단종애사의 역사적 현장이 안내가이드에 있어 찾아가 보기로 하였다. 이번 답사에서는 결코 기대하지 않았던 단종과 관련한 새로운 역사의 현장을 접하는 행운을 만났다. 의미 있는 만남을 소수서원 방문에서 우연히 이룰 수 있었기에 감명이 깊었다.

금성단은 단종 1차 복위운동에 연루된 세조의 친동생인 금성대군이 유배되어 위리안치된 곳이다. 세조의 왕권찬탈 과정인 계유정난 때 김종서, 황보인을 비롯한 고명대신과 안평대군 등이 처단된다. 그 후 1차 단종복위운동이 발각되자 사육신을 비롯한 많은 인물들이 희생되었다.

세조는 단종을 노산군으로 강봉하여 영월로 유배하고, 금성대군을 순흥으로 보내어 위리안치한다. 탱자나무 가시덤불 안에 집을 지어 이를 벗어나지 못하게 하는 엄격한 유배생활이다. 금성대군은 이곳 유배지에서 순흥부사 이보흠과 의기투합하여 군사를 일으켜 단종을 복위시키고자 하는 거사를 진행하게 된다. 그러나 노비가 이를 엿듣고 격문을 훔쳐 달아나자, 기천현감 김효흡이 추적하여 빼앗아 도리어 조정에 밀고하니 거사가 탄로 난다. 금성대군을 비롯한 이보흠 등 주된 인물은 대명률에 의해 처단되고, 연루되거나 친분이 있는 사람들은 억울하게 목숨을 잃었다. 피의 숙청은 공교롭게도 한명회의 동생인 안동부사 한명진에 의해 자행되었다.

참으로 역사는 닮고 반복하는가? 어이하여 중차대한 복위거사에 또 밀고의 그림자가 침투하고 있는가. 모든 것을 믿는 선함이 가져온 불찰인가, 아니면 불찰을 통해 선함의 가치를 부각하려는 역설인가. 선한 자는 모든 것을 믿고 악한 자는 모든 것을 경계하는가. 대인은 고귀한 충절의 길을 가고 소인은 미천한 출세의 길을 가는가. 김질이 그러하였 듯 김효흡도 그러하였다. 김질은 거사에 참여하려던 마음이 변해 장인인 정창손을 통해 밀고하고, 김효흡 또한 자신을 추천한 이보흠을 배신하고 밀고한다.

어이하여 외롭고 고귀한 충절의 길이 번번이 끊기고 마는가? 하늘의 뜻은 또 다른 피바람을 몰고 올 반정(反正)을 피하고 슬픔 속에서 역사를 기억토록 함에 있다고 가르치는가. 영원히 사는 길과 일시적으로 사는 길의 차이를 역사는 기어코 증명하고 있으니 하늘의 뜻은 비정하면서도 깊다.

금성단 인근에는 피끝마을이라는 곳이 있다. 그 시절 죽계제월교 아래에서 수많은 선비와 의인들이 참살되었다. 그때 흘린 피가 죽계천을 따라 10여 리를 흘러가서 마침내 멈춘 곳이라 그때의 처참한 상황을 짐작할 수 있다. "개경에는 선죽교가 순흥에는 죽계제월교가 있다."라는 말이 전해오고 있다. 충의를 위해 흘린 피로 다리와 개울을 물들인 임 향한 일편단심을 기리는 뜻을 상징하는 말이다.

그때의 거사로 반역향이라 하여 순흥도호부는 없어지고 풍기군에 복속되는 수모를 겪게 된다. 이제는 이곳이 충절의 장소로 명예를 회복하게 되어 지나가는 탐방객들의 발길이 끊이지 않고 있다.

권 처사와 함께 숙연한 마음으로 금성단을 돌아보고 돌아서는데 서로의 눈빛 속에는 말없는 공감이 서려 있었다. 즉, 선비의 길은 호시절에는 후학을 가르치고 풍류를 즐기며 호연지기를 기른다. 잘못된 시절을 만나면 의를 실천하기 위해 목숨을 거는 행동을 하게 된다고 말이다.

주세붕 선생이 의기가 응결된 금성단 맞은편 소수서원 바위 벽에 경(敬)이라는 외 글자를 새겼는가를 짐작해 본다. 그리고 퇴계 선생이 후일 이곳 풍기군수로 재임 시 경자바위에 다시 백 운동이라는 흰 글씨를 새겨 경자의 붉은색과 대비시키고 있다. 백운동의 흰 글씨는 순수한 학문의 길을 가는 청빈한 선비정신 을, 경자의 붉은 색은 불의에 저항하여 올바른 기풍을 세우는 의를 표상하는 것으로 풀이하고 싶다. 우리는 이곳 소수서원과 금성단을 들러보고 진정한 선비의 길이 무엇인가 보여주는 두 가지 면을 보게 되는데, 훈학과 의개가 바로 그것이다.

아무리 학문을 배워도 실천하지 않으면 생명력이 없고, 의를 져버리거나 외면하면 후학들에게 존경을 받지 못한다는 점을 일깨워 주는 중요한 역사교육의 현장이다. 금성대군의 위리안 치지와 죽계제월교, 경자바위를 들러보고 역사의 향기를 새로 이 느껴보았다.

주나라 문왕의 아들이자 무왕의 동생인 주공은 충효예의의 전형적인 귀감이자 사표로 정평이 나 있는 분이다. 문왕이 돌아 간 후 무왕이 은나라를 멸하고 천하를 통일할 때 국가의 기반을 구축하고 예악을 정비하는 공을 세웠다. 무왕의 아들이자 자신 의 조카인 성왕이 어려서 국정을 운영하기가 힘들자 스스로 섭 정을 한다. 왕권을 위협하는 권신들을 견제하여 통치의 기반을 정립하는 중요한 역할을 하였다.

섭정을 하는 동안 중신들로부터 왕권에 대한 야망을 의심받 자 성왕에 대한 충성심을 표현한 비밀서신을 서고에 보관하였다. 후일 성왕이 성장하여 친정체제로 전환할 때 발견되어 성왕이 감격의 눈물을 흘렸다고 역사에 기록되어 있다. 주공은 선왕에 대한 효를 다하고 형제간의 우의를 지켰으며 비록 조카지만 어린 성왕에 대해 충성을 다하였다.

그런데 세종의 아들이자 문종의 동생이며 단종의 숙부인 수양대군인 세조는 똑같은 처지의 주공과 대비하면 어떠한가? 처음에는 왕권강화를 위해 섭정은 아니지만 중요한 역할을 하는 듯 보였다. 계유정난으로 왕권을 위협한다는 명분으로 고명대신인 김종서, 황보인 등을 척살하였다. 그 후 자신의 왕권에 대한 탐욕을 노골적으로 드러내더니 기어코 형식은 양위이나 사실상 왕위를 찬탈한다. 조카인 단종을 폐하고 노산군으로 강봉시켜 머나먼 영월 땅에서 숨지게 하였다. 태생의 공통점은 너무나 흡사하지만 공(公)이라는 오직 한 가지의 단심(丹心)과 사(私)라는 천 가지의 그릇된 탐심(貪心) 사이에 극명한 차이를 볼 수 있다.

금성대군을 비롯한 충신 이보흠과 수많은 의인과 양민들이 흘린 피가 죽계천을 물들이고 흘러간다. 단종복위에 연루된 대참사의 짙은 한의 흐름은 소백산이 가로막혀 넘지 못하고 남으로 흘러 낙동강과 합류하게 된다. 안동에 자리 잡은 도산서원의 퇴계를 향한 두향의 한이 소백산에 가로막혀 넘지 못하고 남한강으로 흘러가듯 남진을 계속한다.

권 처사와 나는 답사여행을 마감하고 서로의 일정이 빠듯하여 영주역에서 헤어지기로 하였다. 부산으로 내려가는 열차를 타기 위해 권 처사가 영주역까지 태워주는 우의를 사양하지 않았다. 소백산 희방사역을 거쳐 내려오는 무궁화 열차의 기적소리는 한 맺힌 역사현장에서 흐느끼는 울음소리로 들린다.

나는 금성단과 죽계제월교를 돌아보고 느낀 감회를 한 편의 시조에 담았다.

금성단 죽계제월교

소백산 정기어린 순흥땅 죽계천가에
수백 년 사연 안은 한 맺힌 터가 있어
나그네 발길을 잡는 금성단과 제월교

6월 제월교 달빛은 눈부시게 시린데
피묻은 역사 속에 잠들은 충절 혼이
퉁소에 초혼가 부니 금성단과 일어서네

마구령 넘어오는 장릉의 간절한 부름에
부석사 안양루 범종소리와 합쳐져서
그때의 충혼들 모여 도열해서 답하네

봉화의 충절을
찾아서

공북헌 전경

공북헌의 가을

2013년의 늦가을에 2007년 영월과 풍기를 답사할 때 동행하여
차편을 제공하는 등 많은 도움을 준 권 처사를 만나기로 하였
다. 그는 고향이 춘양으로 어릴 때 출향하였다. 도회에서의 긴
여정을 마무리하고 귀거래를 하게 되었기에, 새로 정착한 집을
방문하게 되었다. 오랜만에 만나 귀향 겸 귀농의 사연과 그간의
영농일기를 주제로 농주를 곁들이며 밤늦도록 담소하며 시간을

보냈다. 다음 날 아침에 오전약수터에서 청량한 탄산약수로 전날 밤의 숙취를 해소하고 청정도량인 축서사를 순례하였다. 전번에 못 다녀온 충재 선생 유적지인 삼계서원, 청암정과 석천계곡을 돌아보고 도촌 이수형 선생의 공북헌을 답사하는 일정도 있었다.

봉화는 영주, 순흥과 마찬가지로 충의가 서려 있는 선비의 고장이다. 수려한 자연으로 인해 과거부터 현재까지 수많은 은자들이 곳곳에 뿌리내려 청량하면서도 아름다운 생태계를 형성하고 있는 곳이다. 유홍준 교수의 『나의 문화유산답사기』에서는 유독 봉화를 제외하였다. 명승과 고적이 넘쳐서 우선순위를 정하기도 어렵고 세상에 알려지면 무분별한 관광으로 자연이 훼손될까 염려한데서 연유하지 않았나 생각해 본다.

먼저 충재 권벌 선생의 자취를 더듬어 금계포란형의 대표적인 길지인 달실마을(국문법기준에 의한 닭실에서 고유명사 기준인 달실로 바뀜)에 있는 충재박물관과 격조 높은 정자인 청암정을 들러보았다. 수려한 석천계곡을 거슬러 석천정사에 올라 보기도 하였다.

충재공 권벌 선생은 영남학파로서 기호학파인 조광조의 개혁세력에 유일하게 가담한다. 기묘사화 때 파직된 후 15년간 이곳 달실마을에서 청암정을 짓고 후학양성에 힘쓴다. 그리고 복권 후 밀양부사, 병조판서, 한성판윤 등 요직을 두루 거친다. 억울하게 파직된 세대신을 구하고자 하는 '논구삼신계'라고 불리는 목숨을 건 직간을 문정왕후 앞에 올린다. 이로 인해 을사사화 때 반대세력의 탄핵을 받아 함경도 삭주로 유배되어 그곳에서 쓸쓸히 생을 마감한다. 그는 충성과 절의를 겸비한 선비정신의 귀감이며, 항상 『근사록』을 품고 다니면서 면학의 열정을 지속적으로 예열시킨 유학자이다. 그의 행장기에 의하면 후덕, 대절이라고 표현한 부분이 나오는데 그의 인품을 적절히 함축한 것이라고 본다.

그는 사간원에서 정언이라는 관직을 거치는데 직간을 서슴지 않았다. 직언은 국가의 생명력을 지속가능하게 유지시켜 주는 소금과 같은 것이다. 감언은 일시적인 현혹으로 군주를 즐겁게 해 주나 결국 난세로 내몰리게 하는 것과 대비된다. 고언, 즉 직간은 일시적으로 군주를 피곤하게 하지만 태평성대의 치세로 이끌게 하는 예방주사와 같은 것이다.

다시 영주 방향으로 달려 봉화읍 도촌리의 이수형 선생의 자취를 찾아가기로 하였다. 국도변에는 은행나무가 단풍이 아닌 노랗게 황풍이 들어 가을걷이가 끝난 허허들판을 배경으로 한 폭의 수채화를 그려가고 있었다.

영월의 금강정 아래에 있는 낙화암과 연관된 듯한 낙화암천을 따라 도촌 이수형 선생의 사적지를 찾아갔다. 그분은 높은 벼슬도 하지 않았고 일반인에게 잘 알려지지도 않은 자발적인 은자이시다. 세조가 왕위를 찬탈하고 단종을 노산군으로 강봉하여 영월로 유배하자 관직을 버리고 장인의 고향인 이곳 봉화의 도촌으로 낙향한다. 그는 한양에서 태어나 성장하였고 세조와는 젊은 시절부터 우의를 나누어 온 관계이다. 그의 사직과 낙향은 세조로 하여금 충격과 연민 속에 갈등하게 한다. 몇 차례 벼슬을 내려 관직으로 복귀토록 종용하였지만 그는 낙향 후에 한 번도 한양 땅을 밟지 않았고 이곳 도촌에서 생을 마감하였다. 그는 단종이 영월에 유배되어 있을 때 관란 원호, 어계 조여와 함께 무릉계곡의 요선정에서 일편단심의 도원결의를 하고 이름을 비석에 남기는데, 그게 삼공제명석이다.

그는 도촌에 공북헌이라는 사당을 지어 단종이 계신 북서쪽 영월을 향해 조석으로 절하며 충의를 표한 것으로 유명하다. 공북헌은 충재 선생의 후손인 창설공 권두경이 이곳을 들렀다가 이수형의 충절에 감동하여 지은 이름이다. 단종을 향한 일편단심의 높고 깊음을 기려 방을 천인실이라 하고, 마루는 두 손을 부여잡고 평생토록 단종을 경모했다는 뜻에서 공북헌(拱北軒)이라고 이름을 지었다. 공북헌은 북쪽 외의 삼면을 막은 독특한 구조를 한 사당으로 충절을 바치는 북쪽 외에는 권력과 명성과 재물에 대해 담을 쌓는 강한 의지의 표현이라고 보인다.

그는 왜 고향을 버리고 이곳으로 왔으며, 가지려면 가질 수 있었던 권력과 부를 포기하였을까? 고향을 스스로 버리는 것보다 더 큰 아픔이 어디 있겠으며, 권력과 부보다 더 큰 유혹이 있겠는가! 권력과 부는 포기하기가 어렵지 않을 수 있지만 고향을 버린다는 것은 정말 어렵다. 고향을 버린다는 것은 고향을 잊는다는 것과는 다르다. 고향을 스스로 떠나는 것은 고향을 버리는 것이다. 부모와 가족 등의 혈연을 남기고 스스로 멀리 떠나는 것은 일종의 불효나 더 높은 가치인 충절을 지키고자 함에 있다. 권력과 부는 세속적인 욕망이지만 충절은 선비가 지켜야할 지고지순한 가치이다. 의로운 사람이 아니라면 가기 힘든 길이리라! 그는 부끄러운 세태를 해결할 수 없는 자신이 부끄러워숨어 지내게 된다.

김삿갓이 본의 아니게 초래한 조상에 대한 불효를 참회하며방랑하였다면, 이수형 선생은 단종을 지켜주지 못한 불충을 참회하며 은둔의 길을 갔다. 김삿갓은 방랑하면서 여러 곳을 고향으로 만들었으나 영월은 고향이지만 갈 수도 아니 갈 수도 없는고향이었다. 그곳에는 어머니와 처자가 기다리는 인륜이 있었기 때문이다. 반면 이수형 선생은 고향을 버림으로써 그 인륜의끈마저 눈물을 머금고 끊고 만다. 시인의 길과 선비의 길은 같으면서 다르기도 하였다.

은둔은 겉으로는 소극적이고 방임으로 보이지만, 내적으로는자신의 신조를 지키려는 성찰이며 참회의 방식이다. 체제에 대한 무언의 반항이자 세태에 대한 엄중한 경고이다. 그것의 위력은 무력보다 강하며 권력보다 무섭다. 붓이 칼을 이기고 물이바위를 깨뜨리듯이 은둔은 항거이며 승리이다.

나는 공북헌에 들러 그의 충절에 대해 깊이 머리 숙여 기리고한 그루의 은행나무가 노랗게 물든 사당의 담벼락을 쓰다듬으며 먼 답사의 일정을 마무리하였다.

돌아서는 발길이 무거워 외롭게 살다간 그분의 심정을 대신느끼며 한 편의 시조를 적어 보았다.

은둔의 길

떠나리라 떠나리라 고향을 떠나리라
푸른 구름 아득히 흘러가는 그곳에서
그것을 못 지킨 죄를 참회하며 살리라

눈을 감고 살리라 귀를 막고 살리라
세태가 부끄러우니 양심도 부끄러워라
그것을 못 고치기에 남은 삶도 부끄러워

망각 속에 살리라 담을 쌓고 살리라
북쪽 문만 열어놓고 그 하늘을 바라보며
도촌에 단풍이 들면 님 오신 줄 알리라

온달과
두향의 땅,
단양

단양은 동강이 서강과 합류하여 남한강의 이름을 얻어 유유히 흘러
가는 아름다운 풍광의 고장이다. 그 유역에는 온달성이 있고 두향의
고향을 만날 수 있다. 거기에서 온달의 애환을 느끼고 두향과 퇴계
선생의 로맨스를 읽을 수 있다. 아름다운 풍광 뒤에 숨겨진 한스러
운 역사의 숨길을 찾아서 홀로 걸어 보았다.

그런 여정을 찾아 죽령을 넘어 보았고, 안동의 도산서원을 탐방하기
도 하였다. 하나의 역사적 사실은 수많은 이야기를 파생시키고 새로
운 현장과의 만남을 주선하기도 하였다. 나는 역사의 현장을 방문하
여 온달의 충정을 기리고, 두향과 퇴계 선생의 매화 향기보다 더 짙
은 연모의 정을 느껴보았다.

비에 젖은
온달성을 오르다

| 온달성 성벽 | 온달성 내부 |

나는 영월을 알게 된 후 인접한 단양을 자연스레 접하게 되었다. 신단양에서 충주댐 유람선을 타고 장회나루, 옥순봉, 제비봉, 청풍명월을 조망하며 월악나루를 지나 충주로 간 적도 있다. 장회나루에서 휴식하며 "정말 아름다운 곳이구나." 하고 그 수려한 경관에 감탄하기도 하였다.

그 후에는 영주에서 청량리행 무궁화 열차를 갈아타고 찾아가기도 하였다. 희방사역에 내려 소백산을 넘어 대강까지 가는 죽령 길을 걸어서 만나기도 하였다. 천태종 본산인 구인사를 방문하여 심우도를 보았다. 잃어버린 소를 찾다가 문득 잃어버린 나를 찾기도 하였다. 그 과정에서 구인사 가는 길목에 자리 잡은 온달성에 대해서 알게 되었다. 그 후 퇴계 선생과 두향의 연모에 관련된 스토리까지 알게 되어 부쩍 단양에 대한 관심은 더해만 갔다.

어떤 대상은 무관심 속에 잠복해 있다가 어느 계기로 새롭게 만나게 되는 경우가 있다. 이는 하나의 인연설이라고나 할까! 아니면 우연의 재발견이라고 할까. 모두가 해당되는 것으로 하나의 무명 속에서의 깨우침이 아닌가 싶다. 그래서 나는 구인사를 거쳐 가면서 우연히 온달성을 만나게 되었고 그곳에 대한 역사와 애달픈 사연을 알게 되었다.

온달성을 처음 만나게 된 것은 2006년에 구인사를 탐방하는 길에서이다. 대하드라마 《연개소문》 촬영세트장으로부터 멀리서 조망한 것이 첫 번째이다. 그다음은 일상의 무료함에서 탈출하기 위해 홀연히 단양을 찾은 때이다. 2010년 7월, 월드컵으로 세상이 TV를 붙들고 광적인 응원을 펼치던 초여름 주말이었다.

당초의 계획은 단양읍에서 1박을 하고 의풍에서 출발하여 고치령을 넘는 일정이었다. 새벽 6시에 출발하는 첫차이자 오전 마지막 차인 의풍행 버스를 정류장을 착각하여 놓치고 말았다. 그래서 영춘으로 가서 의풍으로 가는 방도를 찾기로 하였다. 그러나 아침부터 내리기 시작한 부슬비는 그치지 않고 굵은 빗줄기로 변하기 시작하였다. 의풍에서 고치령을 넘어 영주의 단산면으로 가려면 한나절이 소요되는 긴 코스다. 우천에다 일행도 없이 험준한 고갯길을 혼자 가는 게 위험하다고 느껴졌다. 다음번에 일기가 좋을 때 가기로 하고 온달성으로 목적지를 변경하였다.

영춘에서 온달성 입구까지는 그렇게 멀지는 않았다. 남한강변을 따라 안개 낀 소백산을 조망하며 걸을 수 있었다. 초여름의 비에 젖은 남한강변은 버드나무, 미루나무의 녹음으로 우거져 있었다. 본류의 풍부한 수량과 뭉게뭉게 피어오르는 물안개는 온달성을 향한 나의 역사기행을 반겼다.

부슬비를 즐기며 한가로이 반시간 정도 걸으니 온달성 입구에 도착하였다. 멀리서 조망하기만 해 왔던 온달성을 오르기로 작정하였다. 온달성 관광지는 월드컵과 우천 때문인지 한산하였다. 성수기인데도 이러니 경기가 안 좋구나 하는 걸 느꼈다. 영화촬영 세트장의 극단적인 인공미가 역사적 정취를 퇴색시켜 참다운 사적지 보존의 의미를 되새겨 보았다.

나는 비 내리는 온달성을 오르기 시작하였다. 우천이 아니면 좋았겠지만 풍경 조망이 주목적이 아니기에 개의치 않았다. 온달성의 역사와 사연을 찾아 그때의 분위기를 느끼기 위해 탐방하는 데 더 큰 의의가 있었다. 그래서 부슬비가 청승스러이 내리는 다소 불순한 일기가 제격이라고 생각되었다. 초입부터 탐방객의 안전과 편의를 위해 목재 난간과 발판이 잘 설치되어 있었다. 오늘처럼 부슬비가 내리고 시야가 확보되지 않은 날에는 참 좋았다.

한 걸음 한 걸음 온달성을 향하여 오르니 어느덧 온몸은 물에 젖었다. 흐르는 땀과 부슬비가 엉켜 눈을 뜨기 힘들었다. 간간이 땀방울과 섞여 입으로 흘러들어오는 빗물의 짠맛은 눈물처럼 간간하였다. 이제 내 몸은 비 내리는 온달성의 한 부분이 되어 마냥 젖어버렸다. 거칠게 내뿜는 숨소리는 그 시절의 뜨거운 숨결이 되었고 은연중 내쉬는 고단한 신음은 그 시절의 한소리가 되었다.

걷는 중간에 정자로 된 전망대가 있었다. 온달 장군이 전사한 장소로 그를 추모하는 사모정(思慕亭)이다. 왜 이름이 사모정인가? 무인으로서의 죽음은 충렬이나 충의라는 이름을 붙이는데 사랑의 표현인 사모를 차용했다. 이는 용감한 장군의 죽음에 덧붙여 사랑에 대한 그리움을 함께 응축한 부드러운 이름이다. 죽음은 분명 슬프고 비장하다. 그 슬픔과 비장함을 승화시켜 사모라는 이름으로 생생히 살아 있는 정자를 이루었다. 조국에 대한 충정과 평강공주의 사랑과 민중들의 그리움을 함께 포용한 다감한 이름이기도 하다. 정자는 남한강을 조망할 수 있게 잘 배치되어 있었다. 탐방객은 이 장소에서 풍광을 즐기지만 그 시절에 온달성의 척후병은 여기서 적정을 살폈다.

고도를 높여갈수록 발걸음은 느려지고 숨길은 가파른 산길처럼 급하게 변해간다. 고개는 땅을 향해 숙여지고 빗방울은 목덜미를 세차게 때린다. 그때 남한강변 전투에서 있었던 시련의 순간을 느낄 수 있었다.

그날 산길을 오르다 홀연히 너럭바위에 앉아 쉬고 있는 두꺼비를 만났다. 발걸음을 멈추고 그가 가기를 한참 기다렸으나 미동도 하지 않고 망부석처럼 버티고 있어서 비켜 지나갔다. 그는 누구일까 생각을 확장해 보고 싶었지만 숨길과 산길이 거칠고 가파르기에 고단함에 생각을 놓아버렸다.

구불구불 산길을 돌아 한참을 오르니 드디어 희미한 실루엣 속의 석성이 모습을 드러냈다. 온달산성이었다. 장엄하면서도 애잔한 모습의 자태가 부슬비 속에서 꿈틀거리고 있었다. 조금 전에 만난 두꺼비의 형상을 하고 저 아래의 남한강을 내려다보고 있었다. 석성 안으로 들어가는 관문은 잠겨 있었다. 산길을 우회하여 산성 모퉁이로 돌아가서 속살을 살펴볼 수 있었다. 산성 내부는 온통 여름 들풀들로 뒤덮여 있었고 개망초꽃을 중심으로 이름 모를 들꽃들이 안개처럼 피어있었다. 마치 그 시절 고구려 군사들의 열병식을 보는 듯하였다. 혼자 갔던 나로서는 음산하고 두려운 감이 들었다. 어디선가 천여 년 전의 원혼이 나를 끌어당기는 것 같아 머리끝이 쭈빗서기도 하였다.

사실 1시간여 동안의 탐방길에 단 한 사람도 만나지 못하였다. 날씨는 부슬비와 안개로 인해 어둡고 분위기는 정말 음산하였다. 석성의 내부를 돌아보며 그 시절의 타임머신에 탑승하여 온달과 그의 군사들을 만나 사연을 듣고 싶었다. 하지만 오래 기다려도 전령은 오지 않고 무언의 부슬비와 곡성 같은 바람 소리만이 답할 뿐이었다.

한참 동안 과거로 되돌아가 상상의 나래를 펴보았다. 눈앞에서 비바람에 뒤엉켜 심하게 흔들리는 풀꽃들의 모습은 그 당시 치열한 전투의 장면이고, 산 아래에서 몰아쳐 오는 골바람 소리는 온달장군의 호령이며, 여기저기 주룩주룩 내리는 빗물은 군졸들의 피땀이었다. 간간이 들려오는 퉁소 소리 같은 바람소리는 아직 잠들지 못하고 있는 고혼들의 곡성소리이며, 남한강변에서 피어오르는 물안개는 추모와 그리움을 담은 향불의 연기였다.

점점 굵어지는 빗줄기가 목을 때리니 정신을 현실로 되돌려준다. 하산을 서둘러야 한다는 신호로 알고 나를 일깨워 내려가기 시작했다. 하산길은 미끄러워 오를 때 보다 더 조심을 하여야 했다. 그 시절의 징표인 온달과 군사들의 자취를 만나지 못한 아쉬움과 허전함이 발걸음을 무겁게 했다. 날씨가 좋았더라면 산성에 오래 머물면서 그 시절의 적정을 살피던 군사들의 자취를 더듬어 볼 수 있었을 텐데 아쉬웠다. 그러나 마냥 퍼져 앉아 있을 수 없는 한정된 시간의 답사이기에 하늘은 나를 달래며 움직이게 하였다.

한참을 내려오다가 미끄러운 바위를 지나는 순간 또다시 두꺼비를 만났다. 아까 지나간 장소의 그 자리에서 말이다. 눈은 멀뚱멀뚱, 배는 불룩불룩 숨 쉬고 있는 그 두꺼비였다. 왜 그는 어언 1시간 동안 미동도 않고 그 자리를 지키고 있었을까. 기이하기도 하고 무슨 사연이 있을 것 같기도 했다. 상상의 나래를 펴며 혹시 온달의 화신이 아닌가 하고 만남의 의미를 찾아보고 싶었다. 나와 무슨 인연이라도 있는 것인가! 1시간 동안 기다린 그의 인내가 무슨 사연을 전하기 위한 절박함의 표현인가. 온달성 탐방에서 다른 무엇보다도 그 두꺼비와의 만남은 의미 있고 신비하기도 하였다. 그를 온달의 화신이 아닌가 생각해 보았다. 그리고 온달성 안쪽에 피어있던 수많은 풀꽃들은 일시적으로 환생한 온달의 군사들이리라.

나는 비 내리는 온달성을 오르며 그 시절로 되돌아가 한 많은 사연에 가슴이 미어오는 감정을 추스르며 시를 읊어본다.

온달성을 오르다

여름을 재촉하는 부슬비가
영춘땅 온달성을 촉촉이 적셔가니
외로운 방랑객은
역사의 한을 찾아 길을 나선다

그 누가 한 목숨 던지러
한강가로 나가게 하였던가
역수를 건너는 형가의 노랫소리가
귓전을 스치네

그 누가 그를 돌아올 수 없는
전장으로 가게 하였던가

자기를 알아준 지기인가,
자기를 안아준 사랑인가

남한강 적벽 위에 우뚝 선
비에 젖은 온달성을 찾으니
이름 모를 들꽃들이 도열하여
천년 전 군사가 되어 세월을 추상하네

서러운 풍경에 나그네는 눈물짓지만
가랑비가 숨겨주고
음산한 빗소리는 곡성이 되어
홀로 찾은 탐방객을 잘 가라 배웅하네

온달에 얽힌
사연들

온달성 전경

사모정

온달! 그는 고구려의 장수로서 남한강을 끼고 신라와 대치하던 한강 이남의 실지 회복을 위해 파견된다. 죽령 이북의 온달성을 지키다가 장렬히 전사한 비극적인 인물이자 평강공주와 얽힌 설화의 주인공이다.

온달의 죽음은 대륙을 향한 고구려의 기상이 꺾인 시발점이자 한민족의 비극적인 분열과 배반의 전주곡이 된다. 남한강을 배후에 두고 신라와 대치하던 고구려는 중원으로 나아가려 하였다. 하지만 후방의 불안으로 전력을 대륙에 집중하지 못하고 진퇴양난의 고육적인 형국에 처하게 된다. 온달산성 전투에서 패배한 고구려는 결국 한강유역을 신라에게 내준다. 후방의 불안요인을 해소하지 못한 채 강대한 당나라 세력과 대치하는 어려운 상황에 봉착하게 된다.

660년에 나당 연합군에게 백제가 멸망하자 고구려의 운명은 사실상 결정된 것이나 다름없었다. 왜냐하면 신라가 백제를 외세와의 연합으로 끝장내고 그 비수를 고구려에 겨냥하고 있었기 때문이다. 중원 진출의 대야망이 아닌 한반도의 관할권을 확보하는 미천한 실리를 챙기는 데 만족하고 있었다. 백제의 멸망은 나제동맹으로 고구려의 남진정책에 대항하던 맹약을 파기하여 또 다른 배신의 단추를 끼우게 되었다. 그 이후 신라는 민족적인 단결보다는 미천한 실리에 안주하여 고구려의 패망을 열망하게 된다. 그 대가는 한민족의 대륙진출에 대한 원대한 소명을 저버리게 한다. 신라의 국세는 백두산과 두만강을 넘지 못하고 대동강 이남을 구걸 받아 왜소한 변방국가로 고착화된다. 669년에 당나라의 안동도호부 설치로 철저하게 간섭받는 치욕적인 신세가 된다. 그 후 민족정기의 쇠퇴로 고토 회복의 뜻을 이루지 못하고 한반도라는 이름의 영토에 안주하고 만다. 하늘이 한민족의 동질성을 외면하고 분열하고 배신하는 행태를 용인하며 국운을 실어주겠는가. 668년에 고구려가 멸망하자 백성은 흩어져 당나라 땅을 떠돌다가 발해를 세워 한때 중흥의 기회를 맞기도 했다. 뒷문이 열린 지리적 열세와 불안을 극복하지 못하고 국운을 오래 유지하지 못했다.

만약 고구려, 백제, 신라가 민족적 동질감으로 단합하였다면 역사는 어떻게 전개되었을까? 사실상의 주적인 당나라와 대적하여 대륙 진출에 힘을 합쳤더라면 대제국을 건설할 수도 있었으리라. 힘은 압도적일 때 유혈을 최소화하며 상대를 제압할 수 있다. 대륙적 기상의 고구려가 강력한 힘을 적기에 집중하여 남방을 평화적으로 장악하였더라면 영토의 확장은 당연하고 현재까지 이어져오는 지역적 분열상은 원천적으로 발생하지 않았을 터이다.

신라의 삼국통일에 대한 나의 아쉬운 단상을 세 가지로 정리해 본다.

첫째로 싸우지 않고 화합하여 하나로 뭉치는 것이다. 신라는 서기 200년경까지 가야와 경합하며 남부지방을 분할하고 있었다. 532년에 금관가야와 통합의 협의를 이끌어내어 권력을 분점하고 하나가 된다. 가야의 우수한 문물을 수용하고 인재를 발굴하여 중용한다. 그 대표적인 인물이 삼국통일의 명장인 김유신이다. 그 당시 신라의 포용정책과 외교력이 돋보인다. 이처럼 신라가 고구려와 민족의 융성을 위해 통일을 위한 노력을 기울이지 않은 것이 아쉽다.

둘째로 대륙 진출을 위한 진취적인 발상의 부재이다. 신라는 지리적으로 북방의 고구려로 인해 확장성에 한계가 있는 형국이었다. 그래서 영토의 개념도 한반도 내로 국한하는 소극적인 자세가 고착화 되었다. 반면에 고구려는 대륙적인 진취적 기상으로 중원 진출이라는 원대한 포부를 갖고 있었다. 만약 신라가 가야를 평화적으로 통합하였듯이 역사의식이 강한 고구려를 중심으로 통일하였으면 어땠을까 한다. 신라의 우수한 문물을 계승하고 인재를 중용하고, 국호도 조선이라고 개칭하여 민족의 융합에 의한 진정한 통일이었으면 놀랍게 국운이 융성하였을 것이다.

셋째로 북방영토의 회복을 위한 역사의식이 부족했다는 점이다. 한민족은 반만년의 역사를 가진 우수한 문명을 창조한 배달민족이다. 단군조선, 부여 등 한민족이 팽창했던 영토는 동북 3성은 물론이고 중원까지 진출한 역사적 자취가 고증되고 있다. 이러한 『한단고기』, 『조선상고사』 등의 내용은 중국의 역사서인 『사기』, 『후한서』 및 각종 고지도 등에 분명하게 기록되어 있다. 신라는 이러한 역사의식하에 한민족이 번창했던 시기의 고토회복을 위한 노력을 했어야 했다.

신라의 삼국통일 후 고구려 역사의 축소, 왜곡과 사료의 멸실에 의한 고증의 한계로 영토 개념이 고착화되었고, 일제가 교묘히 왜곡한 식민사관은 영토를 한반도로 한정해 버리는 역사의식의 오류에 빠지게 했다. 향후의 남북통일에 대비하여 영토 개념을 재정립해야 할 것이다. 한편 '동북공정'을 밀어 붙이는 중국이나 '임나일본부설'을 주장하는 일본이나 모두 역사는 진실이라는 명제를 망각한 탐욕과 허실에서 벗어나야 할 것이다.

민족의 영토는 국력의 쇠퇴로 일시적으로 잃어 버릴 수는 있다. 그러나 찬란한 역사를 모르거나 부정하거나 찾으려 노력하지 않는 것은 역사에 죄를 짓는 것이다. 역사는 잃을 수 없는 것이고 단지 잊고 있는 것이니 "역사를 잊은 민족에게 미래는 없다."라는 단재 신채호 선생의 말씀을 되새겨야 할 것이다.

온달이 죽자 그 시신을 운구하려 하였지만 움직이지 않았다. 평강공주가 나서 "이제 죽었으니 어쩌리요, 어서 갑시다." 하고 흐느끼니 관이 움직였다 한다. 그 장소에는 '사모정'이라는 정자가 세워져 충혼을 기리고 있다. 현판에서 '이제는 돌이로다. 아니 풀이로다. 장군은 맹세하고 출정하였네.'라는 구절이 눈길을 끈다.

'충정은 돌처럼 굳어져 굳건하고, 혼령은 풀처럼 흐느끼며 하늘거린다.'라는 표현 같았다. 관이 움직이지 않았다는 것에서 죽어서도 맹세를 지키고자 하는 온달 장군의 의지를 엿볼 수 있다.

그런 전설로 보아 그는 비극적인 최후를 맞은 주인공임에 틀림이 없다. 그는 미천한 신분으로 장군에 오른 입지전적인 인물이다. 홀어머니를 지극 정성으로 모신 효자이자, 전장에서 장렬히 전사한 용감한 무인이기도 하였다.

죽령 이북 땅을 회복하지 못하면 살아서 돌아오지 않겠다며 출전을 강행한 것은 무엇 때문일까? 미천한 신분인 그를 알아보고 장군으로 발탁해 준 평원왕에 대한 분골쇄신의 충정도 있었다. 그러나 신분 상승을 위해 학문과 무예를 배우게 하고 모친을 극진히 봉양한 평강공주에 대한 보은과 사랑의 발로가 우선이라고 본다.

사람은 자신을 알아주는 자를 위하여 목숨을 기꺼이 바친다는 말이 있다. 그도 자신을 알아주는 왕과 부인과 나라를 위해 목숨을 초개같이 버린 것이다. 위나라의 오기 장군이 군졸의 종기를 빨아주자 그 군졸의 모친이 탄식하며 자식의 죽음을 예견하였다고 한다. 연나라 태자의 인정과 극진한 대우에 감읍하여 진시황을 시해하려 한 자객이 있었다. 역수를 건너며 "장사 한 번 가면 돌아오지 않는다."라고 비장한 한마디를 남기고 떠나가 목숨을 버린 형가(荊軻)가 바로 그다.

이 모두는 인정과 감동에 대한 보은을 위한 목숨 바치기와 같은 경우라고 할 수 있겠다. 그렇지만 자신을 알아주지 못하는 데에 대한 원망에서 비롯된 죽음도 있다. 초나라의 대부이자 시인인 굴원이 그렇다. 그는 초회왕이 그의 충정어린 간언을 채택해 주지 않고 오히려 간신들의 사주로 추방당하자 멱라수에 몸을 던진다. "창랑이 맑으면 갓끈을 씻고, 창랑이 흐리면 발을 씻으리라." 하는 어부가 핀잔하는 듯한 어부사가 애달프다. 그 가사의 표현처럼 그는 세속에 영합하지 않고 청정하고 순박하였기에 목숨을 버렸다.

이와 같이 "선비는 자신을 알아주는 사람을 위하여 목숨을 바치고, 여인은 자신을 기쁘게 하는 사람을 위하여 모양을 낸다(士爲知己者死 女爲悅己者容)."라는 고사가 마음에 다가온다.

나는 온달성을 탐방하면서 만난 빗길 속의 두꺼비를 온달 장군의 화신으로 믿고 싶다. 아직도 그 시절의 한을 지우지 못해 길손에게 무언의 하소연을 하고 그 울음 속의 눈물이 7월의 부슬비가 되어 남한강으로 흘러내린다.

온달성을 탐방하고 내려오면서 온달 장군의 포부와 기상을 느끼며 시를 지어 읊어본다.

온달성

남한강 내려보며 적벽을 등에 지고
삼국의 각축장에 우뚝 솟은 산성 있어
오늘도 강바람 소리 호가처럼 들리네

영춘땅 전설 속에 애처로운 사연 있어
먼 길을 재촉하며 다시 찾은 온달성
궂은비 짙은 안개가 앞길을 막아서네

무엇이 서러워서 오는 길손 외면하오
일어서서 호령하오 용맹스런 목소리로
언젠가 다시 나타나 중원을 달리소서

두향을 그리며
죽령을 넘다

죽령 고갯길

두향 묘

내가 단양을 방문할 때면 항상 만나는 지형지물이 천동굴로 가는 단양대교와 도담삼봉이다. 도담삼봉은 삼형제가 의좋게 머리를 조아리며 의논하는 형상으로 남한강의 명물로 자림매김하고 있다. 한양으로 가는 떼꾼들에게 희망과 안도를 안겨주는 중요한 포스트이다. 조선의 개국공신인 정도전의 호가 삼봉인 점으로 미루어 고향을 그리워하며 잊지 못해 자신의 호에 붙였다고 추측해 본다.

역사적 사실과 이야기보다 경치에 심취하던 내가 단양을 찾게 된 새로운 동기가 있다. 단양군수를 지낸 퇴계 선생과 기생 두향에 관한 이야기를 알고 난 후에 두 사람의 연모의 정에 대한 감동으로 그 시절의 분위기를 느껴보고자 자주 찾게 되었다.

엄동의 한파가 밀어닥친 2008년 1월 초의 일요일에 단양으로 가기로 작정했다. 새벽 6시에 부산발 영주행 열차에 몸을 실었다. 영주에서 11시 30분에 중앙선 열차를 갈아타고 소백산 자락의 희방사역에서 내렸다. 죽령의 옛길을 걸어서 고개를 넘어 단양 초입의 대강까지 가기로 일정을 잡은 것이다.

죽죽(竹竹)이 개척한 죽령은 서쪽의 조령과 함께 많은 이야기를 안고 있다. 도솔봉(1,314미터)과 연화봉(1,357미터) 사이를 통과하는 고개이다. 양쪽의 산이 높이가 비슷하여 봉긋한 여인의 양 가슴 사이를 파고 들어가는 형세로 사랑의 정감이 흘러넘치는 듯 설레임을 주는 고개이다. 죽령 길에 얽힌 사연은 길섶의 으악새처럼 아름답기도 애달프기도 하다. 희망과 좌절의 행렬이 지나간 발자국이 남겨진 삶의 생명줄이 이어진 현장이다. 과거 보러가던 영남 선비들의 설렘과 실의의 숨결이 고개의 경사처럼 가파르게 흐른다. 삶의 고달픔을 벗어나고자 괴나리봇짐을 지고 출향하던 서민들의 애환이 서린 고갯길이다. 사사의 어명을 받아 인생무상을 느끼며 넘던 금부도사의 무거운 발자취가 서려 있는 죽령이 아니던가.

그 높이만큼 눈물과 땀으로 점철된 거칠고 힘든 삶의 무게를 부둥켜안고 왔던 민초들의 한이 서린 고개이다. 한편으로는 삶의 생동감이 백두대간의 위세를 안고 소백의 산록으로 흐르는 길목지기이다. 이 고개는 삼국의 각축장이며 왜침의 행렬이 거쳐 갔던 침탈의 지름길이다. 문화의 분수령이며 사랑과 그리움의 흐름을 제약하는 장애였다.

죽령고개를 두고 고구려, 백제, 신라가 한강유역을 장악하기 위하여 피를 흘리고 한을 심기도 하였다. 가등청정이 조령을 넘은 소서행장과 한양을 향하여 경쟁적으로 진격을 펼치며 파죽지세로 급히 넘었던 고개이다. 상원사 범종이 고향을 떠나기가 아쉬워 주저앉아 사흘간을 버티며 이별의 눈물을 흘렸던 고개이다. 넘지 못하는 지리적 벽과 신분의 벽을 한탄하던 두향의 사랑과 그리움이 응결된 고갯마루이다. 나는 이 길을 천년 정취를 느끼며 걸어 보고 싶었다. 그때 그 사람들의 애환과 포부를 시공을 초월하여 호흡하면서 말이다.

정오 무렵에 희방사역을 빠져나와 고불고불한 산길을 따라 억새 소리를 벗 삼아 한참을 오른다. 한 겨울의 죽령 길은 한산하고 추웠으며 억새에 잠겨 그 속살을 드러내기를 꺼려하고 있었다. 그 시절의 이야기가 낙엽의 두께처럼 두텁게 쌓여 허공과 땅속에서 호흡하고 있었다. 무거운 삶의 사연은 계곡물이 실어 나르고, 가벼운 가락과 그리움은 으악새와 어우러져 펄럭이고 있었다. 곳곳에는 죽령의 역사를 표시한 안내판이 세워져 있었다. 죽죽에 대한 이야기, 퇴계 선생이 쉬어가던 곳에 대한 소개도 있었다. 중요한 지형지물과 사연을 탐승하며 죽령고개 정상에 도달하였다.

고개 정상에는 언제나처럼 전망이 좋은 곳에 휴게소가 있게 마련이다. 그 옛날에 고개를 넘던 나그네를 위하듯이 그 시절의 분위기를 연출한 노래와 시와 이야기를 장만하여 막걸리와 도토리묵과 함께 팔고 있었다. 고개의 정상은 소백산 비로봉을 등반하는 지름길이라 등산객의 발길이 이어지고 있었다. 그 시절의 고갯길을 메운 백의와 잿빛의 물결 대신 원색의 깃발만이 나부끼고 있었다. 나는 지나온 죽령 길을 뒤돌아보고 저 멀리 출발한 희방사역 부근을 한참 동안 조망해 보았다.

영남의 경치와 이야기를 뒤로 하고 다시 저 아래의 단양 쪽으로 발길을 재촉했다. 내려가는 길은 안전과 편의상 옛길이 아닌 포장된 도로를 따라가기로 하였다. 응달인 단양 쪽의 산길은 춥고 바람마저 거세서 안전과 속도를 감안해서다. 포장된 도로 길은 저 아래에 있는 단양 쪽의 풍광과 소백산 자락을 편하게 조망할 수 있는 이점이 있다.

단양으로 내려가는 길은 전망이 좋았다. 그날은 날씨가 쾌청하여 저 멀리 적성 근처까지 능히 조망할 수가 있었다. 간간이 지나가는 레저차량과 산악용 모터바이크 소리가 호젓한 적막감을 가끔씩 깨기도 하였다. 홀로 탐방하는 나에게는 그래도 반가운 대상이었다. 옆으로는 중앙고속도로가 시원하게 달리고 있었지만 거대한 교각은 경관을 파괴하고 소백산의 정기를 생채기 내고 있었다. 발밑의 죽령터널 아래로 울리는 기계음은 가쁘게 오르는 철마의 호흡소리이자 발걸음 소리이다.

걸어가는 길목에는 간간이 옛날 죽령 길과 만나기도 하고 헤어지기도 하였다. 이곳저곳에는 말을 타고 지나가는 퇴계 선생의 환영이 서린 듯한 느낌을 주는 지점이 있었다.

두향은 노래하였다. "님이여 다북쑥이 우거진 그곳에서 하룻밤 쉬어가면 안 되시니까." 하던 애절한 여인의 간청이 마지막 유언 같은 가락의 바람 소리인 듯 스쳐 지나가기도 하였다. 나는 두향과 퇴계의 사랑 이야기에 젖어 보며 그 길을 걸었다. 스쳐가는 모든 길과 바위와 바람마저도 그 시절의 이야기를 전해주는 듯하여 하나라도 놓치기가 아까웠다.

퇴계 선생이 단양군수로 부임하자 그곳의 관기였던 두향을 만나게 된다. 그런 만남은 연모의 정을 승화시키고 퇴계의 또 다른 인격적 면모를 알리는 역사적 인연이 된다.

이전에는 퇴계 선생을 대할 때 높은 학문의 경지를 열고 후학을 양성한 위대한 유학자로만 먼저 인식하였다. 두향과의 사랑 이야기를 알고 난 후에는 그의 인간적인 면모를 더욱 높이 사기에 이른다. 딸과 같은 나이의 어린 두향과 9개월이란 짧은 기간 동안 정을 나누며 인생을 토로한다. 그 길이와 깊이는 하룻밤의 만리장성 쌓기와도 같고 강선대 밑을 흐르는 강심보다 깊었다. 서로는 의지하며 위안하며 존경하며 사랑하였다. 육감적 사랑보다는 정신적으로 승화된 연모의 정을 나누었다. 학문과 시의 대가와 함께 매화를 그리고 시를 읊는 기생의 화합은 역사적으로 보기 드문 운우지교(雲雨之交)였다.

송도삼절인 화담 서경덕과 황진이는 속을 떠난 비자발적인 신선계의 관계이다. 퇴계와 두향의 관계는 스스로 속을 품은 자발적인 인간관계이다. 황진이는 법력 높은 지족선사를 유혹으로 파계시켰지만 청송 같은 지조와 백설같이 냉철한 도력을 가진 화담은 결코 수용하지 못했다.

단양관아에서 만난 퇴계와 두향은 짧지만 깊은 인연을 맺는다. 거문고 소리에 맞춰 취흥을 올리고 한 수의 시로 서로의 마음을 전하며 존경과 연민으로 서로를 배려한다. 인간이기에 어쩔 수 없는 운우지정으로 서로가 화합하였다. 실로 두향은 거문고에 능했고 보기 드문 시재를 지닌 해어화였으며 정감 있는 여인이었다.

그렇게 연모했던 두 사람은 9개월 후에 퇴계가 풍기군수로 발령이 나자 아쉬운 이별의 길로 떠나가게 된다. 한 선비의 끝없는 매화 사랑의 시작이며, 한 여인의 비극적인 운명을 몰고 오는 사건이 되고야 만다. 헤어지는 날에 두향은 자기의 치마폭에 퇴계의 글을 받고 속옷의 일부를 장도칼로 도려내어 퇴계에게 건넨다. 죽령을 넘어가는 퇴계가 한없이, 미련 없이 갈 수 있도록 넘겨주는 사랑과 영원한 이별에 대한 징표이자 면죄부였다고나 할까.

퇴계는 두향이 보내온 매화를 끔찍이도 사랑하며 잘 키워나갔다. 마음이 울적하면 대화를 나누며 멀리 떨어져 있는 두향을 대하듯이 하였다. 동지를 지나 81일 만에 거의 정확히 꽃을 피우는 매화에 대해 존경과 깊은 애정을 표출한 시를 남겼다.

임이 돌아가신 뒤에 천향을 피우리라	待公歸去 發天香
원컨대 임이시여, 마주앉아 생각할 때	願公相對 相思處
청진한 옥설 그대로 함께 고이 간직해주오	玉雪淸眞 共善藏

이 시는 매화를 의인화하여, 자신이 죽으면 매화는 천향을 피울 것이며, 마주 보고 앉아 있듯이 서로를 사모할 것이며, 옥설처럼 맑고 진실한 마음을 변치 않고 간직하겠다는 의지를 나타내는 두향에 대한 애모의 정을 절제 있고 정감 있게 표현했다.

퇴계는 임종이 다가오자 하인을 불러 매화에게 물을 주라고 한다. 매화에게 각별한 마음을 전하며 매형(梅兄)이라고 호칭하기도 했다. 매화의 정절과 청순과 인내를 선비가 가야 할 표상으로 여겼다. 또 한편으로는 옥설처럼 맑은 자태를 두향을 대하듯 정감을 느끼며 완상한 것으로 보인다.

퇴계의 부음을 듣자 두향은 목욕재계한 후에 안동 도산서원을 향해 재배를 한다. 임과 함께 거문고를 타고 시를 읊으며 상사(相思)를 고백하던 강선대에 올라 남한강으로 몸을 던지고 만다. 지금의 장회나루 맞은편 강변에는 다북쑥이 우거진 쓸쓸한 무덤 하나가 있다. 시인 묵객이 지나가며 술 한 잔씩 올리고 그 시절의 이야기에 젖어 보며 글을 남기기도 하였다.

아래는 두향을 그리던 이름 모를 시인 묵객이 남긴 애절한 글이다.

강선대(降仙臺)

금수산은 굽어보고 구담봉은 눈물짓네
강선대 외로운 달밤 두향 홀로 님 그리며
한 맺힌 술잔 속엔 보름달이 드리웠네

청량한 거문고 소리에 산천도 슬피 울고
애잔한 사랑가에, 임의 간장 녹아내려
잔잔한 여울 소리에 강산도 취했구나

밤이 깊어 둥글 달은 초막에 걸쳐 있고
이별 서러운 두향은 강선대에 몸 던져
외로운 달빛만이 물결 위에 흩어지네

나는 두향과 퇴계의 연정과 사모에 관련된 이야기에 심취하
여 걷다 보니 어느덧 용부원리에 도착하였다. 옛날 그 장소에는
용부원역이 있었다. 죽령을 넘어 풍기로 가려는 선비와 장사꾼,
관원들이 하룻밤을 유숙하던 곳이다. 오르막 30리, 내리막 30
리인 죽령 길을 가기 위해 쉬어가던 객사가 있었다. 지금은 단
양 인터체인지가 실타래처럼 감돌고 중앙고속도로 교각이 옛
정취를 망치고 있다. 여기저기에는 아직도 그 시절의 추억과 애
환이 살아 숨 쉬고 있었다. 주막거리에는 막걸리 주점이 군데군
데 눈에 들어왔다.

나는 죽령을 넘어온 고단함과 갈증을 풀기 위해 막걸리 주점으로 들어갔다. 이곳의 대강막걸리가 유명하다고 하여 막걸리한 통에다 두부 한 모를 곁들여 걸어온 여정을 되돌아본다. 퇴계와 두향의 로맨스를 상상해 보며 얼큰하게 전해오는 취기에 젖어 여기가 어딘가를 잠시 잊어버리곤 하였다.

어려운 역사탐방 여행에서 한 잔 술이 없다면 무슨 맛으로 고난을 보상받을 수 있겠는가. 아름다운 풍광에 숨겨진 이야기를 무슨 수로 찾아내어 함께 반추해 볼 수 있겠는가. 나는 유서 깊은 역사의 현장에서는 전통주로 그 시절을 음미해 보는 게 당연하다고 여긴다. 탐방길을 떠날 때는 역사의 향기에 대한 설렘과 한 잔 술을 곁들일 수 있는 낭만적 분위기에 대한 기대로 밤잠을 설치곤 한다.

이제는 일어서서 과거로 타고 갔던 타임머신으로부터 깨어나 현실로 복귀해야 할 때다. 짐을 주섬주섬 수습하여 영주행 시외버스에 몸을 실었다. 다시 영주에서 부산행 마지막 열차를 타고 하루 동안 죽령고갯길을 넘어 두향을 찾아가는 탐방을 마무리하였다.

나는 죽령을 넘어가면서 그 시절의 상상 속에 파묻혀 두향에 대한 그리움을 한 편 시조로 적어 보았다.

두향을 찾아서

죽령을 넘지 못하는 남한강 기슭에다

초막을 지어 놓고 거문고 울리면서
구름에 마음을 실어 안동으로 보내네

태생이 미천하여 임 대하기 어려우나
그래도 배운 풍월 한줄 시로 읊조리며
구담봉 강물에 담겨 깊은 정을 나누네

도산서원 매화향이 임의 부음 알려 와서
강선대 깊은 물에 한 떨기 꽃 떨어지니
서로는 향기가 되어 다시 한 번 합하네

도산서원을 찾아
퇴계를 만나다

퇴계 선생 묘소

두항리 입구

나는 두향과의 이야기에 감동하여 필히 거쳐 가야 할 '추로지향(鄒魯之鄕)'인 도산서원을 탐방하여 퇴계 선생의 자취를 더듬어 보고자 하였다. '추로지향'이란 공자의 고국인 노나라와 맹자의 고국인 추나라를 일컫는 유학의 본향을 뜻한다. 안향, 이황, 이이, 조식과 같은 위대한 유학자를 배출하고 모신 소수서원, 도산서원, 자운서원, 덕천서원이 있는 순흥, 안동, 파주, 산청은 유학의 중흥지로서 한국의 추로지향이라고 말할 수 있다.

퇴계 선생의 후학 양성에 대한 열정을 기리고 두향과의 관계에서 등장하는 매화와 열정(洌井)이라는 우물을 찾고 싶었다. 2008년 6월 하순, 그날은 장마의 초입에 들어서서 날씨가 잔뜩 찌푸려져 간간이 빗방울이 내리는 날이었다. 나는 부전역에서 새벽에 출발하는 청량리행 무궁화 열차를 타고 안동역에 도착하였다. 안동은 과거에 하회마을과 서애 류성룡 선생의 병산서원을 구경하기 위해 다녀왔던 적이 있다. 도산서원은 한번 가보고자 늘 생각하고 있다가 차일피일 미루기만 하였다. 두향과 퇴계 선생의 이야기를 알고 난 후에는 우선순위 탐방지에 올리게 되었다.

도산면에 있는 도산서원 방향으로 가는 시내버스를 타고 1시간이 지나 도산서원 입구에서 내렸다. 한참 동안 숲길을 걸으니 청량산에서 내려오는 강물과 만나는 강변에 소나무 숲이 우거진 한적하고 풍취가 있는 터에 서원이 자리 잡고 있었다. 입구에는 도산서원이라는 현판과 안내간판이 있어 쉽게 찾을 수 있었다. 아담한 정원과 우물이 잘 배치되어 있고 완락재, 암서헌 등 퇴계 선생의 체취가 깊숙이 배어 있는 건물이 옹기종기 들어서 있었다.

입구에는 매화나무 한 그루가, 가지가 처져 받침대로 지지를 받고 있는 노송과 함께 어우러져 있었다. 거기에 나의 시선이 먼저 간 연유는 두향과 퇴계의 분신이자 상징물이 아닐까 하는 생각이 들었기 때문이다. 나는 수백 년 동안 정절과 연모의 정을 간직해온 두향이라는 매화나무와 높은 학문의 경지 위에 독야청청한 선비의 기개로 세월을 지켜온 퇴계라는 늙은 소나무를 생각한다. 두 나무는 두 사람의 인연의 끈을 형성하고 있다고 여겨졌다.

도산서원 입구에는 '열정(冽井)'이라는 우물이 있었다. 퇴계는 후학 양성을 위한 교훈을 우물에서 찾았다. 우물은 마르지도 넘치지도 않으며 주인이 없어 언제나 누구든지 마실 수 있다. 학문도 주인이 없는 우물처럼 자기의 노력 여하에 따라 언제든지 배워 익힐 수 있다. 마르지 않고 청량하게 샘솟는 지혜의 샘물처럼 무궁무진한 학문의 경지에 임하기를 권하는 상징물이라고나 할까. 열정이라는 우물이 주는 의미는 심장하기만 하다.

발길을 옮기니 완락재라는 서재가 나온다. 이곳은 퇴계가 학문을 탐구하다 지치면 편히 쉬던 곳이다. 터득한 학문의 의미를 반추하며 희열을 느끼곤 하던 명상과 휴식의 공간이다. 퇴계 문물전시관에는 퇴계의 좌우명과 매화에 관한 시와 '도산십이곡'이라는 시조가 눈에 들어왔다. 퇴계는 생전에 매화에 관한 수 백편의 시를 지었을 정도로 매화에 심취하였다. 이것은 사군자의 대표적인 매화가 지닌 인내와 끈기로 면학을 추구하는 덕목을 기르기 위함이기도 하였다. 또 다른 한편으로는 두향에 대한 사모의 정을 간접적으로 표현하였던 작시의 동기도 있었으리라.

이제 도산서원의 뒤편에 있는 고개를 넘어 퇴계종택을 찾아가기로 했다. 호젓한 산길을 10여 분 걷고 나지막한 고개를 넘으니 종택이 보였다. 입구에는 퇴계종택이라는 팻말과 함께 대문에는 '立春大吉 建陽多慶'이라는 휘호가 어김없이 붙어있었다.

다시 걸음을 옮겨 퇴계의 어린 시절의 추억이 새겨진 토계를 찾아간다. 개울물이 소록소록 흐르고 아담한 바위가 작은 병풍을 두른 듯이 도열해 있었다. 퇴계는 이곳 토계에서 맑은 정신을 유지해 나가고 자연의 이치를 궁구하여 이기이원론에 바탕한 새로운 학설을 창조하게 된다. 자연은 청순한 마음을 기르고 하늘의 뜻인 섭리를 터득하여 진리를 알아차리는 '격물치지'의 근원이다.

나는 다시 토계에서 30분 정도의 거리인 퇴계 묘소로 향했다. 초여름의 무더위와 높은 습도로 땀이 온몸을 적시며 갈증이 엄습해 왔다. 도산서원의 열정에서 샘솟아 나오는 청량한 우물물이 간절히 생각난다. 드디어 퇴계 선생의 묘소에 당도했다.

나지막한 야산 속에 자리 잡은 소박한 묘역이 동방의 위대한 대유학자의 묘소치고는 매우 간소하였다. '退陶晩隱眞城李公之墓'라고 새겨진 묘비석과 망주와 간단한 석물만이 있었다. 평범한 시골 선비의 묘소 이상도 이하도 아니어서 평소의 퇴계 선생의 인품과 도덕관을 짐작하게 했다. 퇴계 선생은 유언을 했을 때 묘비석에 적을 문구를 미리 정해서 그대로 세우고 일체의 장식을 말도록 했다. 봉분도 일반인의 수준을 넘지 않게 간소하게 장례하라고 엄하게 당부하고 눈을 감았다.

퇴계는 죽령을 넘어 이곳 도산에 묻히고 두향은 남한강 강선대 밑의 다북쑥이 우거진 강변에 묻힌다. 소백산이 서로를 가르고 있었지만 마음은 시공을 넘나들며 대화하며 전해지고 있는 듯했다. 퇴계 선생의 무덤 앞에서 재배하며 대유학자의 학식과 경륜에 경의를 표하고 숨겨진 인간적인 면모에 흠모의 정을 보내며 고개를 숙였다.

퇴계! 그는 인간 본성을 정의하는 이기이원론에서 더 나아가 주리론을 주창한다. 敬을 수양의 최고 덕목으로 상정하여 거경궁리의 수양론을 정립함으로써 유학의 새로운 지평을 열어 해동주자라는 칭호를 얻게 된다. 수학기와 출세기를 거쳐 60대에 강학기를 끝으로 인생 삼분법을 실천한다. 천리를 지켜 인간과 학문을 열정적으로 탐구하고 후학양성에 매진한 대학자이다.

학문의 깊이에 못지않게 또 다른 인간애에 대한 실천을 높이 평가하고 싶다. 자신이 숭모하던 유학이 엄격한 잣대로 남녀유별을 강조하지만 관기인 두향과 더불어 신분과 연령을 초월하여 사랑했다. 매화라는 꽃을 매개로 애정을 승화시키고 연정이라는 본능을 한 치의 부끄럼도 없이 진솔하게 수용했다는 점에서 그러하다.

조선시대 대부분의 사대부들은 유학의 틀에 갇혀 원론적인 삼강오륜의 예속에서 벗어나지 못했다. 퇴계 선생은 인간애가 학문보다 우선한다는 지혜로운 판단을 내려 몸소 실천하였기에 득도의 경지에 이르렀다고 평가하고 싶다. 인간과 삶의 궁극적 목표는 사람을 비롯하여 동물과 만물 모두를 사랑할 수밖에 없는 자연의 진리를 깨닫는 데 있다. 그런 경지에 이르게 되면 죽음 앞에서도 두려워하지 않고 당당히 떠날 수 있을 것이리라.

지금도 퇴계 선생의 가문에서 두향묘에 시절 따라 벌초를 하고 술잔을 올리는 예를 갖추고 있다는 것이 매화 향기처럼 청정하고 아름답게 느껴진다. 나는 죽령 길을 넘으면서 퇴계 선생과 두향의 애틋한 사랑 이야기를 더듬으며 사색하였다. 다시 안동으로 달려와서 퇴계 선생의 유적지에서 두향과 맺었던 자취를 찾게 된 것이다.

퇴계의 묘소를 내려오는 길의 인근에 이육사 시인의 기념관이 있다는 정보를 얻었다. 지척 간에서 이육사 시인을 만나게 된다는 것은 대단한 행운이었다. 다시 청량산 방향으로 가는 퇴계산책로를 걷기 시작하였다. 퇴계 선생은 토계 자택에서 낙동강의 흐름을 따라 청량산까지 자주 오갔다. 청량산을 무척 좋아하였고 스스로 청량산인이라 부르며 도의 경지에 이르고자 했다. 한참 동안 고갯길을 돌고 돌아가니 이육사문학관이 아담하게 자리 잡고 있었다. 이육사 시인의 본명은 이활이다. 이육사라는 이름은 대구교도소에서의 264란 수인번호를 필명으로 사용하여 널리 알려진 것이다. 그는 퇴계와 같은 진성 이씨로 퇴계의 선비정신과 시적인 재능을 이어받은 듯이 애국의 향기를 풍기는 서정적인 시를 많이 지었다.

"내 고장 칠월은 청포도가 익어 가는 시절"로 시작하는 이육사의 시는 학창시절에 즐겨 암송해오던 시이다. 민족정신을 은밀히 내포한 애국의 시이기도 하여 나의 심금을 울렸다.

나는 계획에 없던 퇴계산책로를 걸어 이육사 시인을 만나게 되었고, 도산서원 입구에 있는 도산구곡의 5곡인 탁영담곡에서 부터 6곡인 이육사의 생가 마을인 천사곡까지 걷게 되었다. 탁영이라! 맑은 물에 갓끈을 씻는다는 뜻이다. 청량한 선비의 길을 상징하는 이름으로 도산서원의 건립배경을 잘 대변하고 있다. 다음번엔 7곡인 단사곡, 8곡인 고산곡, 마지막의 9곡인 청량곡까지 걸어가 보기로 마음먹었다.

나는 그날의 탐방에서 많은 것을 보고 느끼고 얻었다고 생각하며 안동역에서 부산행 열차에 올랐다. 돌아오는 길은 빗줄기가 굵어져서 무궁화 열차의 차창을 때렸다. 줄줄 흐르는 빗물이 어쩌면 가고 싶어도 산이 막혀 가지 못하는 두향의 눈물이 아닌가도 생각해 보며 여정을 마무리했다.

2011년 8월의 막바지에 다시 한 번 두향의 고장을 방문하기로 하였다. 먼저 남한강변 장회나루를 찾아갔다. 강 건너 말목산 아래에는 두향의 묘가 있다. 그날은 한여름이라서 남한강의 풍부한 수량으로 두향 묘의 발치까지 물이 차올라 있었다. 육로로는 접근이 불가능하고 굳이 갈려면 배를 불러야 하므로 멀리서 바라보기만 했다. 두향의 묘를 지키는 두 그루의 미루나무가 표지판이 되고 있었다. 장회나루 상인들과 유람선 종사자들은 한 번씩 두향의 안부를 묻는 여행객들에게 "저기 보이는 미루나무 두 그루 사이에 두향의 묘가 있다."라고 가리키는 데 익숙해져 있었다. 나도 그렇게 두향의 묘를 바라보고 만족해야 했다. 두향의 이름이 잊히지 않고 장회나루를 거쳐 가는 여행객들의 인구(人口)에 가끔씩 회자되는 것을 보니 역사의 향기는 수백 년이 지나도록 불어오고 있음을 느꼈다.

　이곳의 인근에 두향의 고향이 있다는데 그 마을 이름이 두항리란다. 두향이 태어나고 자라서 단양관아의 관기로 들어가기 전까지 세월을 보냈던 체취가 서린 곳이기에 가보기로 하였다. 장회나루에서 제천 방향으로 조금 내려가니 두항리 입구라는 푯말이 있어 안내해 주는 대로 차를 몰았다. 소백산에서 흘러내린 백두대간이 저 멀리 월악산을 향해 달려가고 있는 산자락의 계곡 사이를 따라가니 두항리 표지석이 나를 맞이한다.

　두항리에 도착하니 두향의 흔적을 찾으려고 해도 지나가는 사람을 만날 수 없어 물어볼 수도 없었다. 이곳은 두향이 출생한 마을이라고 추정하고 있을 뿐 정확한 내력은 알려져 있지 않다. 아마 장회나루 건너편에 두향의 묘가 인근에 있기에 호칭한 것인지도 모른다.

　아무튼 두항리에서 살포시 바라보이는 두향의 묘는 정겹고 아름다우며 그리움에 사무치게 하기에 충분하였다. 해는 어느덧 서산머리에 걸려 옥순봉과 금수산은 석양에 채색되어 아름다운 그림자를 남한강 강물에 드리우고 있었다. 두향의 사연을 생각하면 마음이 숙연해지지만 두항리 전원의 목가적인 분위기에 젖어 보니 평안하고 다행스런 기분을 느낄 수가 있었다. 자연경관이 절묘하고 그 속에 두향과 퇴계의 러브스토리가 담겨져 있었기 때문이다.

　우리 같은 범부는 죽어서 저렇게 방대한 자연의 품에 안겨 길손으로부터 무한한 참배를 받을 수 있겠는가. 몇 평 남짓한 묘역의 울타리에 갇혀 몇 대를 거치면서 초목에 묻혀 사라지고 말 테니 말이다.

두향의 묘는 김삿갓의 묘처럼 허허한 자연 속에 깊이 자리 잡고 바람과 구름과 비가 참배하고 있었다. 들풀과 나무들이 호위하고 다람쥐, 노루, 산꿩이 놀아주는 자연공원묘원이 되어있어 그들은 죽어서도 행복하게 보였다. 남한강을 오가는 유람선이 매일 수차례 옥순봉, 구담봉, 제비봉과 금수산의 곁을 지나간다. 승객 중 일부는 저 근방이 두향의 묘이구나 하고 추측하기도 하고 유람선 안내원이 방송으로 그곳의 위치와 유래를 설명하기도 할 것이다. 여하튼 두향의 묘는 지나가는 여행객이 오늘도 순례하니 그녀는 생생히 살아서 숨 쉬고 있다.

날이 어두워지기 시작했다. 두항리 마을은 소백산의 긴 산 그림자에 서서히 덮여가고 손바닥만 한 양지가 초생달처럼 그림자에 잠식되어 간다. 나도 그림자에 밀려 차를 몰아 부산으로 향하였다. 장회나루를 지나 단양인터체인지에 올려 희방터널을 통과하여 나아간다. 풍기를 거쳐 예천. 안동을 지나 군위휴게소에서 쉬고 있는데 동쪽 하늘에 무지개가 펼쳐지고 있었다. 무지개는 10분 정도 머물다가 사라졌다. 그 속에 두 분의 얼굴이 담겨 어둠에 밀려 서쪽으로 사라지니 나도 차를 몰아 남으로 향하였다.

나는 도산서원의 뜰에 서 있는 매화와 노송을 보고 두향과 퇴계 선생을 연상하며 시를 지어 읊어 본다.

노송과 매화

도산서원 앞뜰에는
등 굽은 노송이 서있고
맞은편의 돌담 옆에
오래된 매화나무 서원을 지키네

본래 소나무는 그 자리에 있었건만
매화는 혹시 죽령 넘어 왔을까
외로운 소나무가 두향을 그리워하니
뜻깊은 유생들이 만남을 주선했나

선생은 열정의 맑은 물을
후학에게 마시게 하고
두향은 이름다운 지조의 향기를
후생들에게 맡게 하였네

남한강 강물이 소백산을 넘지 못하니
죽령을 따라가는 산길을 돌고 돌아
매화향은 봄바람에 실려 천리를 가서
노송 아래에서 다정한 이야기를 나누겠네

마의태자와
월악산,
제천

제천은 청풍명월의 고장이며, 월악산에는 마의태자의 구국의 한이 서린 미륵사와 덕주사가 자리 잡고 있다. 그 주변에는 문경새재와 청정 수행도량인 봉암사가 있다. 관음리에서 미륵리로 넘어가는 하늘재가 있어 아름다운 풍광과 애절한 사연들이 얽혀 송계계곡을 흘러내린다.

나는 마의태자의 자취를 찾아 하늘재를 넘어서 미륵리로 가는 숲속에서 고요와 묵상을 배웠다. 인근의 문경새재를 넘어서 수안보로 가기도 하였고, 봉암사에서 맺은 여러 인연들과의 이야기도 적어 보았다. 그리고 월악산 등정에서는 길섶 인연의 미묘함과 길가에서 받은 자비심에 감동하기도 하였다.

하늘재를
넘으며

하늘재에서 바라본 관음리

월악산 전경

두향의 한을 안은 남한강물은 강선대를 맴돌며 떠나기 아쉬워
하나 흐름의 섭리를 거역할 수가 없다. 잘생긴 제비봉, 옥순봉,
금수산, 월악산의 얼굴을 담구며 천천히 흘러간다. 흘러가는 여
정에 숱한 사연과 이야기가 여울에서 부서지고 소에서 다시 만
나 새로운 모습으로 단장하며 월악나루를 향해간다.

제천은 청풍명월의 바람과 달빛이 어리는 충주호와 더불어 월악산에 마의태자의 한이 서린 고장이다. 또한 천등산 박달재의 애환을 담은 노래의 현장이다. 나는 충주에서 직장생활을 하던 2000년 봄에 수안보온천을 거쳐 송계계곡을 따라 내려오던 중에 미륵사지라는 푯말을 우연히 만나게 된다. 거기는 마의태자가 망국의 설움을 안고 개골산으로 가는 길에 오층탑을 세워 마음을 달래고 재기의 의지를 불태웠던 곳이다.

신라의 경순왕은 쇠약할 대로 쇠약해져 명색만 나라인 신라의 국운이 다함을 알고 왕건에게 넘겨주려 하였다. 그래도 혈기 왕성한 마의태자는 부왕을 설득하여 나라를 중흥하고자 하나 좌절되어 버린다. 태자는 서라벌에 남아 있기가 괴로워 활로를 찾고자 북상하던 길에 계립령을 넘어 월악산에 일시 짐을 푼다. 미륵사를 세우고 세월을 기다리다 여의치 않자 금강산으로 들어가서 삼베옷을 입고 은둔의 삶을 살다가 세상을 떠난다.

현재의 하늘재는 최초로 개통된 신라시대에는 계립령이라고 불렸다. 계립령은 그 시절에 문경새재가 개통되기 전이라 경상도에서 충주를 거쳐 중부권으로 넘어가는 1번 국도였다. 내가 처음 월악산을 탐방하여 보니 산세가 웅장하고 계곡의 미가 수려하고 운치가 있었다. 월악산은 백두대간의 주흘산, 조령산과 함께하며 계립령을 경계로 경상도와 충청도를 조망하고 포용한다. 저 아래의 남한강에 큰 그림자를 드리우며 수많은 이야기를 송계에 실어 보내는 아름답고 정겨운 산이다.

송계의 미륵사와 덕주사, 억수골의 신륵사를 품에 안은 불심이 깊은 산이다. 계립령 너머로 주흘산 혜국사, 운달산 김룡사,

희양산 봉암사가 인근에 있다. 월악영봉에 걸린 달이 충주호에 비친 풍경은 꿈속을 거니는 듯이 환상적이다.

나는 마의태자와 서민의 한이 서린 하늘재를 찾아가기로 하였다. 2011년 4월의 새벽에 부산발 영주행 무궁화 열차를 타고 점촌역에 내렸다. 하늘재로 가려면 문경의 공용버스 주차장에서 11시 20분에 출발하는 포암행 버스를 타야만 한다.

옛 문경으로 가는 길은 절경의 연속이다. 험준한 지형에 자리한 진남교반과 고모산성은 단연 압권이다. 북으로 계속 달려 새재로 가는 길에서 갈라져 동로면 방향으로 틀어 갈평을 거쳐 포암마을로 가야 한다. 지나가는 길목의 관음리에는 마애석불이 오랜 풍상을 견뎌내고 있었다. 문경도요지 복원공사가 세월의 흐름처럼 더디게, 그러나 현대의 시류처럼 급하게 진척되어가고 있었다.

버스종점인 포암마을에 내리니 펼쳐진 시야가 시원하다. 이미 고도를 높여왔기에 하늘재까지 순탄하게 갈 것 같다. 하늘재는 백두대간을 통과하는 산객들이 잠깐 쉬어가는 길목이다. 포암산과 탄항산을 비집고 들어가는 틈새에 하늘재가 있다. 여기서부터는 하늘길 같은 편안한 소롯길이 열려 반겨준다. 이 길을 곧장 따라서 반시간 정도 내려가면 미륵사가 나온다. 더 내려가면 만수계곡과 닷돈재를 거쳐 덕주골, 송계계곡과 연결되어 월악나루와 만난다.

하늘재는 신라의 아달라왕 때 최초로 개척되어 계립령 또는 계족령, 대원령이라고 불리기도 하였다. 고려 말까지 중원으로 통하는 관문으로 운용되다가 조선시대에 들어와서 그 역할을 문경새재에게 넘겨준다. 이제는 계립령 대신 하늘재라는 높은 천상같이 편안한 이름을 얻었다.

새재가 선비와 관리가 벼슬길과 부임을 위해 행차하던 1급 국도라면, 하늘재는 지방도였다. 서민과 옹기장수가 무거운 사연과 등짐을 지고 가쁜 숨을 몰아쉬며 넘던 한스런 고개 이였다. 한편 엄한 벽제와 호령이 아닌 아리랑 가락과 타령이 흥얼거리던 정겨운 길이기도 하였다.

나는 그 길을 문경새재와 또 다른 느낌의 상상을 하며 조용히 오르기 시작하였다. 그 시절의 낭만의 흔적이 여기저기에 흩어져 길섶에 만개한 진달래가 된 듯이 비쭉이 내다보고 있었다. 문경 쪽의 관음리에서 충주 쪽의 미륵리로 연결되는 고갯길은 지명에서부터 무슨 의미를 지니고 있는가? 관음세계에서 미륵세계로 넘어가고자 하던 민초들의 염원이 담긴 듯하였다. 각박한 삶에 대한 원망과 한스러움을 접고 새로운 희망과 평안을 갈망하면서 넘던 길이다. 관음세상은 현실세계요 미륵세상은 내세라고 한다. 이 세상에서 좋은 복을 지어 내세에는 극락세계에 안주하기를 바라는 뜻이다.

자연의 경치에서 풍겨오는 분위기마저 사뭇 지명과 맞아떨어지고 있었다. 관음리 아래의 문경고을은 굽이굽이 물길과 산길로 이어지고 산이 첩첩이 포개져 있었다. 다랑이 논과 비탈밭이 늘어져 물산의 부족으로 고단한 삶을 이어오고 있는 듯이 보였다. 첩첩한 산처럼 크고 작은 번뇌가 쌓인 듯하였다.

관음리에서 하늘재로 오르는 길은 다소 완만하나 길었다. 산에는 숲 대신 흰 바위가 베를 펼쳐놓은 듯 전개되고 있었다. 포암산이란 지명도 그런 풍경 때문에 지어진 이름이다. 옛 이름은 베바우산인데 한자어로 포암산이라고 지었다고 한다. 우리말 이름이 아름다운 데 아쉽다.

저 아래의 관음리 가마에서 구운 옹기를 등에 지고 오르던 길이다. 양반과 관리들의 괄시와 수탈이 심한 새재 대신에 이 길을 넘었다. 무엇보다 편안하고 자유스럽고 평등하였기 때문이다. 하늘재라! 그리 높지도 않은데도 하늘나라로 나아가기를 염원한 데서 붙여진 이름이리라.

나는 포암산과 탄항산 사이의 백두대간 길목에 세워진 하늘재 표지석 인근 비처(秘處)에서 간식과 곡차를 풀었다. 그 비처는 어느 문중의 산소이다. 가까이는 포암산을, 저 멀리는 대미산을 시원하게 조망할 수 있어 갈 때마다 그곳에서 휴식한다. '진양 강씨 통정대부 ○○○지묘'라고 상석에 쓰여 있다. 후손들이 백두대간의 정기가 흐르는 명당 터에 모신 모양이다. 발복을 위함인지 추모를 위함인지 알 수는 없다.

요기를 끝낸 후에 다시 발걸음을 옮겨 저 아래의 미륵사로 나아갔다. 미륵세계로 내려가는 길은 정말 순탄하고 편안하였다. 그야말로 무릉도원의 별유천지에 온 것 같았다. 산새들은 노래하고 개울물은 졸졸 흘러가고 솔바람 소리는 시원하다. "극락세계가 바로 이곳이구나."라고 느끼게 하였다. 수많은 산길과 계곡을 다녀보았지만 이 길만큼 편안한 곳은 없었다. 미륵세계로 간다는 최면에 걸려서인지 이상하리만치 편안하였다. 걸으면서 "아! 조옷타!"라고 소리쳐 보기도 하였다. 관음리 쪽의 척박함과 대조적으로 미륵리 방향은 풍성하고 운치가 있었다.

한참을 산수에 젖어 흥얼거리며 내려가니 넓은 미륵대원터가 보였다. 저 옆쪽으로 미륵사의 미륵불과 오층석탑이 석등과 함께 도열해 있었다. 연등이 사월초파일을 앞두고 참배객들의 행렬과 함께 길게 늘어져 있었다. 다정히 손을 잡고 미래의 꿈에 젖은 청춘남녀도 오고 있었다. 아들을 무동 태우고 딸의 손을 잡고 오는 현실에 충실한 가족들도 있었다. 구부러진 허리를 지팡이에 의지하며 깊은 주름과 백발을 차양이 넓은 모자로 가리며 황혼을 아쉬워하는 노부부도 있었다. 이 모두의 모습들이 생로병사의 사바세계를 대변하고 있었다.

미륵불은 맑은 얼굴에 잔잔한 미소를 띠고 저 건너 덕주골을 바라보고 있었다. 마의태자는 미륵리의 미륵사에 머물고 덕주공주는 덕주골에 덕주사를 세운다. 스스로 선택한 것이 아닌 고려 호족들의 압력에 의한 유폐인지도 모른다. 그러한 사연이 미륵불을 세운 뜻과 함께 전해오고 있지 않나 싶었다.

나는 한나절에 걸친 관음리에서 미륵리로, 관음세계에서 미륵세계로의 답사를 주막에서 마무리하였다. 저 멀리 월악영봉이 바라보이고 만수골과 덕주골이 함께 시야에 들어오는 토속음식점의 식탁에 자리를 잡았다. 지난날 추억을 반추하며 회포를 풀고 취흥에 젖어 한순간 신선이 되기로 하였다. 막걸리 한 통과 두부김치로 자연을 관조하며 술잔을 기울이기 시작했다.

혼자서 마시는 술이 다소 청승스럽게 보일지는 모른다. 오히려 아무도 구속하지도, 재촉하지도, 묻지도 않기에 답할 필요도 없는 조용한 적정에서 자유인의 희열을 느낄 수 있어 좋았다.

나이가 차츰 드니 어울려 다니는 산행과 여행보다는 혼자 걸어가는 방랑과 만행에 더 끌리는 것 같다. 그것은 이기심인지 본연의 길을 가라는 당연한 부름인지 알 수는 없다. 나는 지금껏 조직 속에서 얽매이고 의무와 의리라는 허울 속에서 살아왔다. 나라는 존재를 속박하는 굴레에서 벗어나 사색과 낭만을 찾아 나서게 되는 것도 필연이라고 생각된다. 혼자 있어도 두렵지 않고 세상을 등져 살아도 걱정이 없는 경지에 도달하려면 성찰과 수행이 더 필요하리라.

『그리스인 조르바』의 작가인 니코스 카잔차키스의 묘비명에는 "나는 아무것도 바라지 않는다. 나는 아무것도 두려워하지 않는다. 나는 자유다."라고 적혀 있다. 진정한 자유인이 되려면 인간관계의 속박에서 벗어나 자신을 비우는 내적 성찰과 자연과의 대화가 필요하다고 본다. 어느 시인은 "자신을 깨닫게 해 주는 것은 종교도, 사상도, 부모도 아닌 자연이다."라고 주장한다.

4월의 봄기운이 완연하고 진달래꽃이 흥건히 산록을 불 지르고 산수유가 물가에서 길손을 반긴다. 개나리꽃이 길섶에서 노랗게 병아리처럼 삐악거리는 정경은 안락하고 황홀하였다. 막걸리를 한 잔, 두잔 더 기울이니 눈앞에 전개되는 풍경이 그윽한 선경으로 다가왔다.

이곳은 하늘재가 열린 후로 긴 세월 동안 관음리에서 고개를 넘어오던 옹기장수와 보따리장수의 쉼터이었다. 여기 주막은 기막힌 사연들을 술잔에 담고 해결은 못해 주지만 들어주고 이해하며 토닥거려주던 곳이었다. 나도 무거운 발걸음을 내려놓고 가슴속에 저장된 애환을 풀어헤친다. 그 순간만은 모든 걸 놓아버리고 미륵세계에서 봄바람을 동무 삼아 노닐었다. 한 잔 술에 만수골과 덕주골 너머로 저 멀리 펼쳐진 월악영봉이 아득하다.

마의태자의 염원이 아직도 아지랑이로 피어오르고 있었다. 하늘재를 넘어 미륵사로 밀려오는 애환의 땀과 눈물은 이곳에서 한숨을 돌린다. 서서히 완만한 개천을 따라 만수골로 내려가 덕주골에서 덕주공주의 눈물과 송계에서 만난다. 뱃사공은 월악나루에서 옹기를 실은 황포 돛단배를 띄우며 한양으로 허이허이 내려간다. 관음리에서 넘어온 나그네의 발길은 미륵리에서 행보를 마감한다. 이제는 하늘재를 넘어 돌아오는 솔개처럼 귀소를 서둘러야 했다.

나는 매년 사월 초파일에는 어김없이 하늘재를 넘어서 미륵리로 간다. 여유가 되면 가을철에 한 번 더 찾는다. 내가 이곳 하늘재를 넘어 미륵리로 가는 길을 특별히 좋아하는 이유가 무엇일까를 생각해 본다. 그곳이 아직도 그리움에 사무쳐 방황하고 있는 영혼을 달래 줄 안식처이기 때문일까. 그러하리라. 나는 처음으로 하늘재를 넘었을 때 저 멀리 관음리에 앉아 있는 그리운 산을 뒤돌아보고 눈물이 어리고 가슴이 두근거리는 느낌을 받았다. 오랫동안 잊지 못하고 있었던 첫사랑을 길가에서 보았듯이 말이다. 전생의 인연 따라 이곳을 찾게 되고 그 시절의 추억과 그리움의 자취를 더듬게 되었으니, 그 그리운 산은 나의 연인이며 구원의 손길인 관세음보살이 머무는 성전이었기 때문이리라. '당신은 나의 영원한 연인, 관세음보살이시여!'

나는 하늘재에서 지나온 관음리 쪽을 뒤돌아보며 그 옛날의 수많은 추억을 상상 속에 그려보며 한 편의 시를 적어 본다.

하늘재를 넘으며

포암산과 탄항산을 살짝 비집고 들어가니
관음리에서 미륵리 가는 하늘길이 열리네
뒤돌아보니 저멀리 그리운 산이
눈시울을 적시게 하네

그 옛날 나의 발자취가 묻혀 있는 듯
길섶의 풀꽃들이 인사를 하고
보이는 정경들은 고향처럼 포근하네
나는 그 시절의 누구이던가
무엇 때문에 그리워하는가

나는 관음사에서 미륵사로 오가던 수행승이던가
그리운 너는 도반이던가, 연인이던가

그리운 산은 관세음보살이 머무는 성전이련가

아름다운 대미산 자락 도요지를 출발하여
둔탁한 옹기더미 바지게에 지고
무거운 삶의 보따리를 머리에 이고
관음리 가파른 산길 넘어가던 삶의 행렬 어리네

백두대간 등줄기가 포암산 거쳐
살짝 낮추어 하늘재에 잠깐 쉬어 가듯
고달픈 삶이랑 시름 함께 내려놓고
그 물결에 묻혀 나도 같이 쉬는구나

가파른 고갯길에 가쁜 숨 가라앉히니
흘러가는 흰 구름도 부봉에 걸려 함께 머무르네
그 옛날의 나는 미륵리로 향하고
구름은 조령으로 떠나네

미륵리로 가는
동행

관음리 전망

미륵리 가는 길

2011년 10월 말에 하늘재를 다시 찾아가기로 하였다. 이번 답
사에는 수려한 풍광과 아늑한 분위기를 친구인 김 교수와 공유
하기로 하였다. 부산역에서 출발한 무궁화 열차로 점촌역에 내
렸다. 점촌역 구내에는 코스모스가 만발하여 관광객들이 사진
속에 추억으로 담고 있었다. 우리도 한 커트하며 가을의 화신과
포옹하였다.

점촌 버스터미널에서 1시간을 기다려 11시 20분에 출발하는 포암행 버스를 타야 한다. 구내의 조그만 식당에서 순대와 어묵으로 산행에 필요한 에너지를 충전하고 포암행 버스에 몸을 실었다. 버스는 점촌 시내를 벗어나면서 손님들을 채워나가기 시작한다. 시내를 벗어날 즈음에는 거의 좌석을 채우다시피 하였다. 승객의 대부분은 문경 시내로 시장을 보려거나 마실을 나온 촌 아낙과 어르신들이었다. 좌석을 양보하는 미덕이 도회와는 달리 보는 이로 하여금 흐뭇하게 하였다.

문경새재 방향으로 달리니 차창 너머로 아름다운 경관이 펼쳐지고 있었다. 산과 물과 하늘이 한 폭의 풍경화를 만들고 그 속에는 역사의 발자취가 담겨져 있었다. 버스는 진남교반을 지나 고모산성을 조망하며 달려간다. 친구와 나는 일체의 대화를 멈추고 분위기에 젖어들었다. 문경 길은 수없이 지나갔지만 볼 때마다 새롭고 역사의 향기가 감흥을 불러일으키는 코스다. 동행한 친구도 문학교수답게 아름답고 정겹고 한스런 풍경을 마음의 수첩에 담으려는지 침묵이 길어지고 있었다.

버스는 어느덧 옛 문경 정류장에서 새재길과 헤어져 갈평쪽으로 방향을 틀어 고도를 높여간다. 문경도요지를 거쳐 가면서 관음리에서 대부분의 승객을 비우고 종점인 포암마을로 향한다. 버스 안에는 친구와 나, 한 아낙만이 남아서 빈 공간을 마음껏 차지하였다. 버스기사는 다 왔다는 신호로 차를 회전시킨 것으로 대신하였다. 차에서 내리니 완연한 가을의 정취가 부드러운 미소로 우리를 환영한다. 베로 덮은 듯한 하얀 암벽으로 이루어진 포암산은 이름 그대로의 베푸는 듯한 모습으로 우리를 반겨주었다.

이 길은 2011년 4월에 초행길로 혼자서 넘어 본 고갯길이다. 그때의 분위기가 너무 좋아 친구에게 한번 보여주고 싶어 이번에 동행한 코스이다. 올 4월에는 길섶에 개나리와 진달래가 만발하였고 이번에는 단풍과 코스모스가 반겨주었다. 길가에는 주인이 없는 듯한 밤나무에 알밤이 주렁주렁 매달려 있었다. 줍기도 하고 흔들어 털기도 하여 쏠쏠하게 간식거리로 장만하니 양쪽 주머니가 스님의 목탁처럼 불룩하게 튀어나왔다. 탐심에 부끄러워하기보다 천진스런 흐뭇함이 앞서는 것은 아직도 소년의 마음을 지니고 있다는 방증인가.

드디어 백두대간의 한 곡점인 하늘재에 도착하였다. 바로 옆에 있는 민속산방의 휴게실에서 잠깐 쉬기로 하였다. 이곳은 백두대간을 종주하는 산객들이 춘하추동 내내 교차하며 숙박을 하거나 쉬어가는 휴식처이다. 역사의 현장에서 느끼는 감흥을 흘려보내기가 아쉬워 막걸리와 파전 안주를 시켰다. 천여 년 전으로 되돌아가 마의태자와 덕주 공주가 느꼈던 감회를 되새겨 보았다. 우리 일행은 한가로운 답사객으로 직접적인 슬픔도 애환도 없이 역사의 발자취를 따라가는 길손에 불과하다. 망국의 한을 안고 쫓겨 가다시피 했던 태자의 마음은 무겁기만 하였으리라.

몇백 년이 넘은 듯한 느티나무 아래의 평상에서 막걸리 한 되를 비우니 취기가 거나하게 돌았다. 주막에는 서울서 내려온 주인의 큰 동서 되는 분이 합석하여 이곳 자랑을 늘어놓기 시작하였다. 이 주막에서 빚은 막걸리 맛에 반하여 휴가를 거의 일주일가량 연장하고 있다고 하여 의아했다. 도회의 무료함을 탈출하여 내려온 화려한 백수이신지, 갈 곳이 없어 일을 거들어 주는 가련한 백수인지 잘 구분이 되지 않았다.

그의 취기 섞인 목소리는 분명 맑고 또 밝았다. 그는 거취를 초월한 자유인 같기도 막걸리와 함께 숙성해가는 도인 같기도 하였다. 하늘 같이 편안하고 포근한 하늘재 주막에서 마시는 술은 불로장생의 감로주일 것이다. 초목이 손을 흔들고 산새들이 노래하는 대자연의 품에 안겨 세속의 시름을 한 올 한 올 벗겨가며 마시는 한 잔의 술은 정녕 환희의 술이리라. 그런 표정을 잊지 않기 위해 한 컷의 사진에 담아놓았다.

우리는 갈길을 재촉하여 목적지인 미륵리로 내려가기 시작하였다. 문경 쪽 관음리는 포장길인데 미륵리 쪽 하산길은 자연 그대로의 오솔길이었다. 한때 관광객 유치라는 상업적인 발상에서 포장을 시도하려 하였었다. 다행히 충주의 미륵리 방면은 친환경 생태학습장으로 활용하여야 한다는 여론에 순응하여 온전히 보존되어 있었다. 나는 2011년 봄의 초행길에 이미 감탄하였지만 친구는 선경이라고 찬탄하였다. 완만한 내리막길을 콧노래를 흥얼거리며 걷는 걸 보니 함께 온 보람을 은근히 느낄 수 있었다. 내려가는 길에 '김연아 소나무'라는 팻말이 있어 들러보았다. 김연아 선수의 피겨스케이팅의 멋진 다리 폼을 닮은 소나무가 관광자원화 되어 탐방객들이 기념촬영을 하고 있었다.

보이는 만물은 그리는 대로 그렇게 보이고, 들리는 소리는 그리는 대로 음악이 되기도, 소음이 되기도 하는가 보다. 흘러가는 흰 구름은 솜사탕 같기도 양떼를 몰고 가는 천사 같기도 하다. 몰려오는 먹구름은 분노의 군사 같기도 지옥의 마왕과 같기도 하다. 일체 현상은 보는 사람의 마음이 만드는 허상에 불과할 뿐이리라. 우리는 매일 매 순간에 자신이 만드는 허상의 꿈속에서 소요하며 희비하고 있는 것이니 이왕이면 즐거운 마음이 만드는 꿈속에서 살면 좋을 것이다.

내려가는 길의 30분은 별천지에 온 기분으로 편안하게 자연과 함께 호흡하였다. 속세에서 가져온 번뇌와 애환을 한 걸음마다 한 줌씩 버리며 걸어 나갔다. 수많은 사람들이 번뇌를 온통 산에다 푼다면 오염되지 않을까 조금은 염려가 되기도 했다.

미륵리 초입에는 미륵대원터가 넓게 펼쳐져 있었다. 그때의 규모와 형태를 추측하게 하는 주춧돌이 고스란히 그대로 자리매김하고 있었다. 세월은 흘러 그때의 건축물과 유물은 사라져 보이지는 않았지만 역사적 좌표는 한 치의 오차도 없이 그대로 존재하고 있었다. 바로 옆 미륵사에는 미륵불이 오층석탑과 석등의 호위를 받으며 잔잔한 미소를 띠고 자비로운 자태로 서 있었다.

참으로 미소는 우리에게 많은 것을 선물하는 묘약이다. 불안한 마음을 진정시키고, 어두운 내면의 그림자를 지우게 하고, 은근한 행복감을 가져다주는 신이 내린 예술품이다. 어느 날 마주 앉아 쳐다보고 있는 지하철 속에서 누군가 보내온 부드러운 미소는 순식간에 어두운 마음을 밝히는 등불과 같았다. 정녕 그것은 조건과 대가도 없는 보살의 보시가 아니고 무엇이겠는가.

우리는 드디어 관음리에서 하늘재를 넘어 미륵리로 들어왔다. 가파르고 삭막한 포장길의 관음세계에서 완만하고 부드러운 오솔길의 미륵세계에 도착하니 마음도 지극히 편안하였다. 미륵불이 내비치는 자비로운 미소에서 민중 사랑의 원력을 느끼며 적어 놓은 글을 올려본다.

미륵불의 미소

내 마음이 산란하면 찾아가는 고갯길
하늘재 오솔길 따라 숲속을 순례하면
가만히 뒤따라오는 수호천사 그림자

새하얀 얼굴에 머금은 그윽한 미소는
아름다운 보살 같기도 자상한 스님 같기도
세파에 찌들은 심신 편안하게 보듬네

우리는 그대를 사모하며 공경하고
그대는 우리를 사랑하며 연민하니
서로는 서로를 위해 미소로서 답하네

오늘도 미륵리에 천 여 년을 살아온
하이얀 얼굴로 미소 띠는 미륵불은
만인의 짝사랑 되는 살아 있는 부처여

나는 이곳 미륵리에서 바라보는 월악영봉과 만수골을 최고
의 명상처로 평가한다. 시간이 날 때마다 그곳에 마음을 보내
고 포근하고 평화로운 정경을 연상하며 명상에 잠기곤 한다.
그리고 미륵리 다음으로 나의 마음에 자주 나타나는 지역이 있
다. 통도사 영취산 자락의 극락암으로 가는 길의 세심교 주변
과 설악산 봉정암의 석탑, 문경 봉암사 경내의 청수계곡(편의상
명명), 지리산 추성리의 벽송사 서암선원, 운문산 정상 밑의 상
운암 등이다.

답사차 충청도에 와서 식당에 앉으면 제천이 고향인 한 아주
머니에 대한 이야기가 생각난다. 충주 직장생활 때 종종 들렀던
음식점 아주머니의 정겹고 한스러운 모습을 담아 보았다.

제천댁

살포시 웃는 얼굴 외로움을 감추고서
다가와 마주앉아 그리움을 품어 안고
눈길이 마주치며는 고개 숙이는 수줍음

고향땅 떠나와서 충주 땅에 머물렀소

지난일 주워 모아 베적삼에 묻어두고
눈가에 어리는 이슬 돌아서서 지우네

가냘픈 손마디에 굳은살이 배겨 있고
세상사 모진 세월 앞치마에 쓸어 담아
오늘도 길손 보내며 한숨짓는 제천댁

현실이 어렵지만 운명처럼 살아야죠
잘난 삶 나름대로 걱정이랑 마찬가지
고된 삶 뒤언저리에 피어나는 웃음꽃

눈가에 잔주름이 빗살처럼 퍼져가고
귀밑의 머릿결이 은빛을 더해 가면
석양에 실어 보내는 오십 평생 젖은 한

아직도 찾는 이가 적어지지 않았구려
그러니 찾는 길손 보람이라 여기소서
아줌마 그대 당신은 나그네의 등대요

문경새재를
넘으며

문경새재 주흘관

문경새재길

나는 문경새재를 2000년에 충주 입성 기념으로 몇 번 다녀온 적이 있다. 먼저 문경새재는 그 당시 직장 선배인 이 처사와 동향 후배인 모 팀장과 함께 탐방하게 된다. 이 처사는 단구이지만 산을 잘 타고 매사를 원만하게 산을 타듯 잘 타는 작은 거인이다. 이 처사와는 그해 월악산 영봉을 등반하기도 하여 영남에서 시작한 산과의 인연을 중부지방까지 확장하는 계기가 되었다. 충주의 사택에서 하룻밤을 보내고 문경새재의 주흘관, 조곡관, 조령관을 거쳐 새재를 종주하며 수안보 온천에서 땀을 씻은 추억이 있다.

내가 산을 찾는 이유는 풍광과 이야기를 만나고 고요 속에서 깨달음에 가까이 가고자 함에 있다. 50대 이후에는 정신적 안정과 무심에서 오는 희열을 느낄 수 있기를 기대하며 찾게 되었다. 어차피 인생은 절대적 고독과 대화하며 혼자 가는 여정인 것이다.

문경이란 지명의 한자어는 聞慶으로 '경사스런 소식을 듣는다'라고 풀이한다. 나는 경상도 소식을 듣는다는 뜻으로 나름대로 해석하고 싶다. 새재라는 이름에 다양한 뜻이 있듯이 문경이란 이름도 예외일 수 없다. 과거를 보러간 선비의 급제소식은 경사이나, 대부분의 낙방한 선비들은 좋은 소식을 전할 수 없으니 평등하지 못하다. 어디 소식이 경사스런 것만 있겠는가. 한 많은 사연을 품은 소식이 더 많지 않겠는가. 가난에 못 이겨 상주고을에 민며느리로 보낸 딸의 소식과 악덕 지주를 울분을 못 참아 두들겨 패고 중죄를 받아 대구감영으로 압송된 외아들 소식, 가은탄광에 돈 벌러 간 아버지 소식, 영남을 전전하는 보부상 남편을 기다리는 소식들도 있지 않았겠는가. 그래서 문경은 이와 같은 애절한 사연들을 등짐장수의 등에 실어 보내던 고개가 있는 지명이라고 여긴다. 그리고 봉수대가 전하지 못하는 빠른 속도로 북상하는 왜적과의 경상도 전황을 알리는 파발마가 달리던 지명이기도 하리라.

처음에 문경새재를 임진왜란과 같은 주요한 역사의 현장이라는 사실에만 주목했다. 문경새재를 최초로 만나게 된 때는 1990년도 초이다. 부산의 조방 앞에서 출발하는 일요산악회를 따라 주흘산 산행에 동참하게 된다. 그 당시는 등산에 빠져 가까운 직장 선배, 동료와 함께 주요 명산을 한창 등반하던 시절이었다.

일요일 아침의 조방앞 도로는 산악회 버스와 등산객들로 인해 시골 장터처럼 붐볐다. 일주일의 근로로부터 해방과 재충전을 위한 자연으로의 엑서더스의 물결이었다. 대부분 동호회 회원이었지만 홀연히 어디론가 떠나고 싶어 혼자 나타나는 처사 분도 많았다. 산악회의 깃발 아래 가고 싶은 산행지를 선택하기만 하면 된다. 나는 직장인이자 처사이며 소속이 없는 동호인으로 나타났다. 모임의 형태도 세월이 갈수록 집단에서 복수로, 혼자로 바뀌어갔다. 코스도 고산에서 능선으로 정상에서 고개로 바뀌어 갔다.

주흘산을 등반하려면 반드시 조령의 첫 관문인 주흘관을 통과해야 한다. 거기서 오른쪽으로 빠져 여궁폭포를 끼고 혜국사를 거쳐 정상으로 오르는 코스가 일반적이다. 나는 여유를 갖고 주변을 조망하고 역사현장에 대한 감회도 느낄 겸 일시적으로 대열에서 이탈하였다. 조용한 나만의 사색의 시간을 갖기 위해 코스를 여궁폭포 경유 혜국사로 짧게 정하고 산행을 시작하였다. 주흘산 코스에서 만나게 되는 여궁폭포와 혜국사는 고려 공민왕의 자취가 배어 있다. 홍건적의 침입으로 송도가 함락되자 공민왕은 남쪽으로 피신한다. 주흘산 깊은 곳인 여궁폭포 쪽의 비처에 은신하여 화를 면한다. 여인의 자궁만큼 편안하고 안전한 곳이 어디 있겠는가!

공민왕이 송도로 환궁하여 그때 자신을 보호해 준 여궁폭포의 인근 터에 혜국사라는 절을 세우도록 한다. 나라에 은혜를 준 절이기도 하고, 나라에 은혜를 입은 절의 이름이기도 하다. 주고받는 것은 일방적인 관계에 의한 것이 아니라 양방향적인 관계에 의한 것으로 평등하면서도 감동을 준다.

그날 주흘산 산행을 시작으로 인근의 문경새재에 대한 관심은 점차 고조되어 새로운 인연으로 만나게 된다. 그 이후로 혼자서 아니면 가족과 같이 또는 직장 동료와 함께 넘기도 하였다. 새재길은 수안보로 이어지는 통행의 노선이자, 송계로 내려가 남한강의 수로를 이용하는 물류의 흐름이다. 기쁜 소식보다 슬픈 사연이 많은 길이다.

새재란 이름으로 불리는 데는 여러 가지 의미가 내포되어 있다. 억새가 많아서, 새가 다닐 정도로 좁은 길이라서 또는 하늘재와 이화령 사이에 있어서 등이 그 이유이다. 우리 한글은 여러 가지 의미를 표현할 수 있는 탁월한 문자이다. 상대적으로 한문과 영어는 단답형의 경직된 언어지만, 한글은 무한히 담을 수 있는 넉넉한 품이 있다.

2011년 봄에 혼자서 새재를 넘기로 하였다. 주흘관을 지나 신록이 터널을 이룬 새재길을 따라 계곡을 조망하여 올랐다. 새재를 넘는 곳곳에는 퇴계 선생을 비롯한 시인 묵객들의 자취가 기암에 새겨져 있다. 동화원터에는 수백 년간 계속된 행렬의 체취가 구들장의 그을음에 남겨져 있었다. 이 길은 청운의 꿈을 안고 한양으로 올라가던 길이요, 낙방의 무거운 발걸음으로 내려오던 길이다. 새재에는 그러한 사연을 담고 이름이 지어진 '장원급제길'이 있다. 수많은 선비들이 낙방의 설움을 안고 실의에 빠져 걷던 길은 이름이 없다. 급제한 선비는 당당하게 대로를 행차했겠지만, 낙방한 선비는 샛길로 숨어 가듯 하였을 것이다. 낙방길이라 부를 수 없어 샛길로 가므로 새재라고 불렀을지도 모른다.

어디 과거시험에 급제만 있겠는가. 경쟁이 치열하다보니 대부분의 선비들은 낙방의 고배를 마셨을 터이다. 낙방한 선비들은 실의에서 벗어나 후일을 기약하며 다음번에는 장원급제길로 내려가려는 염원을 가졌을 것이다. 단박에 장원급제한 선비는 가문의 영광을 가져오고 천재라는 호평을 받았겠지만 실패의 교훈을 몰라 목민관의 덕목을 기르는데 자칫 소홀할 수 있었을 것이다. 낙방한 선비는 기어코 급제를 하여 고진감래의 반전을 맛보고, 실패의 경험과 쓰라림을 통해 민생의 아픔을 이해하는 훌륭한 목민관의 재목으로 성장하였으리라 본다.

새재는 또한 왕건과 견훤이 요충지를 장악하기 위해 치열하게 싸우던 현장이요. 그리고 옹기장수가 애환을 지고 넘던 소박한 하늘재와는 달리 선비와 관리가 넘던 선택된 길이다. 소서행장이 천혜의 관문을 무혈입성 하여 곧바로 충주로 진격한 침탈의 길이기도 하다. 이때부터 새재는 탄금대의 비극과 역사 논쟁의 시발점이 된다.

제1관문인 주흘관과 2관문인 조곡관을 거쳐 마지막 조령관
을 통과하였다. 마패봉 아래 충청도 연풍 땅으로 내려서서 수옥
정을 비켜 수안보로 해서 산행을 마무리하였다. 그 옛날 선비들
의 꿈과 실의를 호흡하면서 걷는 민생과 역사 탐방의 새재길에
서 몇 시간 동안의 상상의 나래를 접고 현실로 되돌아 왔다.

처음으로 문경새재를 다녀와서 거기서 그동안 느꼈던 아름다
운 풍광과 한 많은 사연을 한 편의 시로 적어 올려본다.

문경새재

새들도 숨이 차서 쉬어 넘어가는 곳
늘어진 고송 사이사이 두고
청류 흘러 흘러가는 곳
태고의 정적 함께한 시인 묵객 발자취들

좌로는 조령산 우로는 주흘산
주흘관에서 하마하여
조곡관에서 한숨 돌리고
조령관에서 뒤돌아보는 머언 고갯길

곳곳마다 부딪친 역사의 흔적
이끼 낀 바위틈새 철쭉꽃이 요염하다

은혜 입은 혜국사에 공민왕의 숨결 느끼며
오늘도 여궁폭포에 물보라 무지개 선다

청운의 꿈을 품고 넘던 장원급제길
왕건이 견훤 피해 은신하던 그곳에
부엉이가 둥지 틀고
다람쥐 도토리 찾아 이리저리 뒹군다

잔설 쌓인 조령관에 올라
저 아래 수옥정을 바라보며
장도에 지친 나그네 허기진 배 졸라매고
경상도 소식 안고 수안보길 재촉한다

봉암사,
상운암과 어느 인연

사월 초파일 봉암사   상운암

2007년에 친구인 김 교수와 함께 세속 친구가 수도 중인 문경 봉암사를 찾은 적이 있다. 봉암사 입구마을에서 내려 거의 10리 길을 걸어서 절로 갔다. 스님의 법명을 대고 출입을 요청하니 초파일 하루만 개방하고 일체 참배객을 받지 않는다고 하였다. 그래서 우리는 수행공간의 청정을 지킨다는 원칙을 받아들이고 발길을 되돌린 기억이 있다. 아쉽다기보다는 청정수행 공

간이 잘 보존되고 있다는 사실에 한편으로 마음이 편안해지기도 하였다. 멀리서나마 희양산 아래의 봉암사를 그리며 언젠가는 초파일에 방문하자고 다짐하였다. 결국 왕복 20리 길을 도보로 수행자처럼 공수래공수거의 만행을 하게 된 셈이다. 거기서 약간 떨어진 대야산 용추계곡을 돌아보는 걸로 아쉬움을 대신하였다.

그때 들르고 싶었던 봉암사를 1년 후인 2008년 부처님 오신 날에 홀로 찾아가게 된다. 가은에서부터 국도의 갓길은 온통 거대한 주차장으로 변해 있었다. 버스도 거북이 운행을 하면서 겨우 봉암사 입구 마을에 도착하게 된다. 여기서부터는 봉암사까지 걸어서 가야 한다. 이날은 나뿐만 아니라 모든 순례객들이 걸어서 가야 한다. 교통 혼잡으로 지위 고하를 막론하고 땅을 보고 하심행을 하여야 하는 부처님의 평등사상을 실천하는 날이기 때문이다. 봉암사를 처음 만난다는 기대감으로 피로를 잊은 채 걸었다.

드디어 봉암사 경내의 비포장 오솔길로 들어섰다. 철야기도와 봉축법회를 마치고 내려오는 순례객의 행렬이 끝없이 이어지고 있었다. 10리길을 쉴 새 없이 걸어왔고 배낭의 무게로 인해 힘들어지기 시작하였다. 땀방울이 고행의 산물인 양 줄줄이 모자의 챙을 타고 흘러내렸다. 지금껏 무심코 고개를 숙여 땅을 보고 걸었기에 순례객과는 시선을 마주치지 않았다.

땀을 훔치려고 고개를 들어 정면을 바라보는 순간에 믿기지 않은 조우를 하게 된다. 철야기도와 법회를 마치고 내려오는 긴 순례객의 행렬 속에 눈에 익은 얼굴이 보이지 않은가.

그분은 바로 같은 직장에 근무하다 임원으로 퇴직하신 추 처사이었다. 선배 내외분과 가족들이 어우러져 내려오면서 어느 찰나에 눈이 마주치게 된 것이다. 머나먼 이곳 문경의 봉암사 행길가에서 조우하게 될 줄이야. 참으로 인연이 깊지 않고서는 기대하기 힘든 만남이었다. 바로 곁에 있어도 눈 한번 깜박이면 모르고 지나치는 일이 허다한데도 말이다. 선배 내외분과 짧게 인사를 나눈 후에 다시 각자의 갈 길을 재촉하였다. 그분의 가정은 불심이 깊어 자비를 실천하고 지혜의 안목을 열어 행복하게 살아가리라 믿는다.

후일에 알고 보니 모친께서는 해인사 백련암의 공양주로 이름 있는 보살이셨다. 성철스님을 비롯한 상좌스님들로부터 가르침을 받고 연꽃의 이름으로 보살행을 실천하셨다. 가족들이 서울에서 먼 이곳의 봉암사까지 초파일 법회에 참여하러 온 군건한 신심은 당연한 것인지도 모른다. 내가 찾아가고 있는 이곳 봉암사에서 수행을 주로 하시는 속가 친구인 성철스님의 또 다른 상좌스님과도 혹시 인연이 닿아 있을지 알 수 없다.

2011년 8월의 어느 날 공주 마곡사 인근의 전통불교문화원에서 한 통의 전화가 휴대폰으로 날아왔다. 목소리를 들으니 조만간에 소식이 올 것이라고 믿고 기다리고 있었던 그 스님이셨다. 8월 19일 금요일에 공주 마곡사 전통불교문화원으로 와서 만나면 어떻겠느냐고 하시기에 주저 없이 승낙하였다.

나는 스님이 부르시면 매사를 제쳐두고 우선순위로 달려간다. 스님을 모시고 유명한 사찰을 출입할 수 있는 특권을 누릴 수 있기에 반가운 소식이었다. 지금껏 그 스님을 통하여 많은 도반스님들을 알게 되었다. 그간 조계산의 송광사, 덕숭산의 수덕사, 희양산의 봉암사 등과 같은 가기 힘든 고찰을 함께 출입할 수 있었다. 스님과 함께하는 장거리 운행은 근접 설법을 듣고 진솔한 질문을 할 수 있는 소중한 기회이기도 하다.

이번의 호출은 한 번도 가보지 못한 공주의 마곡사를 순례할 수 있는 더없이 좋은 기회였다. 그렇지 않아도 여름휴가에 월악산을 들러보고 충주, 영월을 거쳐 단양으로 넘어가는 역사기행을 하고 싶었다. 어찌 내 마음을 알고 적절한 타임에 그렇게 부르시니 참 묘하다는 생각이 들기도 하였다. 이심전심의 비법이요, 염화시중의 미소이런가. 어찌 보면 보이지 않는 염력에 의해 서로 소통하고 있는 게 아닐까 궁금하기도 하였다.

나는 아침 일찍 부산을 출발하여 신대구고속도로를 거쳐 경부고속도로를 타고 가다가 회덕인터체인지에서 호남고속도로로 진입하였다. 다시 새로 개통된 대전당진고속도로를 복잡하게 경유하여 공주 마곡사에 접근할 수 있는 비교적 먼 길이다. 시간에 맞춰 도착하여 스님과 점심공양을 마친 후에 함께 마곡사를 순례하게 되었다. 내가 존경하는 김구 선생이 출가시에 삭발한 장소와 기념관을 들러보니 감회가 새로웠다. 마곡사 경내를 흐르는 개울은 청정한 마음의 흐름 같아서 인상적이었다.

스님을 모시고 이번 하안거를 보냈던 문경의 봉암사로 다시 되돌아가야 한다. 다소 먼 여정이 남았기에 여유를 부릴 수 없어 출발하였다. 마곡사로 가는 길의 역순을 택해 경부고속도로로 진입한 후 당진상주 고속도로를 타고 무사히 봉암사에 도착할 수 있었다. 오후 6시가 넘어 스님과 함께 늦게나마 보살님이 차려주신 저녁공양을 마쳤다. 봉암사에서 하룻밤을 자고가라는 스님의 권유가 있었다. 청정도량에서 수행하는 스님들에게 누를 끼칠까봐 적당한 핑계를 대고 떠나기로 하였다.

나와 스님과의 인연은 같은 고등학교 학창시절인 1970년 초에 시작되어 40여 년간 이어져 왔다. 그러니 이심전심으로 스님도 나의 그러한 마음을 알아차리고 허락하셨다. 작별 인사를 나누고 수안보를 거쳐 월악산의 미륵리로 갔다.

스님은 출가 전에는 밀양의 중학교에서 교편을 잡으시다가 늦게 출가를 하셨다. 해인사에서 성철스님의 상좌로 입문하여 지금껏 전국의 주요 선원을 다니시며 정진을 계속하신다. 스님의 일상은 법정스님의 무소유의 삶을 닮았고, 수행은 성철스님의 확철대오를 위한 참선의 길을 따른다고 여겨진다. 그야말로 청정수행이다.

처음 스님을 절에서 찾게 된 것은 출가 후 10년이 흐른 때였다. 수소문하여 수행중인 지리산 칠불선원을 속가의 친구들과 함께 불쑥 찾게 되었다. 수행의 방해를 무릅쓰고 그리움을 좇아 찾아가 새로운 인연의 불씨를 지폈다. 그 후에는 스님의 끝없는 운수행각으로 소재를 파악할 수가 없었다.

그렇게 잊고 지내다 우연한 기회에 대구에서 조우하게 된다. 그때가 칠불사에서 만난 후 5년이 흐른 2002년인데 나는 당시에 대구로 발령을 받아 객지생활 중이었다. 직원들과 점심식사를 마치고 동성로 서점가의 전문서적 코너인 3층으로 엘리베이터를 타고 오르던 참이었다. 조금 전 1층 교양서적 코너에 스님 한 분이 책을 고르던 모습의 잔영이 예사롭지 않았었다. 다시 1층으로 내려와 책을 고르는 뒷모습을 보고 거의 확신이 섰다. 뒤편에 서서 천천히 낮은 소리로 조용히 법명을 불러보았다. 스님도 돌아서서 나를 보고 반가워하셨다. 인연의 필연성과 정확함을 깨닫고 숙연해졌다.

'옷깃을 스쳐도 인연이다.'라는 말이 실감이 난다. 잠복된 인연은 어떤 계기를 통하여 연결되며 그것은 정확한 인과의 법칙을 따른다. 오늘도 둥글고 밝은 해와 같은 스님의 모습을 그려본다.

등산을 통하여 어떤 스님과 또 다른 인연을 맺었던 적이 있다. 직장시절에 영남알프스 가운데서 제일 많이 다닌 산이 운문산이다. 밀양과 청도에 걸쳐 펼쳐져서 가지산과 이웃하고 있는 웅장하면서 아름다운 산이다. 동쪽으로는 석골사가 있고 서쪽으로는 운문사를 품고 있는 불심어린 산이다. 석골사 방향에서 올라가면 정상 바로 아래에 상운암이 고적하게 자리 잡고 있다.

상운암은 열악한 환경 속에서도 울력과 수도로 진정한 구도의 길을 걸어온 성경스님이 계시던 곳이다. 신라시대에 창건하여 폐허가 된 터에 직접 법당과 요사채를 지어셨다. 지나가는 산객과 산짐승과 산새들에게까지 불법을 일깨운 피땀 어린 수행처로 알려져 있다.

성경스님과 첫 인연은 직장의 선배, 동료들과 함께 근교산을 한창 등정할 때로 거슬러 올라간다. 우리들은 1995년 가을의 어느 일요일에 운문산 단풍을 구경하기 위해 산행을 하게 되었다. 무척 산을 좋아하던 직장 선배분들과 함께했다. 석골사에서 출발하여 2시간에 걸친 산행 끝에 1,000미터 고지에 위치한 상운암에 도착하였다.

점심때가 되어 도시락으로 요기를 하려고 편편한 암반 위에 자리를 잡았다. 그때 낡은 가사장삼을 걸친 스님의 모습이 눈에 들어왔다. 거울을 들고 외날 면도기로 제법 무성하게 자란 머리를 어렵게 밀고 있었다. 그 장면을 보고 있던 선배인 이 처사께서 안쓰러워 직접 머리를 밀어드리는 보시를 하게 된다. 그런데 아니나 다를까, 스님의 머리에 상처를 내고 마는 일이 발생했다. 황겁결에 벌어진 일이라 피를 닦아드리며 죄송하다는 말을 연거푸 하며 용서를 빌었는데, 스님은 "괜찮으니 이것도 인연이겠지요." 하셨다.

그 일이 발생한 지 한 달 후에 다시 상운암을 찾기로 하였다. 성경스님에게 질레트 양날면도기와 부탄가스 등의 필수품을 장만해드려 스님과의 인연은 깊어갔다. 그 후에는 5킬로 쌀 봉지를 각자 배낭에 짊어지고 가게 된다. 초행길이었던 몇몇 동료가 낙오를 하여 큰 원망을 들을 뻔하였다. 그러나 모두다 상운암에 무사히 도착하였고 시주할 쌀 봉지를 내려놓고 난 후에는 그토록 어렵게 이루어진 시주였기에 원망이 환희심으로 바뀌게 되는 반전을 맛보았던 것이다.

그 후에 가장 가까이에서 긴 시간을 스님과 함께 보내는 경험을 갖게 된다. 그날은 이듬해 설날연휴의 첫날로 이 처사를 비롯한 기존 멤버들과 함께 했다. 짐꾼 역할을 할 후배 몇 명을 선발하여 가지산-운문산 종주산행을 하게 된다. 영남알프스에서 제일 높은 가지산 정상을 등정한 후 점심요기를 하여야 했다. 강추위로 부탄가스가 얼어 취사에 많은 시간을 보내게 되어 운문산을 답파하는 데 시간의 제약을 받게 되었다. 가지산에서 운문산 아랫재로 한참 내려가 다시 정상으로 치고 올라가는 코스가 남았다.

날도 저물어 가고 눈도 내리고 있어 진퇴양난의 상황에 처하였다. 일행 중에서 초행길인 한 후배는 겁을 먹고 아랫재에서 남명 쪽으로 하산하면 안 되겠느냐고 하소연했다. 산행을 기획한 나는 순간적으로 선택의 기로에 서게 된다. 하지만 가야만 하는 사정이 있었다. 그것은 상운암의 성경스님과의 약속 때문이었다. 앞에 있었던 운문산 등산 때 성경스님께 이듬해 설 연휴에 찾아뵙기로 언약을 하였었다.

일행을 독려하며 운문산 정상으로 오르기 시작했다. 어떤 장애도 스님과의 약속을 어기는 이유가 되지 못함을 일행들은 관대하게 받아들이는 도량심을 보였다. 1시간 정도 치고 오르니 정상에 도착하였다. 그때는 날이 완전히 저물어 밤하늘의 별빛만이 주위를 희미하게 밝히고 있었다. 상운암까지는 10여 분 정도 내려가야 하며 거리상으로 수월하게 보일 수 있다. 어둠 속이라 시야가 확보되지 못하고 등산로가 눈에 덮여 길을 제대로 찾기가 어려운 상황이었다. 랜턴과 별빛, 그리고 감각에 의

지하여 한참을 내려갔는데 갈림길에서 더듬이 잃은 개미처럼 방향을 전혀 잡을 수가 없었다. 자칫 길을 잘못 선택하면 상운암을 만나지 못하고 바로 석골사로 내려가거나 탁발재로 빠지는 큰 낭패를 당할 수 있는 상황이었다.

그때 아래쪽에서 불빛이 보이면서 누군가가 부르는 소리가 들렸다. 아! 바로 성경스님이 우리를 부르고 계신 것이었다. "부산 처사님들 맞으시죠. 기다리고 있었습니다. 날 저문 눈길을 오시느라고 고생하셨습니다." 하고 말씀하시는 게 아닌가. 어둠 속에서 얼굴을 알아볼 수 없는데도 우리들을 예감하고 계셨던 것이다. 성경스님은 우리와의 약속을 믿고 기다리셨던 것이다. 일행은 위험에서 벗어났다는 안도의 한숨을 돌리고 상운암에서 고단한 산행여정을 접게 되었다.

성경스님이 때워주신 군불의 열기가 영하 30도의 극한을 녹여내고 청정한 암자에서 섣달그믐을 맞는 자비를 선사받게 되었다. 눈이 그친 그날, 밤하늘은 주먹만 한 별들이 쏟아져 내려 아름다운 풍경을 보여주었다. 스님의 마음은 거울같이 맑으니, 하늘은 스님을 닮아 아름다운 성경(星景)을 연출하고 있었다.

나는 그때 상운암에서 하룻밤을 보낸 추억과 밤하늘에서 쏟아졌던 별빛을 그리며 적어놓은 한 편의 시조를 지어 읊어 본다.

상운암의 성경스님

구름이 감고 도는 고적한 암자에는

해맑은 거울같은 출가승 한 분 있어
남루한 가사장삼에 전생인연 파묻고

오늘도 함지박에 싸라기 한줌 담아
병들은 산새들에게 이리저리 뿌려주고
겨울날 장작 패기에 하루해가 저무네

저 멀리 지룡산 화랑의 함성 들리고
저 아래 석골사 풍경소리 은은하고
탁발재 넘어서 오는 운문사의 종소리

천 미터 높은 암자 시주객은 없어도
청청한 불심일랑 높을수록 더 깊고
세 가지 반찬공양에 마음만은 자유여

홀로 선 선방 문을 두드리는 한설바람
속가의 슬픈 사연 베개 침에 묻어두고
천장 위 청설모 불러 함께 자는 겨울밤

저 멀리 비추는 눈빛 속의 등불 하나
구원을 기다리는 생명의 메아리여
우리들 이름 부르네 상운암의 성경스님

월악산 등정과
아름다운 이야기

월악산 덕주골

월악영봉 아래서

2011년 10월, 관음리에서 하늘재를 거쳐 미륵리에 도착한 김 교수와 나는 숙박장소를 찾았다. 미륵리에는 몇 군데의 민박집 이 있다. 우리는 2011년 8월 말에 내가 유숙한 미륵상회 민박집 에서 여장을 풀었다.

2011년 여름에 처음 민박을 하며 알게 된 미륵상회 여주인은 본토 미륵리 태생이다. 마을 총각과 결혼하여 2남 1녀를 낳아

길렀다. 한 번도 고향을 떠나 살아온 적이 없이 지금도 그렇게 살아가고 있다. 아들 한 명은 천안에서 교사로, 또 다른 한 명은 대전에서 직장생활을 하고, 딸은 출가하여 인근 도시에서 살고 있다. 그날도 어김없이 아들 내외와 손자들이 홀어머니를 뵈려 주말귀향을 하였다. 그녀는 오래전에 남편을 사별하였지만 꿋꿋하게 살아가고 있다. 혼자서 제법 넓은 밭에 고구마, 옥수수, 배추, 사과 등의 채소와 과일을 재배하고 있다. 자녀들이 방문하면 한 보따리씩 차에 실어주곤 하는 정겨운 어머니로서 역할을 다하고 있다. 자녀들이 떠나면 홀로 가게를 지키며 무료함을 달래고, 막연한 두려움과 외로움을 민박운영으로 잊는다.

여장을 풀고 미륵리 동네를 한 바퀴 돌아보았다. "정말로 평화로운 마을이구나!" 하는데 친구도 공감하였다. 날이 어느 정도 어두워지자 인근의 월악식당이라는 음식점에 들렀다. 내가 오면 항상 들르는 단골 음식점이다. 이곳의 식탁에서 바라보는 월악영봉은 정말 아름답다. 특히 어두운 저녁에 떠오르는 달이 월악영봉과 만수봉 사이에 걸쳐진 풍경은 산수화처럼 은은하고 신선하다. 월악식당에서 수안보 막걸리와 산채비빔밥을 안주로 하여 취흥을 고조시키면서 미륵리에서의 일박을 마무리하였다.

다음 날의 일정은 만수계곡을 돌아보고 다시 미륵리에서 관음리로 넘어가 점촌역에서 열차를 탈 계획이었다. 그러나 짐을 꾸리면서 친구가 월악산 단풍이 참 좋을 것 같은데 월악산을 한번 밟아보면 어떻겠느냐고 불쑥 제안을 하였다. 나야 10여 년 전에 동료직원과 함께 타본 적은 있었지만 친구는 말로만 듣던 그 유명한 월악산이라 가까이에서 보고 싶어 하였다. 완주는 아니더라도 시간과 체력이 허락하는 대로 산행을 하는 게 도리라고 여겨 그렇게 하기로 하였다.

하지만 걱정이 되는 점이 있었다. 월악산 등정은 전문산악인도 혀를 내두를 정도로 험난한 코스이기 때문이다. 10여 년 전에 같은 직장 선배인 이 처사와 전 직장의 친구인 양 처사와 함께 모두 처녀등반을 했던 적이 있다. 최단코스인 동창교에서 월악삼거리를 거쳐 정상을 딛고 덕주사 방향으로 하산했던 고된 경험이었다.

이번에는 60을 목전에 둔 나이에 순탄치 않겠지만 가는 데까지 가보자는 식으로 부딪혀 보기로 하였다. 미륵리에서 월악산 초입인 덕주계곡까지는 먼 거리인데 도보로는 많은 시간이 걸린다. 내려가다가 수안보에서 송계로 나가는 시내버스를 타거나, 행운이 따르면 인심 좋은 드라이브 커플의 배려를 기대하며 출발하였다. 비교적 이른 시간이라 차량의 통행은 한산하였고 화물차와 승용차 몇 대가 간간이 지나치곤 하였다.

한참을 내려가니 뒤편에서 클랙슨 소리가 들려 고개를 돌리니 승용차 한 대가 속도를 줄이며 다가왔다. 운전자가 차창 밖으로 손을 내밀며 차를 멈추었다. 차 안에는 중년 부부가 타고 있었고 어디까지 가느냐고 말을 걸어왔다. 월악산 등산을 하려고 덕주골까지 간다고 하자 마침 자기들도 월악산을 보려고 덕주골 방향으로 간다고 하였다. 위치를 잘 몰라 물어보려고 차를 세웠다고 말하면서 얼른 타라고 한다. 기대하지 않은 행운이 이루어지는 순간이었다.

가는 도중에 부인께서 햇대추를 담은 종이박스를 내밀며 좀 가져가라고 하였다. 그래서 손가락으로 몇 개를 집으니 그러지 말고 한 움큼 집으라고 한다. 나와 친구는 염치불구하고 큰 손바닥으로 한 움큼을 집으며 겸연쩍은 미소로 고마움에 답하였다. 그들 부부는 속리산을 등산하고 수안보에서 일박을 한 후 다시 월악산을 구경하기 위해 가는 중이라고 하였다. 등산을 좋아하고 자연을 사랑하는 아름다운 심성을 가진 부부라고 생각이 들었다. 인자는 요산이라는 말은 요산자는 인자라는 말과 같은 것이니 그들이 그러했다. 우리는 우연인지 필연인지 인자의 덕을 보게 되었으니 이번 여정은 시작과 진행이 아주 좋다고 느껴졌다.

그들은 상대를 배려하는 섬세한 면모도 갖추었다. 아침 일찍 월악산 방향으로 내려가면서 시내버스를 만나려고 간간히 고개를 돌리는 우리들 모습을 보고 방향이 맞으면 태워주려는 의도가 있었다. 그들도 한번쯤 우리 일행과 같은 상황에서 행운을 입기도 했거나 아니면 그런 바람을 가져보기도 한 경험이 있을 법하였다. 상대에게 미안함을 덜어주려고 길을 묻는 척하며 차를 세워 부담을 느끼지 않게 하는 배려가 인상 깊었다. 험난한 월악산 산행 길에 간식으로 먹으라고 대추를 한 움큼씩 주는 인정은 보살행의 극치라고 생각해 보았다. 덕주골 입구에서 그들 부부와 고맙다는 작별인사를 나누고 우리는 허이허이 덕주사로 향하였다.

우리는 오전 8시 반경이었으므로 점심은 내려와서 먹기로 하고 생수와 초코파이 몇 개를 사서 넣고 가벼운 상태로 덕주사 계곡을 오르기 시작하였다. 당초에는 체력적인 문제도 있고, 점심식사와 장비, 소요시간 때문에 덕주골의 마애불까지만 가기로 하였다. 1시간 정도 걷고 보니 마애불에 도착하였고 등산로에는 월악산을 타려고 하는 등산객이 줄을 지어 오르고 있었다. 우리도 분위기에 휩쓸려 조금만 더 가서 충주호가 내려다보이는 지점에서 하산하자고 잠정 합의를 하였다.

그러나 한 가지 걱정거리가 생겼다. 그것은 다름 아닌 등산장비 문제였다. 월악산과 같은 험난한 바위산을 오르는 데 필수적인 스틱을 나는 준비하지 못했다는 점이다. 친구는 조립용 스틱을 배낭에 넣어 와서 문제가 안 되었는데 나는 그렇지 못하였다. 용기가 부족하기보다는 산에 오르려는 자의 신중함과 겸손의 의미로도 스틱은 꼭 필요한 장비이다. 본래의 취지와는 다르게 월악산 등정이라는 사건이 크게 벌어지는 바람에 난감한 상황에 봉착하게 된 것이다. 그렇다고 친구에게 그런 염려를 내보여 등산의욕을 꺾기도 그렇고 하여 일단은 천천히 조심스럽게 오르기로 하였다. 하산 시에 스틱은 절대적으로 중요한 역할을 한다. 될 수 있으면 적당한 지점까지 올라가서 하산하여야 한다는 의식을 굳혀나갔다.

마애불상을 참배하고 등정을 계속하려고 하는 참에 등산로 길섶의 모퉁이에 참나무 막대기 하나가 눈에 띄었다. 모양새를 보니 누가 다듬은 것 같지는 않고 손발로 꺽은 막대기였다. 주워서 만져보니 목질이 단단하고 길이도 적당하였다. 이 정도면 스틱 대용으로 적격이어서 좋은 상황전개에 신기함을 느꼈다. 이제는 체력을 안배하여 어느 정도의 고도까지 올라가느냐에 관심이 모아지고 자연스레 자신감이 넘치고 새로운 힘이 충전됨을 감지할 수 있었다. 모든 일에는 준비가 중요하며 준비 그 자체로도 일의 대부분을 성취할 수 있는 역량이 갖추어진다는 것을 깨닫게 되었다. 준비는 심리적 안정을 주고 심리적 안정은 행동에 활력을 준다는 것이다.

덕주골 마애불에서 다시 1시간을 올라가니 월악산 7부 능선쯤에 도착하였다. 거기에 있는 반석에서 충주호가 저 멀리 내려다보여 이곳에서 산행을 마감하고 내려가면 어떨까 생각하였다. 그러다 친구의 눈치를 보니 내친김에 정상을 한번 밟아보자는 의지가 확연하여 다시 오르기 시작하였다.

월악산하면 남한의 3대 악산(岳山)이요, 악산(惡山)으로 유명하다. 설악산, 치악산, 월악산이 그러하고, 하나 더 추가하면 악이 안 들어가지만 영암의 월출산도 빼놓을 수가 없다. 내가 경험한 바로는 모두가 등정이 힘들지만 설악산은 높이로, 치악산은 연속적인 바위코스로 힘들다. 월악산은 높이는 덜하지만 마지막 코스인 월악삼거리에서 영봉까지 큰 암봉을 감돌아 치고 올라가는 코스가 산행의 압권이자 고난의 극치라고 할 수 있다.

우리는 월악삼거리에서 한숨을 돌리고 어떻게 하면 정상을 무난히 밟게 될 것인가를 궁리하고, 고갈된 체력을 회복할 것인가에 대해 염려를 하였다. 바로 위로 빤히 보이지만 한번 타본 나의 경험으로는 지금부터가 진짜 산행이라고 할 수 있다. 암봉을 감도는 난코스가 남았고 체력도 뒷받침이 되어야 하는 상황이다. 시간은 산행 출발 후 3시간이 경과하여 12시가 되어 가는데 먹을 것은 없고 허기가 지기 시작한다. 그런데 호주머니에 무언가 불룩하게 나온 게 있어 만져보니 아침에 중년 부부가 주신 대추였다. 그것을 몇 개 먹고 나니 당도가 높고 신선하여 힘이 다시 나기 시작하였다. 산을 오르다가 쉴 때마다 몇 개씩 먹으니 도시락 못지않은 에너지가 보충되는 것 같았다. 아! 그 중년 부부는 우리에게 이런 상황을 대비하여 한 움큼의 대추를 건넸단 말인가! 정말로 고맙고 신통묘통한 상황의 전개에 감격할 따름이다.

월악산 정상으로 올라가는 철제난간은 하산하는 등산객과 오르는 등정객으로 무척이나 복잡하였다. 덕주골에서 오르는 주류 등산객과 동창교에서 오르는 코스의 등산객, 억수골의 신륵사 방향에서 오르는 등산객으로 붐볐다. 몇 번을 난간에 기대어 쉬고 또 쉬고 하면서 오르니 드디어 영봉에 도착하였다. 나에게는 10여 년만의 재회이며 친구에게는 처음인 감격스런 첫 등정이었다. 친구는 가쁜 숨을 몰아쉬면서 얼굴에는 해냈다는 성취감으로 지친 얼굴에 환희의 미소가 번져나갔다.

월악영봉에서 바라보는 충주호의 풍광은 한 폭의 그림과 같았다. 저 멀리 원주의 치악산, 단양의 소백산이 파노라마처럼 펼쳐보였다. 정상에 오래 머무르고 싶어도 올라오는 새로운 등산객들을 위해 자리를 빨리 비켜주어야 한다. 정상에 오르기는 정말 어렵고 험난했지만 오랫동안 머무르기는 어려웠다. 이것이 인생사와 비견되는 것이리라.

하산길은 조심스럽게 움직여야 한다. 다리에 힘이 빠지고 긴장이 풀려 집중력이 떨어지면 다칠 수 있기에 천천히 내려갔다. 아직 점심을 먹지 못해 배가 고프고 지친 무거운 육신을 지탱해야 한다. 마애불상 길섶에서 챙겨온 참나무 막대기가 훌륭하게 스틱으로 대용되어 험난한 하산길을 보장해 주었다.

이번 월악산 산행은 정말 행운이 따랐다. 이것이 미륵사 미륵불과 덕주골 마애불의 원력에 의한 것이라고 생각해 본다. 안전지대인 월악삼거리에서 잠깐 휴식을 취하며 아침에 중년 부부가 주신 대추를 마저 먹고 힘을 얻어 천천히 하산하였다. 이번 하산길은 다소 가파르지만 최단 코스인 동창교 방면으로 잡고 내려갔다.

동창교에 도착하니 오후 3시가 다 되었으며 월악산 등정에 총 6시간이 소요된 셈이다. 한숨을 돌리고 무사히 산행을 마치게 해 준 미륵불과 마애불의 원력을 찬탄한다. 지친 몸을 안전하게 의지하여 등산과 하산을 도와준 참나무 지팡이에게도 고마움을 표시하고 산행을 마감하였다.

5시간 동안 나를 지켜준 참나무 지팡이를 동창교 등산로에 세워뒀다. 스틱이 없어 난감해하는 또 다른 등산객에게 발견되어 활용되기를 바라며 눈에 띄는 곳에 세워두었다. 이 지팡이는 이름 모를 등산객에 의해 월악영봉을 거쳐 예전의 덕주골 마애불 길섶에 다시 놓여질지도 모른다. 몇 번의 순환을 거쳐 생명을 다하는 고마운 역할을 수행할 것이리라.

친구와 나는 동창교 휴게소에 도착하여 늦은 점심식사를 막걸리와 곁들였다. 입에서는 힘든 산행으로 단내가 났지만 막걸리 한 잔과 산채나물 안주를 대하니 그간의 피로가 사라지고 성취감에 흐뭇하였다.

지금부터는 부산으로 가는 일이 남았기에 차편을 물어보니 시내버스는 30분 전에 막차가 떠났다고 한다. 택시를 부르거나 통과하는 차량의 신세를 지는 수밖에 없기에 오늘 중에 부산으로 가야 하는데 걱정이 되었다.

친구와 함께 이번에는 아침과는 반대로 송계계곡을 거슬러 오르며 수안보 방향으로 마냥 걸어갔다. 많은 차량이 스쳐 지나갔지만 우리의 사정을 알고 차를 세우지는 않았다. 하지만 마음은 걱정보다는 담담함으로 바뀌었고 어떻게 하던 수안보까지는 갈 수 있을 것이라는 예감이 들었다. 바로 그때 뒤쪽에서 클랙슨 소리가 나더니 승용차가 멈추어 서며 어디까지 가느냐고 묻는다. 사정을 이야기하니 그들도 수안보로 가니 동승을 허락하여 감격하였다. 그 차에 타고 보니 이번에도 중년 부부가 충주호반의 제비봉 등반을 마치고 수안보로 가는 길이라고 하였다. 그 부부는 충주에 사는 분으로 우리에게 어디 갔다 오느냐고 묻는다. 월악산을 종주하였다고 하니 정말 험난한 산을 짧은 시간 내에 마친 것에 대해 대단하다고 찬사를 보내주었다.

친구와 나는 월악산 등정을 두 번에 걸친 고마운 중년 부부와 길섶에 세워진 참나무 막대기의 도움을 받아 무사히 마칠 수 있었다. 그것은 미륵불과 마애불의 원력에 의한 것이라고 굳게 믿는다. 참으로 세상은 고맙고 아름답고 신비하다는 것을 새삼 깨닫게 하였다. 수안보에 도착하여 구미행 버스를 타고 다시 새마을 열차편으로 밤늦게 부산에 무사히 도착하였다.

월악산을 등반하고 험한 산세와 아름다운 이야기를 묶어 한 편의 시를 적어 읊어본다.

월악산

그대는 악(岳)마(魔)인가
이다지도 나를 괴롭히는가
당신 이름 속에 그 답이 있지

강원도에는 당신의 사촌들이
전라도에도 당신의 종씨가
서로 악(嶽)을 뽐내고 있지

그대는 처녀인가
이다지도 문을 열지 않는가
수줍은 듯 얼굴까지 숨기나

그대는 어머니인가

악쓴 뒤에 부드러운 손길주고
땀 찌든 육신 담글 물까지 흘려주나

그대는 부처님인가
마의태자 근심 미륵불로 털어주고
덕주공주 고뇌 가람 열어 풀어주나

달래강의 전설과
탄금대,
충주

충주는 한반도의 중심이자 충절과 낭만의 고장이다. 달래강에 얽힌
사연이 마음을 적시고 탄금대전투는 눈물을 훔치게 한다. 삼국의 각
축장으로 남산산성과 중원고구려비의 유적이 있으며, 목계장터와
감자꽃 시비가 문학적 정서를 자극하기도 한다.

나는 달래강변에서 애처로운 전설을 반추하며 인륜과 욕망의 경계
를 사유하였다. 탄금대에 올라 패전의 멍에를 지고 잠들지 못하고
있는 신립 장군과 8,000군사의 한을 달래보고자 하였다. 남산산성
과 계명산에 올라 중원을 차지하려는 삼국의 현장을 내려다보기도
하였다. 유유히 흐르는 남한강변의 목계나루에서 시인을 찾아가는
상상에 빠져보기도 하였다.

달래강에
얽힌 전설

달래강 변

감자꽃 시비

충주는 나의 역사의식의 산실이자 추억과 낭만의 보금자리이
다. 충주를 기점으로 문경과 제천, 영월, 단양, 정선, 태백과 소
통할 수 있었다.

내가 2000년에 금융기관 지점장으로 초임 발령 났던 곳이 충
주였다. 연고가 없고 내륙의 오지여서 다소의 불만과 걱정을 안
고 부임한 게 사실이다. 하지만 울며 가서 떠나기가 아쉬워 정

이 흠뻑 들어버린 곳이다. 지금도 나의 역사의식과 정취가 뇌리에 각인되어 삶의 의욕이 소진되면 한 번씩 찾아간다. 그 당시의 정경과 이야기를 추상하면 삶의 동력이 재충전된다.

1월 중순, 엄동의 찬바람이 매섭게 몰아치고 중부지역에 대설주의보가 내려진 날 충주로 부임한다. 대용량 배낭에 양복과 일용품을 꾸리고 등산복 차림으로 부전역발 강릉행 무궁화 열차를 탔다. 도계역에서 내려 강릉에서 내려오는 무궁화 열차를 갈아타고 태백에서 저녁식사를 했다. 제천에서 숙박을 하고 다음 날 아침에 첫 열차로 부임지인 충주에 도착하였다.

1988년에 가족과 함께 단양에서 충주호 유람선을 타고 1박을 한 경험은 있었다. 그 이후에는 뚜렷한 계기가 없어 찾아가보지 못했다. 충주에서 근무하면서 주말이면 대부분 무궁화 열차로 대전역에서 새마을호로 갈아타고 내려왔다. 내륙의 경치가 보고 싶으면 시외버스를 타고 문경새재를 넘어 상주, 구미를 거쳐 동대구역에서 기차로 내려오기도 하였다.

이 과정에서 나는 열차여행의 매력에 흠뻑 빠져들게 되었다. 동심의 세계로 돌아가 기차를 탄다는 설렘과 차창에 지나가는 정경과 무궁화 열차의 느린 운행에서 오는 여유로움이 매력을 더해 주었다. 열차 안에 가득한 정겨운 사투리와 토산물이 그동안 실종된 고향의 정취를 되찾게 하였다. 그렇게 많이 타도 지겹지 않고 자꾸만 타고 싶은 기차, 나는 가끔 기차로 목적지 없이 어디론가 떠나고 싶은 충동에 사로잡히곤 한다. 그것도 새벽열차나 야간열차를 타고 정적 속에서 기차의 경적소리를 느끼면서 말이다. 홀로 떠나는 외로움이 고요한 적정 속에 잠들면 간간이 기적소리가 깨워주는 정중동의 미묘함을 느꼈다.

남도의 간이역을 그리며, 강원도 오지의 철길을 찾아서 많은 열차 여행을 하게 되었다. 영주로 가서 부석사를 찾기도, 희방사역에서 내려 죽령을 넘기도, 단양으로 가서 구인사로 가기도 하였다. 기차로 강릉에 내려 오대산 상원사로, 철암역에서 내려 태백으로, 제천에 내려 정선 아우라지로 기차로 접근할 수 있는 루트는 대부분 답습하였다. 나에게 기차는 중요한 이동수단이요 안식과 사색의 공간이었다. 그러한 중심점에 충주가 자리잡고 있다. 추억과 사색의 기회를 선사한 열차를 연결하는 차량 같은 인연의 연결고리이다.

충주에서의 직장생활은 처음에는 객지의 호기심과 새로움으로 그런대로 지낼 수 있었다. 시간이 지나자 객고와 향수에 시달려 퇴근 후에는 밤이 두려워지기 시작하였다. 한 잔 술로 일시적 외로움을 달랠 수 있지만 긴 동면기간을 인내하기에는 나의 내공은 약했다.

이런 상황에서 충주KBS 라디오에서 이곳 출신인 권태응 시인의 '감자꽃' 시낭송이 나온다. 이것을 듣고 나도 시를 한 수 적어 보고 싶었다. 그렇게 해서 시와 시조를 합쳐 50여 편을 작시하게 되었다. 이 책의 기행문에 충주를 비롯한 영월, 동강, 제천, 문경에 등장하는 시와 시조는 대부분 그 무렵에 지은 것이다.

나는 무료한 시간을 보내지 않기 위해 충주의 역사와 문물에 관심을 갖기 시작하였다. 충주에는 신립 장군의 탄금대와 임경업 장군을 모신 충렬사, 삼국 각축장의 상징인 남산산성, 중앙탑, 중원고구려비가 있다. 속리산에서 발원하여 괴산을 거쳐 남한강과 합류하는 '달래의 한'이 담긴 달래강이 있다.

나는 그 현장을 답사하여 역사적 사실과 배경에 더하여 나그네의 감상을 묶어 나름대로의 시로 표현해 보았다. 그러다보니 차츰 역사 속에 동화되어 그런 역사적 사실들이 하나의 공통적 주제인 한으로 귀결되는 것을 알게 되었다.

탄금대에서 배수의 진을 친 신립 장군의 한, 남산산성을 축성하고 지키던 삼국의 군졸과 민초들의 한, 동생의 죽음을 자책하며 살았던 달래의 한 등과 같은 수많은 한의 소재가 충주를 중심으로 흘러넘치고 있었다.

달래강은 속리산에서 발원하여 괴산을 거쳐 충주에 이르러 탄금대 옆 남한강에 합류한다. 달래라는 이름처럼 그 흐름은 가늘고 애잔하며 유역은 진달래로 수놓은 듯하다.

나는 충주시절에 수안보 온천을 자주 가게 된다. 오가는 길에 있는 달래강은 경치와 운치가 극치를 느끼기에 충분하였다. 특히 강변에 형성된 암반과 나지막한 절벽은 아담하고 정겨웠다. 달래강이란 이름이 정답고 아름다워 그 사연을 탐문하여 보았다. 아름다운 이름 속에는 아픔과 애처로움이 내포되어 있음을 알았다. 아름다움이란 적당히 한과 어우러져야 진정 아름답다는 것을 느끼게 하였다.

달래강의 전설은 이루어져서는 안 되는 금기의 벽과 인간이기에 충동적인 욕정이 부른 애처로운 이야기이다. 사춘기에 들어선 남동생이 비에 젖어 실루엣으로 드러난 누나의 몸매를 보고 욕정이 발동한다. 볼수록 견디기가 힘들고 범하고 싶은 충동에 사로잡혀 계속 괴로워한다. 그러한 생각을 갖게 된 자책감에 동생은 스스로 목숨을 끊는다. 동생의 죽음에 "그러면 한번 달래나 보지." 하는 질책이 섞인 한탄으로 평생을 자책하며 살아갔던 달래의 한에서 이름이 붙여진 강이 달래강이다.

만약 근친간이 아닌 남과의 관계였다면 이야기는 달라진다. 이효석의 '메밀꽃 필 무렵'의 물레방앗간에서 허생원과 시골 처녀와의 관계는 설렘으로 독자들을 에로스에 젖게 한다. 지금껏 혐의만 있으나 증거는 찾을 수 없는 아우라지 처녀들과 청년들의 러브스토리는 한발 비켜서 보면 불륜이기보다 로망스로 여겨지고 있다.

속리산에서 발원한 달래강은 그 유역의 전설을 안고 거대한 한의 흐름인 남한강과 합류한다. 속리산은 그 이름처럼 속을 떠난다는 뜻이다. 사람은 선을 찾아 산으로 가기도 하고 속을 찾아 산을 내려오기도 한다. 하지만 강물은 오직 속을 찾아 산을 출발하여 내려오기만 한다. 인간사는 오고가는 마음의 변덕으로 괴롭지만 강물의 흐름은 상선약수의 순리에 따르므로 항상 편안하다. 강 유역의 슬픈 이야기를 달래강이란 이름으로 포장하여 인류와 애욕의 틈새에서 방황하는 중생의 괴로움을 포용하고 용서하고 있다. 여하튼 인간애는 어떠한 도덕과 윤리보다 앞선다는 점을 시사하고 있는 설화인 것 같다.

달래강의 전설이 근친상간에 대한 윤리적인 가책으로 생명을 끊은 이야기이지만, 또 다른 전설이 달래강의 이름에 숨어있을 것이라고 믿는다. 즉, 이웃에 살던 노비의 딸인 달래와 머슴이었던 만수가 서로 사랑하였는데 동네 천석꾼 김생원의 노리개로 달래가 팔려간다. 술에 만취한 만수가 김생원에게 행패를 부리자 김생원은 하인들을 시켜 멍석말이를 해서 죽도록 패버린다. 만수는 울분을 주체하지 못해 강에 투신하여 자살하고 만다. 달래는 육체적으로는 김생원의 몸이지만 정신적으로는 만수를 사랑하여 멀리서나마 바라보면서 살고 싶었다.

달래는 사랑하던 임이 죽자 자신의 처지를 비관하고 만수의 뒤를 따라 강물에 투신한다. 이런 비운의 강을 이름하여 '달래강'이라고 부르고, 속칭 '만수강'이라고 하는 전설이 동시에 포함되었을 것이라고 생각해 본다.

조선조의 유교사상은 일부종사(一夫從事)를 강조하여 정절, 수절이 여인의 지고의 미덕으로 추앙받게 했다. 그 인욕의 희생에 대한 보상으로 열녀비, 정절비를 세워주었다. 사대부가의 명성과 권위를 유지하고 민생에 대한 교훈과 모범을 보여주기 위한 고육지책이라는 점에 이해가 되기도 한다. 하지만 일면으로는 가문의 유지를 위한 아낙에 대한 구속과 선택권을 박탈한 비정한 측면도 부정할 수 없다. 권문세가의 남정네들은 늙어가면서까지 애욕을 채우기 위해 정실부인 외에 젊은 여인을 후실로 들이기도 하였다. 또 노비의 딸을 노리개로 가로채어 보이지 않는 죄업과 원성을 쌓기도 하였다.

그 이면에는 조실 남편하여 청상으로 평생을 보낸 여인들도 있었다. 인간이면 누릴 수 있는 재혼의 선택권조차 시댁은 물론이고 친정 쪽에서도 언감생심 못 갖도록 강압하였다. 허울 좋은 정절비라는 미명으로 보상한 것은 몰인정한 측면이 있다. 남녀는 유별하지만 한편으로는 평등하여야 한다. 가문의 진정한 아름다움은 위선과 강제로 삼강오륜을 맹종토록 하기보다는 아녀자의 행복과 새로운 출발을 위해 선택권을 넘겨주는 아량과 자비를 실행하는 것이 옳았다고 생각한다. 달래강에 대한 전설을 접하고 나름대로 그 이름에 깔린 배경과 사연에 대해 유추하여 적어 보았다. 이것을 가지고 삼강오륜의 유교정신을 훼손하거나 열녀비, 정절비의 숭고한 뜻을 폄훼할 의도는 없다. 이러한 이야기에서 드러난 유교의 경직성에 대한 재조명이 필요하다는 점에서 이해해 주었으면 한다.

달래강은 충주의 젖줄이자 충주를 아름답고 인간적으로 평가하게 만드는 중요한 산실임은 분명하다. 충절의 고장으로 다소 근엄하고 융통성이 결여된 이미지를 희석시켜주는 유화제와 같은 강이다.

충주(忠州)는 한자어 중심(中心)의 결합으로 충을 만드니 중앙이란 의미와 충절의 뜻이 내포되어있다. 이 지역에는 달래강, 남한강으로 인해 목계나루가 있어 감자꽃의 권태응 시인과 목계장터의 신경림 시인이 배출되어 자연을 노래하고 있다.

나는 달래강을 낮게는 1번 국도를 따라 수안보길를 가면서 구경하고 높게는 남산과 계명산을 올라 조망해 보았다. 그 흐름은 아기가 엄마 젖을 찾아 가슴을 파고드는 형세로 아주 부드럽게 천천히 남한강으로 유입된다. 달래강이란 이름 자체가 강변의 주막에서 막걸리 한사발로 취흥에 젖고 싶은 감흥을 불러일으킨다.

나는 충주를 그려볼 때면 필히 달래강의 유유한 흐름과 사연을 되새긴다. 그리하여 마음을 순화하고 인간애의 본질에 대해 깨달음을 얻고자 한다. 달래강은 얼마 되지 않은 우리말로 된 강이며 이름조차 달래처럼 아름다운 강이다. 초봄이 되면 강변 바위틈에 진달래가 청초하게 피어 수줍게 아름다움을 드러낸다. 오늘날 강둑에는 수많은 소녀들이 달래가 되어 나물바구니를 들고 달래랑 냉이를 캐기도 한다. 시인은 강변에 시비를 세워 지나간 슬픈 이야기의 주인공의 한을 달래주기도 한다. 나도 언젠가 다시 방문하여 유유히 흐르는 강변 주막에 앉아 달려오는 달래의 모습을 만나고 싶다.

나는 달래강을 오가며 강변에 얽힌 애절하면서도 아름다운 사연을 눈앞에 그려보며 한 편의 시로 담아보았다.

달래강의 봄소식

영하의 막대 수은주 영점을 누르고
지난겨울의 설움을 분풀이하듯
엿가락 뽑듯 기린의 목이 되었다

이제는 나올 수밖에 없는 새순처럼
잔설을 밀어내고 춤을 추며
아지랑이 등에 업고 오는 봄

남산 자락의 눈 녹은 물은
어머니 젖가슴 파고드는 아기마냥
달래강으로 모여들고

강둑의 실버들은 눈망울 틔우니
겨울잠 갓 깨어난 개구리가
파리 없나 두리번대는 오후

다시 온 봄은 자상한 손님
아스팔트, 아파트의 도회지 보다
시골 외딴 초가집을 먼저 찾네

내일이면 달래는 봄처녀 되어
나물바구니 옆에 끼고서
봄비 젖은 강둑으로 달려올 거야

탄금대전투와
신립 장군

탄금정 전경

신립 장군 순국비

달래강의 흐름이 완만하게 남한강으로 진입하는 초입의 나지막한 대문산 정상부를 탄금대라 부르고 있다. 원래 신라의 악성 우륵이 가야금을 타던 곳이라 하여 지어진 이름이다. 역사적으로 평화의 낭만과 전쟁의 장렬함이 교차하는 아이러니한 장소이기도 하다. 대문산 정상에는 탄금정이 세워져 있고, 그 아래 절벽에는 열두대가 자리하고 있다. 임진왜란 때 신립 장군이

'배수의 진'을 치고 장렬히 전사하여 오히려 이름이 난 곳이다.

탄금대는 충주에 근무할 때 홀로 자주 찾거나 친구나 지인이 오면 필히 안내하던 충주를 대표하는 명소이다. 그 아래에는 권태응 시인의 감자꽃 노래비가 있다. 인근에는 탄금대전투의 8,000충혼 기념탑이 세워져 숙연한 분위기를 한결 고조시키고 있다.

탄금대 정자에는 수편의 헌시가 현판에 적혀 있다. 탄금대전투에서 장렬히 전사한 신립 장군과 군졸들의 혼을 애도하고 충절을 표현한 내용들이다. 역사는 패전의 멍에를 씌우고 있지만 일부의 시는 탄금대 전투의 장렬함과 배수의 진의 비장함을 표현하고 있다. 나머지 대부분은 천혜의 요새인 새재를 버리고 탄금대를 택한 전략적 오판을 질책하는 시들이다.

나에게도 배수의 진은 참으로 장엄하고 비극적으로 비쳐진다. 오히려 그런 점 때문에 탄금대를 역사적으로 기리고 인용하고 하는 것이리라. 한나라 장군 한신이 강력한 초나라 군대에 맞서 배수의 진을 치고 싸운 것으로 유명하다. 배수의 진은 뒤에 강물이 있어 물러설 수 없게 하여 결사항전을 유도케 하는 극단적인 진법이다. 적이 막강하여 정상적인 진법으로는 승리를 장담할 수 없을 적에 시행하는 벼랑 끝 전술인 셈이다. 탄금대를 연상케 하는 주요 키워드인 배수의 진은 전쟁이 아닌 인생의 지략으로도 많이 활용되고 있다. 신립 장군은 패전하였으면서도 배수의 진에 대한 또 한 분의 역사적 주인공이 되었다. 그 교훈을 바탕으로 후세는 바르게 성장하고 발전해나가고 있다.

그만큼 탄금대는 충주의 대표적인 역사적 장소이자 자랑이기도 하다. 패색이 짙은 임진왜란에 반전의 계기를 제공한 신립 장군의 충혼이 서려 있기에 더욱 그러하다. 나는 어느 사학자의 견해처럼 신립 장군의 배수의 진을 실패한 전략으로 인식하고 안타깝게 생각한 적이 있었다. 하지만 신립 장군의 죽음의 현장을 목격하고 비판보다는 충성과 불가피한 점에 대해 이해하기 시작하였다. 문경새재를 다녀와서 주흘관, 조곡관, 조령관의 지형지세의 군건함과 전략적 가치를 인식했음은 물론이다. 처음에는 그곳을 포기하고 물러나 배수의 진을 치게 된데 대해 의아하게 생각하였다. 한편 경륜 있고 지략이 풍부한 신립 장군이 그렇게 하게 된 이유와 불가피성을 고찰해 보아야 한다는 생각이 들었다.

부산진에 상륙한 소서행장의 왜군은 동래성을 함락하고 파죽지세로 한양을 향해 진격해 나간다. 이윽고 상주전투에서 조총에 잔뜩 겁을 먹고 탈영병이 속출하여 수백 명에 불과했던 이일의 군대를 단숨에 격파하고 문경현에 진을 치게 된다. 조정은 영남지역의 방어선이 급격하게 무너져 그렇게 빨리 북상할 줄 모르고 당황하였다. 왜군은 소서행장, 가등청정, 흑전장정의 3군으로 나뉘어 조령, 죽령. 추풍령을 넘어 한양으로 진격하게 되어있었다. 전세는 시간적으로 급박함과 병력의 부족으로 사면초가에 빠진 형국이었다. 믿었던 경상도의 군대는 패퇴하여 방어선이 무너져 조정은 풍전등화의 상황에 처한다. 이에 조정은 북방에서 여진족을 무찔러 큰 공을 세운 신립을 이일을 대신하여 도순변사로 임명하여 대적케 한다. 그러나 신립은 정석적인 전략인 새재방어를 포기하고 탄금대에 배수의 진을 치고 분전하다 8,000군사와 함께 전사하고 만다.

이에 대해 많은 역사학자와 군사전문가들은 신립의 무모한 전략과 전술을 비판한다. 그들에게서 영향을 받은 일반국민과 학생들도 탄금대전투를 대표적으로 실패한 임란전투로 아직까지 인식하고 있다. 그런데 신립의 선택이 왜 그러했는지에 대한 연구와 불가피성에 대한 규명은 찾아보기 힘들다.

나는 무능한 패장으로 폄훼당하는 장군의 억울함과 한을 달래주고 싶었다. 그의 죽음이 끼쳤던 항전의지와 그 당시의 전황에 대한 재평가를 하고 싶었다. 그래서 탄금대전투에 대해 그 당시의 전황과 역사자료를 분석해서 나름대로의 견해를 피력해 보기로 한다.

일반인들은 그 당시 문경새재에 관문이 설치되어 있어 방어하기에 용이한 것처럼 알고 있다. 그러나 그때는 축성을 위한 돌무더기만 쌓아놓은 상태였고 주흘관, 조곡관, 조령관의 어느 관문도 구축되지 않았다. 주흘관과 조령관은 숙종 34년(1708)에, 조곡관은 임란발생 2년 후인 선조 27년(1594)에 축조되었음을 역사는 기록하고 있다. 새재가 지형적 이점으로 결사 방어를 할 필요성은 당연하다 할 수 있다. 그러나 북방에서 신립이 군졸을 이끌고 내려오는 데 시간적인 여유가 절대적으로 부족하였다. 새재에 도착하기 전에 왜군은 이미 주흘관 입구까지 당도한 터라 새재에서 방어할 시기를 놓친 상태였다.

당시에 소서행장의 부대는 새재와 하늘재를 동시에 공략이 가능한 유리한 위치에 있었다. 험준한 새재를 지키려고 하늘재를 방치하면 왜군이 배후를 공략하여 고립돼 더 큰 위험에 처할 가능성이 높은 전황이었다. 새재 방어의 필요성을 신립은 알았지만 선택할 수가 없었다는 사실에 주목하여야 한다.

차선책으로 충주 초입에 있는 대림산성을 지키려던 전략도 고려했었다. 소서행장의 군대가 야음을 틈타 기습적으로 수안보역에서 풍동지역을 돌파하면 측면이 노출되기에 부득이 충주로 퇴각할 수밖에 없는 상황이었다. 그리고 충주의 2차 관문, 일명 남산산성인 충주성을 지키지 못했느냐는 비판도 일부 있다. 그 당시 남산산성은 삼국시대에 축성되어 고려시대까지 운용되던 산성으로 식량과 식수조차 비축되지 않은 유명무실한 성이었다. 잘못하면 훈련이 덜 된 병사들이 대낮의 전투에 겁을 먹고 도주할 우려가 큰 지형지세이니 선택할 수가 없었다. 그래서 불가피하게 밀리고 밀려 탄금대에서 배수의 진을 치게 된 것으로 추정된다.

전투 당일에 우천으로 달천평야가 질퍽해져 기마병의 기동력이 현저히 떨어져 고전했던 불운한 측면도 있었다. 신립이 당초부터 새재를 버리고 탄금대에서 싸우려 한 것은 아니었다. 전황이 그렇게 전개되었는데 어쩌면 소서행장이 그렇게 선택을 강요하여 얻은 전략적 승리로 보아야 한다.

나머지 중요한 변수는 동원된 군졸이 훈련이 안 된 오합지졸이었고 군관들도 현지에 정통하지 못했다는 점이다. 북방의 변경전투에서 차출되어 왔기에 지형지세를 잘 몰랐으며 현지에 동원된 충청도 군인도 훈련이 제대로 되어 있지 못했다. 당시의 전황보고서에도 거론되고 있듯이 급조된 병력의 전투 수행능력에 문제점이 많았음이 분명하다.

사실 신립은 이일이 상주전투에서 패배하자 도순변사로 임명되어 150명 군사로서 한양을 출발했다. 이후 제승방략(일종의 지역방어) 체제에 따라 모집병을 끌어들이면서 군사가 8천명으로 늘어났던 것이다.

후일『일본사』의 임란 시 전황을 분석한 문서의 기록을 보자. "조선군대는 정발, 송상현 등과 같은 용감하고 전략이 탁월한 장군이 있었지만 군졸들은 겁이 많아 도망가기가 일쑤였다."라고 기록하고 있다. 군졸의 군기가 해이하고 사기가 저하되어 탈영병이 많았던 것이 사실인 셈이다. 그런 점이 신립으로 하여금 군졸이 도망갈 수 없도록 배수의 진을 치게 했던 불가피한 선택의 또 다른 이유라고 생각한다.

실제로 소서행장의 제1군이 동래성을 함락하고 무섭게 북상하자 각 지역 방어를 맡은 수령들이 앞다투어 도망가 버린다. 군졸들도 지휘할 군관이 부재중인지라 군령을 받을 수 없어 뿔뿔이 흩어져 버리는 최악의 사태가 발생한다. 이와 같은 상황은 왜군이 거의 저항을 받지 않고 중요 요충지를 점령할 수 있었던 사실로 미루어 짐작할 수 있다.

또 하나의 예로 순변사 이일이 상주에 도착하였을 때 운용할 수 있는 병력이 고작 800명이라는 데서 패전에 무슨 이유를 달

수 있겠는가. 국사편찬위원회에서 발간한 『임진왜란사』에도 이러한 전황에 대한 기록이 발견되고 또 인정하고 있다.

비록 탄금대에서 배수의 진을 치지 않고 새재나 남산산성에서 지형적 유리함을 안고 전투를 했더라도 관군의 전력은 너무나 허약하였다. 조총으로 무장한 1만 5천의 소서행장이 이끄는 정예 군사를 이기기에는 중과부적이었으므로 단 며칠간의 진군 속도를 지연시키는 데 의미를 부여할 수밖에 없다고 생각한다. 그리고 가등청정의 2군은 이미 죽령을 넘었고, 흑전장정의 3군은 추풍령을 통과하여 한양으로 수렴하고 있는 상태라 전쟁의 승패는 이미 결정된 것과 다를 바 없었다.

신립과 조정도 이러한 전황의 불리함을 알고 있었을 터이다. 오로지 필요한 것은 패배의식에서 벗어나 민관군이 총력전을 펼쳐 결사 항전하는 정신전력이 요구되는 상황이라 생각된다. 탄금대전투에서 도순변사 신립과 종사관 김여물, 충주목사 이종장을 비롯하여 8,000군사가 전멸하여 패전의 결말을 맞았다. 왜(倭)의 1만 5천 정예병과 대적하여 승전을 기대하는 것은 무모한 발상이라고 여겨진다.

그러나 8,000충혼이 전몰한 것을 계기로 구국정신이 발현되고 항전의지가 강화되어 이후의 전황에 중요한 영향을 미치게 되었다는 점에서 긍정적인 평가를 내려야 한다. 실제로 영남에서 곽재우, 호남에서는 고경명, 김천일, 충청도에서 조헌이 의병을 일으켜 혁혁한 전공을 올렸다. 비록 승려의 신분이지만 서산대사, 사명당은 승병을 일으켜 호국의 간성이 되었다.

임진왜란의 근원적인 책임은 유비무환의 대비책이 없는 가운데 당쟁에 눈이 어두워 국가의 안위를 등한시했던 조정에 있다. 현실에 안주한 무사안일의 필연적인 결과가 아닌가 하는 생각이 든다. 반면에 왜는 오랜 내전에서 단련된 정예병에다 조총이란 신무기로 무장하여 병력의 질적인 측면에서도 조선군을 압도했던 것이 사실이다. 탄금대 전투의 전멸은 치욕스럽지만 승전을 기대하기에는 기적이 일어나기를 바라는 것과 다를 바 없었다.

　이처럼 신립 장군의 불가피한 선택에 대한 이유를 다소나마 이해한다면 비판의 강도는 누그러질 수 있으리라 본다. 조선의 어느 장수가 조국의 안위를 책임지는 중차대한 상황에서 무모하게 즉흥적인 전략과 전술을 펼칠 수 있겠는가. 항상 패전의 이면에는 그 책임을 묻는 희생양을 만들기 마련이다. 죽은 자는 말이 없으니 이왕 죽은 사람에게 전가하는 사례가 많은 것이 사실이다. 여기에 더하여 패전에 대해 전황의 전개와 선택의 불가피성에 대한 분석과 연구도 부족했다고 본다. 일부 역사학자와 군사전문가들은 다수의 견해에 맹종하거나 패자를 비판하는 데 익숙해져 있다는 점이 안타깝다.

　신립 장군이 시간적 여유를 갖고 요충지인 새재에서 방어를 하였어도 전력의 열세로 승리하기는 힘들었을 것이다. 최악의 경우 하늘재를 넘어온 적들이 배후를 공략한다면 전멸을 당할 수도 있다. 전의를 상실한 탈영병들이 속출하여 경상도에서 도순변사 이일이 도망쳐 왔듯이 신립 또한 그러한 상황에 처해졌을 수 있다. 그러면 신립은 패장이 되고 8,000군사는 도망병이 되고 만다. 군사 전문가들은 기마병을 끌고 온 군대가 산악전투를 해서 패배를 자초하였다고 혹평을 하였을 수 있다. 무엇 때문에 왜군을 평지로 유인하여 기마전을 펼쳐보지도 못했는가라고 조롱도 하였을 것이다. 이러한 전황 전개와 전투 후의 평가를 신립은 이미 머릿속에서 그렸으리라. 그래서 지더라도, 패장이 되더라도 자신과 군사들에게 불명예를 지게 하고 싶지 않았기에 장렬한 배수의 진을 치고 산화하였을 것이다.

이처럼 탄금대전투는 역사적 진실이 일정 부분 왜곡되어 아직도 신립 장군과 8,000군사의 원혼이 편히 잠들지 못하고 있다. 그들의 원혼을 위무하는 방법은 역사적 사실의 보다 더 철저한 연구를 통해 탄금대전투를 재조명하는 데 있다. 그렇게 해서 신립 장군의 전략적 선택의 불가피성을 인정하여 주고 명예를 회복시키는 일이 우선시 되어야 한다.

『사기』의 저자인 사마천은 한 무제 때 흉노에 항복한 이릉 장군을 옹호하는 간언을 한다. 그러자 한 무제의 진노를 사서 죽음보다 더 치욕스런 궁형을 받고 죽음은 일단 면한다. 그가 죽음을 택하지 않고 구차하지만 생명을 보존하려는 데는 미완의 큰 뜻이 있었기 때문이다. 선친의 유언이자 역사적 소명인『사기』의 집필이 완성되지 못했기에 자신을 무섭게 채찍질하며 『사기』를 찬술하고자 함에 있었다. 그는 역사의 현장에서 매몰되어 사라진 인물들을 재조명하여 자신의 붓으로 새로운 생명을 불어넣는다. 기어코 그들을 밝은 양지로 이끌어내어『사기』

라는 불후의 저서를 만들어 내고야 만다. 역사를 복원하고 재평가한 사마천의 탐구정신과 진실에 대한 소명의식을 역사학자들은 깊이 본받아야 할 것이다.

아직도 주변에 억울하게 매도되어 역사의 죄인으로 낙인찍혀 천추의 한을 지우지 못하는 인물이 있을지도 모른다. 그러한 점을 잘 살펴보아야 그것이 후손 된 도리요 진실을 추구하는 정의로운 자세라고 믿는다. 한 명의 확실한 승장을 과잉 찬양하기보다는 한 명의 억울하게 파묻혀버린 패장의 진실을 발굴하는 게 더 의미가 있는 역사적 사명이라고 생각한다.

나는 탄금대와 8,000충혼탑을 답사하고 장렬하게 전사한 신립 장군과 군사들의 넋을 애도하며 적어놓았던 글을 올려본다.

탄금대

우륵이 신선되어 가야금 타던 곳에
임진년의 거친 숨결 들리니
차가운 강바람은 열두대 품에 안고
솔바람 되어 스쳐가네

그 평화롭던 강물 위에
얼마나 많은 뜨거운 피 흘렸던가
지금은 씻겨져서
진달래꽃으로 만발했네

새재 넘어온 침탈의 무리에게
배수의 진으로 맞섰건만
푸른 강물에 몸 던진 장수의 혼
초동의 보리피리가 달래주네

그 누가 아니 추모할건가
패배는 승리보다 장렬한 것을
패장의 혼, 한송이 꽃이 되어
후예들을 독전하네

천인단애 높은 정자에
나그네는 쉬어만 가고
그 옛날을 추상하지 않는 듯하고
노을 진 강변에 물오리들만 노니네

다시 찾은 탄금대와
8,000충혼탑

8,000충혼탑   부산 충렬사

2011년 8월에 월악산 미륵리에서 숙박을 하고 영월, 단양을 답
사하기 위해 지나가는 길목에 있는 탄금대에 다시 올랐다. 탄금
대라 칭하는 대문산 전역은 역사박물관이라고 해도 과언이 아
니다. 이번 답사는 그간 크게 관심을 갖지 못하고 지나쳤던 기
념물을 중심으로 돌아보기로 하여 천천히 올랐다. 탄금대로 가
는 길목에 8,000충혼탑이 웅장한 자태로 남한강을 내려보고 있

었다.

탑신에는 전몰한 신립 장군을 비롯한 군사, 민간인 등의 인물상이 세워져 함께 함성을 토해내고 있었다. 8,000충혼탑은 열두대, 신립 장군 순절비각, 신립 장군 순국지지 등과 함께 탄금대공원에 있는 임란전투의 핵심적인 현장이다.

8,000충혼의 전몰로 항전의지가 급격히 강화되어 곳곳에 의병이 창기하는 등 반전의 계기가 마련된다. 전쟁은 장군과 군사들만으로는 승리할 수 없고 의기에 찬 민초들의 동참 없이는 승리가 불가능한 것이다. 이러한 민관군의 고귀한 희생은 임란을 극복하고 후세들에게 애국충절의 중요함을 일깨우는 교육적 가치를 갖는다.

부산의 충렬사에도 충혼탑이 있다. 충렬사는 동래성을 지키다 전사한 송상현 장군을 기리기 위해 남문에 건립된 송공사를 현재의 안락동 자리로 옮긴 것이다. 그 후에 부산진 첨사 정발 장군, 다대포 첨사 윤홍신 장군과 함께 전몰한 민관군 93분을 추가로 봉안하여 애국 혼을 모신 현장이다.

나는 과거에 충렬사를 몇 번이나 지나치며 입구의 충혼탑을 바라보는 정도의 관심만 가졌다. 그러나 탄금대를 비롯한 8,000충혼탑을 답사하고 임진왜란사에 대해 관심을 갖고 난 후에는 새로운 시각에서 역사의 현장을 바라보게 되었다.

2012년 9월 중순 태풍 산바가 예상을 뒤엎고 오키나와를 지나 제주도를 거쳐 남해안에 상륙하였다. 막강한 위력으로 영남 내륙을 관통하여 한반도를 할퀴고 지나갔다. 다음 날 나는 무슨 연유인지는 모르나 동래 방향으로 한번 지나가고 싶은 생각이 갑자기 들었다. 온천장역에서 내려 온천천을 따라 수영만 쪽으로 걸어볼 요량으로 한참을 내려갔다. 강변에는 어젯밤 태풍에 쓰러진 갈대와 범람으로 둔치는 황폐화되어 있었다.

한참을 걸으니 다소 지쳤고 갈증으로 산책을 마무리하고자 안락동 쪽으로 방향을 틀었다. 지하철을 타려고 대로변으로 나가니 안락로타리가 보이고 건너편에 충렬사가 눈에 들어왔다. 본래 충렬사를 답사할 계획이 없었는데 우연치고는 놀라운 만남이었다.

사람들은 수많은 정경과 인물을 대부분 무심코 지나치거나 스쳐가기만 한다. 그러나 관심과 애정을 가진 장소와 사람은 언젠가는 만나게 된다는 인연의 정확함에 놀랄 때가 있다. 어제 남해안에 상륙하여 영남내륙을 관통하여 한반도에 많은 상처를 남기고 간 태풍은 부산진에 상륙하여 무서운 속도로 북상한 왜군의 침략과도 같은 것인가!

충렬사 입구의 충혼탑에는 6명의 인물상이 서 있었다. 가운데는 큰 칼을 뽑아든 장군이, 뒤에는 독전하는 군사가, 측면에는 궁수와 바로 옆에는 봉수지기, 물자를 나르는 여인이 혼연일체로 자리 잡고 있었다. 그야말로 송상현 장군을 비롯한 군사와 의로운 민간을 표상하고 있는 탑이었다. 그 충혼탑은 탄금대의 8,000충혼탑과 많은 연관성을 갖고 있었기에 이번 만남은 결코 우연히 아니라는 생각이 들었다.

다시 충렬사 경내로 들어서니 드넓은 터에 의열각, 소줄당 등

많은 유적이 사리 잡고 있었다. 충렬사 정단 아래쪽에 '전사이 가도난(戰死易 假道難)'이라는 기념석이 세워져 있었다. 이는 소서행장이 송상현 장군에게 싸우지 말고 길을 비켜달라는 데 대해 죽을지언정 결코 길을 내줄 수 없다는 결연한 의지의 표시였다. 충렬사 정단에 들러 순국하신 영령들에게 고개를 숙여 엄숙한 예를 올리고 뜻하지 않은 충렬사 탐방을 마무리하게 되었다.

다음의 글은 임진왜란과 관련하여 진주의 촉석루 밑에 있는 남강변의 논개바위 즉, '의암'을 다녀와서 적어본 것이다.

논개

구름이 감고 도는 육십령 너머로
어머니 손에 끌려 동으로
철부지 소녀는 갔다네

그 길은 운명의 길인가 험하고 멀다
뒤돌아보는 장안산 자락의 초가는
다시 못올 꿈속의 터전인가

길섶에 핀 진달래가 소녀를 배웅하고
그토록 극진하니
다시 올 기약마저 없으련가

임진년 붉은 해가 서산에 지면
임을 따라 남강가로 나섰건만
청초한 젊은 꽃을 조국은 불렀다네

옥지환 낀 두 손으로
왜장 허리 부여안고
나라사랑의 이름으로 가쁜 숨을 거두었네

유유히 흐르는 강물은 그곳을 지나건만
숨 가쁜 임의 숨결은 보이지 않고
촉석루 언덕에는 한송이 진달래꽃만 피었네

거룩한 분노를 하이얀 화장에 감추고
가냘픈 미소로 바위까지 이끌어서
깊은 강심으로 몸을 던진 꽃잎이여

처절한 피비린내는 진주성을 물들였지만
그대 혼은 타오르는 불씨가 되어
꺼져가는 등불을 다시 한 번 밝혔네

내가 탄금대의 신립 장군, 충렬사의 송상현 장군, 남강변 의
암 논개에 대해 관심을 갖게 된 것은 선친의 영향 때문이라고
볼 수 있다. 부친은 어릴 적부터 자녀들에게 임진왜란 때 함안

조씨 가문에서 배출된 '13충신'에 대해 말씀을 많이 하셨다. 어계 선생의 직손으로 황석산성 전투에서 부부가 순절한 충의공 조종도를 위시하여 13명의 충신이 배출되었다. 부친께서는 문중에 전승되어 내려온 '13충록'을 번역하여 발간하는 데 중요한 역할을 하셨다. 그 과정에서 충의의 중요함을 다시 한 번 깨달아 호국정신을 자녀들에게 교육하셨던 것이다.

그 외에 선조의 얼을 이어받아 독립운동을 하신 조부님의 영향도 있었다. 일제로부터 나라를 되찾고자 청년운동, 신간회 활동, 농민조합운동 등을 통하여 항일독립운동을 하시다가 울분으로 병을 얻어 젊은 나이에 순절하셨다. 조부님은 해방 전에 돌아가시면서 숱한 세월이 흐른 후에야 공적을 인정받아 독립유공자로 선정되셨다. 부친께서는 그 감격을 맛보지 못하고 돌아가셨지만 숙원이 이루어진 셈이다. 나는 이러한 과정에서 호국정신의 중요성을 인식하고 왜국에 대한 경계와 친일청산의 필요성을 절감하게 되었다.

남산산성과
중원고구려비

남산산성

중원 고구려비

나는 퇴근할 때 주로 탄금대를 많이 들렀다. 간간이 목행을 거쳐 남한강 줄기를 따라 차를 몰아 보았다. 충주댐을 옆으로 끼고 계명산 자락의 산길을 따라 마즈막재를 넘어 남산산성을 조망하기도 하였다. 드넓게 펼쳐진 사과 과수원 길을 따라 내려오며 도토리묵밥 한 그릇으로 저녁을 대신하며 드라이브를 즐기곤 하였다.

그런 가운데 나는 마즈막재와 남산산성을 자연스레 알게 되어 그곳을 수차례 답사하게 되었다. 남산산성에 오르려면 필히 마즈막재의 적당한 곳에 주차하여야 한다. 마즈막재라는 이름이 특이하여 그 유래를 알아보았다. 옛날 단양, 제천 등지에서 충주감영으로 압송되던 죄수들이 넘던 마지막고개로 자신의 운명도 마지막에 이르렀음을 한탄하는 데서 연유한다.

이 마즈막재 인근의 계명산 자락에는 1253이란 숫자가 새겨진 탑이 보인다. 근래에 세워진 '대몽항쟁전승기념탑'이다. 1253년 몽고의 4차 침입 때 승병장인 김윤후의 지휘 아래 민관군이 결사 항전했다. 처절한 70일간의 전투에서 승리한 공을 기리기 위해 세운 전승탑이다. 이러한 공으로 충주는 조정으로부터 '국원경'이라는 자랑스러운 칭호를 얻는다.

마즈막재를 사이에 두고 계명산과 남산산성이 마주하고 있다. 남산산성은 저 멀리 중앙탑, 달래강과 음성의 중원을 조망할 수 있어 더 말할 나위없는 역사 전망대인 셈이다. 임진왜란 때 문경새재를 넘어 풍동지역을 거쳐 달래강을 따라 충주로 진입한 소서행장의 군대와 탄금대전투를 벌였던 역사의 현장을 한눈으로 볼 수 있는 포스트이다.

사실 남산산성은 동서남북으로 진입하는 적대세력을 감시하고 방어하는 데 유리한 지리적 조건을 갖추고 있는 산성이다. 비록 임란이란 결정적인 전투에서 성곽보수와 물자 비축의 문제로 전략적 이점을 사장시켰지만 존재가치는 높았다고 할 수 있다.

남산산성은 충주산성이라 부르기도 한다. 문경새재나 하늘재로 넘어오는 적대세력을 1차로 대림산성에서 방어에 실패할 경우 충주 수성의 마지막 보루이다. 산성의 유래는 삼한시대 마고산성이란 이름이 있으나 본격적인 축성은 백제 근초고왕 때 이루어진다. 그 후 고구려 장수왕의 남하정책 때 빼앗기고 다시 신라 진흥왕이 최종적으로 차지한다.

처음 남산산성을 단독으로 답사하였을 때는 4월 초였다. 진달래와 산수유가 나뭇잎 대신 꽃잎을 먼저 밀어내어 봄의 전령으로 나를 맞이하였다. 마즈막재를 출발하여 반시간 정도 오르면 해발 600여 미터에 위치한 남산산성이 펼쳐진다. 2000년도에 탐방했을 때는 개축공사가 부분적으로 진행 중이었다. 군데군데 무너져 내린 석성의 흉터는 마고할매의 치아 같았다. 석성의 돌틈 사이에 진달래가 피었고, 산수유 향기가 그윽하게 퍼져 나갔고, 달래강 바람이 시원하게 얼굴을 쓰다듬어주었다.

남산산성은 일반적인 산성의 형태인데 크고 작은 둔탁한 부정형의 돌로 축성되었다. 삼국시대에는 전략적 요충지로 중요하게 활용되었으나 고려시대, 조선시대로 갈수록 그 역할이 미약해졌다. 조선시대에는 명색만 산성이지 산성의 보수와 방어의 준비가 이루어지지 않았다. 그래서 신립 장군이 남산산성을 통한 충주의 방어 대신에 탄금대전투로 승부를 걸어야 했던 고육지책이 이해가 된다.

내가 본 석성의 현상을 볼 때 삼국시대에 쌓은 원래의 성의 틀을 유지한 채 보수하여 운용하였던 것으로 보았다. 현재 머물고 있는 돌들은 백제의 군졸과 백성의 피와 땀과 눈물이 점철된 한스런 결과물이다. 이 성을 빼앗은 고구려의 군졸과 유민들의 노고가 스며 있고 뒤이어서 신라의 노력이 배어 있는 삼국각축의 산증인이다.

나는 최초로 쌓은 백제의 군졸과 백성의 한에 대해 생각하고 산성을 일주하면서 그 시절로 돌아가 보았다. 삼국시대 초기에는 남한강 유역을 지키기 위해 충주만 하더라도 남산산성을 비롯하여 대림산성과 장미산성 등을 축성하였다. 가구의 수와 인구가 얼마 안 되는데 얼마나 백성들의 고통이 컸을 것인가. 고구려에게 이 지역을 넘겨준 백제의 한은 또 어떠하였겠는가. 축성을 위한 도구가 제대로 개발되지 못한 시대에 험준한 산세를 따라 돌과 흙을 나르고 쌓고 다지는 일이 얼마나 고통스러웠을까. 돌에 다치고 깔리고 하여 부상을 당하고 생명을 잃는 일이 허다하였을 것이다.

그런 와중에 군역을 필하여야 하고 세금을 내어야 하는 현실이 얼마나 어렵고 한스러웠겠는가를 상상만 해도 아찔하다. 그들은 다른 선택이 없으니 숙명적으로 현실을 받아들일 수밖에 없었을 것이다. 오늘 살아 있는 것만 해도 다행이라 생각하고 욕심내지 않고 가족의 안위와 연명만으로 만족하며 살아갔을 것이다. 역경을 이기며 가난과 고통을 원망하지 않고 운명에 순응하며 살았던 양민들의 모습이 아련히 떠오른다.

산성의 주인은 백제에서 고구려로 또다시 신라로 바뀌었지만 성의 위치와 주민도 충주에 그대로 있다. 반복된 쟁탈의 역사는 한갓 패권을 지향하는 소수의 위정자에게 중요하지 단일민족의 후손인 민초들에게는 의미 없는 변화의 한 부분일 뿐이다.

남산산성에서 내려오는 길은 역사의 현장에서 느낀 상념에 젖어 있었으므로 나도 모르게 마즈막재에 도착하였다. 차의 시동을 켜니 천여 년 전으로 거슬러갔던 역사기행의 환상에서 벗어난다. 춘삼월의 냉정한 찬바람을 맞고 현실로 돌아와 정신을 차려서 사택으로 향했다.

나는 남산산성을 들러보고 그 시절 민초들의 처절했던 한을 한 편의 시조로 적어 보았다.

남산산성

저 멀리 남한강가 중원을 내려보며
천년을 지켜왔던 삼국의 굳센 보루
이끼 긴 석성 조금씩 무너져 내리네

탄금대 슬픈 사연 수백 년을 지켜보고
한강을 차지하는 전략적 요충지가
백제땅 고구려 땅이 신라에서 합해지네

무수히 할퀴고 간 전장의 상흔 안고
무너진 석성 사이 진달래가 만발했네
무거운 층석 하나둘 누구 땀으로 날랐나

부산지역 발령으로 이임을 앞둔 2001년 1월에 충주를 대표하는 해발 700여 미터의 계명산을 무작정 오른 일이 있었다. 그 날은 짐도 꾸리고 마음의 정리도 할 겸 다소 일찍 퇴근하였다. 그간 정들었던 사택 뒤편의 사과 과수원이 펼쳐진 계명산 자락을 그냥 두고 떠나기가 아쉬웠다. 그래서 생수 한 통만 들고 뒷산을 가는 데까지 가보자는 식으로 오르기 시작하였다. 5분, 10분, 20분, 30분 조금씩 욕심내어 오르니 어느덧 8부 능선까지 이르게 되었다. 날도 어두워지기 시작하여 안전상 그만두어야 정상인데 발걸음은 나도 모르게 자꾸 정상 쪽으로 이끌려가고 있었다.

　간혹 나의 의지와 상관없이 이유 없는 끌림에 육신을 맡길 때가 있다. 그것은 인연의 끈이 나의 정신을 일시적으로 지배하여 의미 있는 만남으로 안내함을 나중에서야 알아차린다.

　온몸은 흠뻑 젖었고 간간히 생수로 목을 축이며 정상으로 수렴해 나갔다. 1시간가량을 오르니 정상에 도달하였다. 그곳에서 마즈막재를 경계로 우뚝 서 있는 남산산성을 대할 수 있었다. 남산산성에서 계명산을 보았던 전번과는 반대 입장에서 서로를 관찰하는 기회를 가지게 되었다. 계명산 정상에서는 남산산성에서 볼 수 없는 새로운 정경이 펼쳐졌다. 바로 눈앞의 충주호와 저 멀리 월악산과 문경새재 방면의 주흘산과 조령산을 희미하게나마 조망할 수 있었다.

　계명산을 오름으로써 충주를 대표하는 역사의 현장과 산을 모두 답사하는 수확을 거두게 되었다. 한 1년 더 머물다 가고 싶었지만 한 장의 인사발령서는 떠나기를 강제하고 있었다. 마지막으로 남겨두었던 계명산을 오르니 어느 정도 완성된 역사 문제의 답안지를 제출할 수가 있었다.

내가 충주에서 탄금대 다음으로 많이 탐방한 곳이 남산산성, 중앙탑, 중원고구려비이다. 탄금대를 흘러온 남한강은 장미산성을 감돌며 가금의 중앙탑에 이르러 유속을 줄이며 쉬어간다. 충주에는 삼국시대에 각축전을 벌였던 역사적 자취가 여러 곳에 남겨져 있다. 그 흔적 또한 백제, 고구려, 신라시대에 걸쳐 다양한 모습으로 존재하고 있다. 먼저 남산산성을 비롯한 장미산성은 한강을 선점한 백제가 최초로 축성하여 운영하여왔다. 고구려의 장수왕이 남진정책을 펼쳐 백제로부터 이런 산성들을 빼앗아 충주를 전략적 요충으로 키우는데 중요한 역할을 하였다. 후일에 신라의 북진정책으로 밀리게 된 고구려가 잃어버린 역사현장이기도 하다.

그런 역사를 대변하듯 가금면에는 중원고구려비가 있고 그 옆에는 삼국통일을 상징하는 중앙탑이 버티고 서있다. 장수왕은 대륙의 중원진출에 장애가 되는 남한강변 지역을 장악하기 위해 남진정책을 펼친다. 한반도의 중원지역을 장악하여 백제와 신라의 배후세력을 무력화시켜 대륙 진출의 후환을 없애려는 정책이다. 고구려가 충주까지 내려왔다는 역사적 사실이 최근에 밝혀져 학계를 떠들썩하게 하였다. 그것은 중원고구려비의 발견에서 비롯된다.

가금면의 한 마을에 있는 개울에서 빨래판으로 사용하던 길쭉한 자연석에 비문이 희미하게 새겨져 학계에 접수되었다. 정밀 분석한 결과 그 연호가 고구려 장수왕 때라는 것이 규명되었다. 내가 찾아가 관찰한 중원고구려비는 통구의 광개토왕비와 비교할 수 없는 작은 규모의 비석이었다. 그것에 담고 있는 내용은 중원 진출의 원대한 포부를 천명하고 있었다.

그런데 중앙탑은 중원고구려비와 지근거리에 우뚝 솟아 있어 묘한 대조를 이루고 있었다. 이 중앙탑은 한반도의 중심자리라는 표시이기도 하고 삼국통일의 상징이기도 하다. 그것이 중원고구려비와 인근한 지점에 건립된 점은 의도된 것인지 우연인지 알 수 없지만 시사하는 바가 있었다. 즉, 신라는 고구려 세력을 온전히 몰아내고 남한강 유역의 주인이 되어 삼국을 통일하였다는 선포의 뜻이라고 여겨진다.

이제 남한강 강물은 목계나루를 거쳐 여주의 이포나루로 향해 단종의 자취를 찾아 내려간다. 나는 중원고구려비를 답사하고 이포나루로 가는 길목에 신경림 시인의 시비가 있는 목계나루터를 찾아가 보기로 했다.

내가 중원고구려비를 답사하고 중원진출의 원대한 꿈을 이루려는 고구려의 기상을 한 편의 시조로 적어 보았다.

중원고구려비

장수왕 행적 담아 중원을 노래하며
수천 자 새긴 뜻을 고이 간직 품에 안은

풍상에 닳은 얼굴을 알아보기 힘드네

천년을 개울가의 빨래판이 되어서
새긴 역사 지워져 흔적까지 아련하나
숨겨진 원대한 포부 우뚝 서서 말하네

북방의 통구에서 여기까지 달려와서
드높은 기상 안고 남방으로 가려다가
멈춰선 세월을 안고 역사 속에 잠드네

목계장터 시인을 찾아서

목계장터 시비

귀천 찻집

목계장터 시비가 있는 곳에는 그 옛날의 시인이 그렸던 나루터의 자취와 정서는 사라지고 없었다. 높은 제방과 유속을 잃은 밋밋한 흐름의 강물만 만날 수 있었다. 그 당시에 목계장터의 박가분을 파는 방물장수도, 새우토장국 끓이는 주막도, 냇가에 구르던 잔돌도 보이지 않았다. 간간이 부는 잔바람이 강둑의 들풀들을 춤추게 하고 하늘에는 예나 다름없이 흰 구름이 바람에

밀러 강물처럼 흘러가고 있었다.

아래는 목계나루터에 세워져 있는 신경림 시인의 시 「목계장터」의 장시 일부를 옮겨보았다.

목계장터

하늘은 날더러 구름이 되라 하고
땅은 날더러 바람이 되라 하네
　　…중략…
아흐레 나흘 찾아 박가분 파는
가을볕도 서러운 방물장수 되라네
　　…중략…
민물 새우 끓어 넘는 토방 툇마루
　　…중략…
하늘은 날더러 바람이 되라 하고
산은 날더러 잔돌이 되라 하네

신경림 시인하면 또 다른 시인의 얼굴이 떠오르는데 그분이 바로 천상병 시인이다. 신경림 시인이 쓴 『시인을 찾아서』라는 책 속에서 순진무구한 동심의 세계에서 노닐다가 저세상에 간 천사의 마음을 가진 시인을 나도 찾았다.

그가 쓴 시 중에서도 「귀천」을 자주 암송하며 시인의 맑고 아름다운 시심을 느끼곤 했다. 세월이 갈수록 그 시가 주는 의미는 심장하기만 하여 그 속에 깨달음의 진리가 함축되어 있음을 알았다. 가혹한 권력의 고문 속에서 심신이 폐인의 지경에 이르렀는데도 분심을 표출하기는커녕 세상을 달관한 아름다운 시를 쓴다. 이 세상에 내려온 것을 소풍에 비유하며 '돌아가서도 잘 지내고 왔다고 말하리라'는 그의 마음은 정녕 천사가 아니고서야 표현할 수 없는, 득도의 경지에 이른 선언이다.

"나 하늘로 돌아가리라/ 새벽빛 와 닿으면 스러지는/ 이슬 더불어 손에 손을 잡고,"로 시작하는 이 시는 다시 "나 하늘로 돌아가리라/ 노을빛 함께 단 둘이서/ 기슭에서 놀다가 구름 손짓하면은,"으로 시심을 고조시키면서 마지막 연에서 "나 하늘로 돌아가리라/ 아름다운 이 세상 소풍 끝내는 날/ 가서, 아름다웠더라고 말하리라……"라고 이 세상살이를 아름다운 소풍이라고 말했다.

한세상을 살다 가는 것을 한나절의 소풍을 마치고 본래의 자리로 돌아가는 여정이라고 말하는 시인의 생사관은 깨달음 그 자체이다. 깨달은 사람은 원망도 용서도 없이 모든 걸 고맙게 생각한다. 자신에 대한 가해를 깨달음에 이르게 하는 방편으로 보기 때문에 용서 자체도 성립할 수 없는 것이다. 천상병 시인은 삶의 관망자가 아닌 주인공으로 살아갔기에 한 번뿐인 이 세상에의 출현을 고마운 소풍이라고 주저 없이 말하는 것이다.

2017년 12월에 나는 서울에 들른 길에 인사동의 예술인 골목을 찾아갔다. 한겨울의 초저녁은 귀가를 서두르는 직장인과 술집 출근을 시작하는 한량들의 발길이 교차하고 있었다. 도회를 벗어나 저녁밥을 먹고자 귀가하는 이들과 밥 대신 술을 찾아가는 이들의 생체 시계는 반대로 흐른다.

인사동 골목은 서로 반대편에 있는 빌딩 숲과 한옥이 대조를 이루면서 공존하고 있었다. 피자 대신 파전이, 맥주 대신 막걸리가 술상을 장식하며 손님을 끌어들이고 있었다. 호객행위도 없으며 오직 단골손님들이 한정된 주머니 사정에 맞추어 몇 집을 순례하는 코스다.

나는 골목으로 들어서서 발걸음이 가는 대로 목적지 없이 눈에 띄는 간판을 구경하며 오랫동안 걸었다. 몸이 쉬어가자고 신호를 보내는 순간 먼발치에 '귀천'이라는 간판이 눈에 들어왔다. 바로 천상병 시인의 안식처이자 놀이터이던 '귀천'이었다. 슬며시 문을 열고 문턱을 넘어서니 두 분은 보이지 않고 다소 젊은 여인이 나를 반겼다. 두 분은 이미 세상을 떠나 귀천하셨으니, 시인의 처제 되시는 분이 귀천을 가리지 않고 손님을 맞고 있었다.

나는 들어서서 벽면의 메뉴판을 보았는데, 그분이 좋아하던 막걸리는 없고 전통차만 적혀 있었다. 나는 차를 마시러 온 게 아니라 막걸리를 찾아왔는데 아쉽기만 하였다. 어쩔 수 없이 짧은 시간 시인의 체취를 느끼고 나서 다시 문지방을 넘어섰다.

귀천이란 간판에는 천상병 시인의 천진스런 모습이 그려져 있었다. 귀천이라는 말의 의미는 다양한 것 같다. 하늘로 돌아가는 것인가? 귀하고 천함을 떠나고 오히려 천함을 귀하게 여김인가?

다시 골목 안을 거닐며 막걸리 한 사발 마실 술집을 찾았다.

멀지 않은 거리에 엎어지면 코 닿을 데에 특이한 상호의 간판이 눈에 들어왔다. '여자만'이란 주점이다. 입구에 간판에 대한 설명이 적혀 있었다. "정치 이야기도 안 되고, 종교 이야기하지 말고, 오직 여자 이야기만 하자, 그래서 여자만."이라고 말이다.

흥미를 돋우는 간판에 끌려 술집 안으로 들어섰다. 메뉴판의 주된 안주는 꼬막 요리였다. 꼬막무침, 꼬막파전이 그러했다. 나는 홀로 갔기에 한적한 탁자에 자리를 잡고 앉아서 꼬막파전에 막걸리를 시켰다. 남자 주인이 꼬막파전과 양은 주전자에 서울 장수막걸리를 차려 주었다. 객지의 주점에서 혼자 막걸리 잔을 주욱주욱 비워나갔다. 한 30분 동안 분위기를 음미하며 마시니 조금씩 취기가 발동한다. 술 취한 사람에게 특유한 주정과 객기가 슬금슬금 발동하여 경계수위까지 도달하였다.

막걸리 한 주전자를 더 시키면서 주인장에게 상호가 독특하다고 이야기를 붙여본다. '여자만'이라는 상호의 유래를 물어보니 뜻밖의 답변을 한다. '여자만'은 여수에 있는 만(灣)으로 개펄에서 꼬막, 낙지, 조개류 등이 많이 잡히는 실재하는 이름이란다.

시간이 흐르자 나와의 대화에서 벗어나 서서히 밖으로 시선이 옮아갔다. 그제야 건너편의 긴 탁자에 한 무리의 주객들이 소담을 나누고 있음을 알아챘다. 대부분이 중절모와 벙거지, 챙이 달린 모자를 쓰고, 수염을 기른 공통점이 발견되었다. 간간이 들리는 그들의 대화 소리와 고성 속에서 그들이 예술인들임을 알아차렸다. 일행은 나보다 나이가 좀 들은 60대 후반이나

70대 초반의 중노인들이었다. 간간이 30대, 40대의 청년들도 섞여 있어 스승과 제자들의 혼합모임으로 짐작되었다.

먼저 온 그들은 술이 취하자 자리를 2차로 옮기는지 일어서기 시작했다. 그들 중의 한 분이 혼자서 마시는 나에게 다가와 자신들의 술을 한 잔 권했다. 나도 한 잔을 권하고 통성명을 하고 명함을 교환하였다. 그 순간에 명함을 얼핏 보았는데 내려오는 열차에서 다시 유심히 살폈다. 그들은 이름 있는 화가, 사진 작가, 도예가, 음악가들이었다. 그런 인연으로 SNS에서 지금까지 그들과 소통하고 있다.

이러한 예술인들의 공통점은 자유분방한 삶을 좋아하고 금전에는 소홀하다는 점이다. 직업이 그러하니 돈과는 거리가 멀고 버는 족족 서로 어울려 소진하며, 음주를 통해 호방함을 뽐내고 괴로운 세속으로부터 도피하는 면도 없지 않다.

시인다운 시의 구절이 불현듯 생각난다. 다음은 천상병 시인의 시다.

오늘 아침을 다소 행복하다고 생각하는 것은
한 잔 커피와 갑 속의 두둑한 담배
해장을 하고도 버스 값이 남았다는 것

이 싯귀 속에서 시인이 가난함을 원망하지 않고 오히려 고마워하는 안빈낙도의 경지를 느낄 수 있다.

천상병 시인은 막걸리를 좋아하여 밥 대신에 수십 년간을 주

식으로 삼았고 떠날 때까지 주선의 경지에서 노닐다가 갔다. 천
상병 시인과 막걸리 하면 생각나는 나의 친구가 있다. 그는 막
걸리와 끽연으로 나와 함께 세상을 논하는 마산에 사는 김 교수
이다. 나와는 대학교 때부터 알게 되어 인생을 폭넓게 부담 없
이 편안하게 이야기하는 사이이다. 항상 만날 때마다 막걸리 집
에서 오로지 막걸리와 파전, 두부김치와 같은 토속안주로 시간
가는 줄 모르고 이야기꽃을 피우곤 한다. 그가 천상병 시인의
「귀천」을 한 글자도 틀리지 않고 암송하는 것을 보니 그 시가 주
는 의미에 깊게 매료되었다는 생각이 든다. 시인이 좋아하던 막
걸리와 끽연 습관도 그를 추모하는 마음에서 자연스레 닮아갔
다고 본다.

　나는 옛 자취를 찾을 수 없는 목계나루터 언덕에 서서 남한강
의 바람에 실려 밀려오는 구름의 기이한 형상을 역사의 발자취
에 비추어서 한 편의 시로 적어 본다.

풍운이 그린 그림

달래강 바람이 중원을 감싸고 불어오니
서쪽 먼 하늘에서부터 구름이 몰려와
수천 년 역사 속에 잠긴 얼굴을 그린다

저무는 초가을 저녁 고적한 탄금대에 서니
남한강변 들녘에 오백년 전 함성이 들려서

문득 허공을 바라보니
한 폭의 수묵화가 그려져 있네

강바람 타고 몰려오는 오색구름은
말 달리는 팔천 군사가 되기도 하고
중원을 달리는 고구려 벽화가 되기도 하니
끊임없는 파노라마가 되어 역사의 필름 돌리고 있네

길손 끊긴 목계나루터 시비 앞에 서니
한 줄기 강바람이 나그네 얼굴을 때리니
그때서야 머나먼 상상의 여정을 접는다

바람은 화가의 손길인가
오색 빛깔 구름을 몰아
마음이 흘러가는 대로
역사의 그림을 그리고 있네

나는 충주시절에 평일이나 주말에 여기저기를 많이 돌아다녔
다. 주로 퇴근 무렵에는 남한강변을 따라 목행을 거쳐 충주댐으
로 가거나 엄정을 지나 천등산의 박달재를 둘러보기도 하였다.
다시 남한강으로 차를 몰아 여주 방면으로 나가서 앙성의 능암
온천을 다녀오기도 하였다.

연고 없는 객지생활의 밤은 외로움의 감방이기도, 자유의 보

금자리이기도 하였다. 지나치는 길의 경치 좋은 곳에서 도토리 묵밥 한 그릇에 막걸리 한 잔을 곁들이곤 했다. 남한강 강바람에 취기로 홍건히 젖은 얼굴을 식히는 동안 흐르는 강물에 젖은 석양을 바라보며 역사의 발자취를 호흡하기도 했다. 그러다가 현대로 되돌아와 권태응 시인의 「감자꽃」 시와 신경림 시인의 「목계장터」 시의 일부를 읊조리는 등 풍월에 젖어 보기도 하였다.

이와 같은 퇴근에 뒤따르는 여정을 마무리하고 돌아온 사택은 '도시 속 유배지'와 같은 느낌이 들었다. 하지만 지루한 일상에서 새로운 만남이 있었다. 그것은 아침저녁으로 KBS충주방송국에서 간간이 흘러나오는 권태응 시인의 「감자꽃」이었다. 그 시가 낭송되면 짧은 시 속에 숨은 깊은 뜻을 느끼곤 하였다. 다음은 권태응 시인의 「감자꽃」이다.

감자꽃

자주 꽃 핀 건 자주 감자
파 보나 마나 자주 감자

하얀 꽃 핀 건 하얀 감자
파 보나 마나 하얀 감자

권태응 시인의 「감자꽃」은 순수한 동요 같기도 동시 같기도 하다. 한편으로는 민족의 동질성과 사필귀정의 순리를 대변하는 항쟁의 의미가 물씬 풍기기도 한다. 일제강점기의 창씨개명에 맞서 부당성을 고발하고 있다고 한다.

　나는 권태응 시인의 「감자꽃」을 자주 암송하다가 나도 모르게 또 다른 감자꽃에 대한 시상을 떠올려 한 편의 시조로 적어 보았다.

감자꽃

감자꽃 피어있네 새파란 꽃잎 안고
한 조각 씨알 속에 새순이 돋아났네
끈질긴 너의 생명은 주먹만큼 커가네

감자꽃 피어있네 비탈진 계단밭에
가뭄에 목말라도 꿋꿋하게 자라가네
언젠가 집에 돌아올 아버지를 그리며

감자꽃 피어있네 조그만 텃밭 위에
잡초가 침범해도 의젓하게 살아가네
다시 올 봄 기다리며 하늘 보며 웃고 있네

김시습과
다산의 만남,
양수리

양수리는 남한강과 북한강이 만나 하나로 합쳐지는 두물머리이다. 다산 정약용과 매월당 김시습의 사연이 만나는 현장이다. 남도로 유배 간 다산은 양수리 건너편의 남양주 조안면 능내리에서 태어나고 묻혔다. 김시습은 설악산의 오세암에서 수행하며 분심을 달랬다. 그 사연이 백담계곡을 따라 흘러와 이곳 양수리에서 다산의 이야기와 만난다.

나는 다산을 찾아가는 남도기행을 하여 다산초당과 일지암을 찾기도 하였다. 고부를 찾아가 녹두장군의 자취를 더듬어 보기도 하였다. 설악산을 등정하며 봉정암에서 추억을 만들고 오세암에서 설잠의 이야기를 만났다. 그런 여정에서 남도의 끝자락에 맺힌 다산의 한을 끌어와 설악계곡을 흘러온 김시습의 한과 함께 묶어 양수리에서 풀어 헤쳐 보았다.

다산을 찾아가는
남도 기행

강진 다산초당

양수리 두물머리

태백산에서 발원한 냇물은 정선, 영월, 단양, 제천, 충주를 거쳐 내려오며 남한강을 이룬다. 금강산에서 흘러오는 화천강과 설악산에서 내려오는 소양강이 만나서 북한강이 된다. 양수리는 남한강과 북한강이 만나는 두물머리이다. 이름처럼 양쪽에서 내려와 합수하는 지역이란 뜻이다. 산에서 빗물이 산록의 경사를 따라 갈라지는 분수령과는 반대의 개념이다.

양수리는 갈라진 인연이 다시 한데 만나 어우러지는 뜻도 내포하고 있다. 우주의 만물은 지수화풍이란 4대(大)로 구성되어 생성하고 소멸하면서 대자연을 끊임없이 순환한다. 그런 순환 물질에는 물이 대표적이라고 할 수 있다. 똑같은 냇가와 연못에서 태어난 물이 한나절 오후의 뙤약볕에 증발하여 하늘을 여행하다가 비구름이 되어 태백준령에 부딪힌다. 그 분수령을 타고 한쪽은 동쪽으로 흘러 낙동강물이 되고 한쪽은 서쪽으로 흘러 남한강물이 된다. 그러다가 남해와 서해로 각각 방향을 틀어 길게 헤어지기도 한다.

그러한 물의 흐름은 회자정리의 이치이자 동시에 이자정회의 인연설을 따르는 결과라고 할 수 있다. 양수리에서 만난 물은 잠시 헤어진 아쉬움을 재회의 감격으로 보상받는다. 그동안의 여정에 대해 서로 이야기를 나누면서 저 망망한 서해로 어우러져 내려간다.

모든 만물은 동체로서 변화무상한 현상에 의해 구별될 뿐이다. 헤어짐도 만남의 일부요, 만나면 다시 헤어져야 하는 자연의 섭리에 따른다. 어디 하나의 강물이 이것저것으로 구분되어 있던가. 기나긴 벨트처럼 하나로 연결되어 쉴 새 없이 아래로 흘러가고 있지 않은가. 내 것과 네 것을 구분 짓기 좋아하는 인간 세상사가 그렇게 이름을 지어 여러 개의 강 이름이 등장하게 된 것이다.

강물은 자연의 섭리에 의해 순환하고 낮은 곳으로 임하는 겸손한 성질을 갖고 있다. 결국은 바다라는 거대한 용광로에서 다양한 성질의 혼탁한 독소를 배출하고 녹인다. 그런 후에 다시 청순하고 청정한 성질로 되돌아가는 화해와 융합의 장에서 모든 것을 초월한 대자연을 이룬다. 흘러온 강물에는 애절한 사연과 지워지지 않은 한의 눈물이 섞여 희석되어 있다. 강물은 수많은 이야기와 한을 끊임없이 실어 날라 종국에는 그 모든 것을 중화하고 용서하는 화합의 바다로 항행하는 것이다. 이와 같이 양수리는 만남과 헤어짐을 그 지명에 품고 있는 합리적인 지명이다.

양수리의 한강물은 여러 이야기를 싣고 만남의 장으로 오늘도 도도하게 흐른다. 우선 양수리 인근에는 다산 정약용 선생의 생가와 묘소가 있어 민생구제의 포부와 연민의 정이 함축되어 흐른다. 그리고 설악산 오세암의 매월당 김시습의 방랑의 흔적과 백담사 만해 한용운 선생의 우국충정의 염원이 어우러져 내려온다.

내가 다산을 처음 만나게 된 것은 2004년으로 거슬러 올라간다. 그 당시에 혼자 여행하는 습관이 깊게 배어 방방곡곡의 명승과 고적을 찾아다녔다. 특히 남도의 풍류와 역사적 자취를 찾아 순천의 송광사와 선암사, 여수의 향일암, 영암 월출산, 목포 유달산, 광주 무등산, 나주 영산포, 해남 두륜산, 담양 소쇄원, 고창 선운사 등을 탐방하기도 하였다.

그중에서 강진의 다산초당과 두륜산 대흥사의 일지암이 특히 인상 깊었다. 그곳은 다산 정약용의 유배의 한과 민초를 향한 뜨거운 목민의 정이 녹아 흐르고 있기 때문이다. 다산의 주변에 초의선사와 추사 김정희 같은 민중을 사랑하고 풍류를 아는 인사들의 자취가 배어 있기에 더욱 그러하였다.

2004년 2월의 일요일 아침에 서부산터미널에서 목포행 시외버스를 타고 강진에서 내려 다시 시내버스로 다산기념관 앞에 내렸다. 2월은 겨울철인데도 남도의 햇살은 부드럽고 따사로웠다. 완만한 경사의 산야는 곡선의 아름다움을 펼치며 평안한 마음을 갖게 하였다. 다산기념관을 둘러보고 산길을 오르니 길섶에는 동백나무가 거대한 군락덤불이 되어 도열해 있었다. 철을 맞은 동백꽃은 핏빛처럼 붉게 주위를 불 지르고 있었다. 기력을 다한 일부 동백꽃은 꽃잎이 아닌 목채로 뚝뚝 떨어져 길섶을 슬프게 장식하고 있었다.

초입부터 애절한 판소리와 대금 산조처럼 슬프고 목이 메어지는 건 웬일까? 다산의 구도자와 같은 인종의 삶과 민초를 향한 사랑이 절규하는 그의 유배지가 가까이 있었기 때문이다. 그는 연고 없는 남도에 와서 남도사람이 되어 민초에 대한 사랑을 글을 통해 대변하는 등 체제에 은근히 항변한 선비였다.

다산기념관에서 초당으로 오르는 길은 짧고 완만하여 금방 도착할 수 있었다. 초당은 '다산초당'이라는 추사 김정희의 친필 당호가 걸려 초가가 아닌 기와삼간을 이루고 있었다. 앞뜰에는 조그만 연못이 조성되어 연꽃과 부평초가 띄워져 있었다. 대나무 통을 통해 물을 끌어들인 다산의 소박함과 청정함이 연상되는 정경이 편안하였다.

다산 정약용은 어떤 사람이며 왜 그는 생면부지의 연고도 없는 이곳 남도까지 오게 되었는가? 그는 경기도 남양주군 조안면 출신으로 학문을 좋아하고 건축에 재능을 발휘하기도 하였다. 정조시대에는 수원에 화성을 설계하고 기중기를 개발하여 성벽공사를 성공적으로 수행했다. 그러나 자형인 이승훈이 천주교 신자로 세례를 받은 사실이 발각되면서 불운한 인생이 시작된다. 이승훈은 처형되고 셋째형 약종은 곤장형으로 죽고, 둘째형 약전과 함께 유배형에 처해진다. 형 약전은 흑산도로 가고, 다산 본인은 이곳 강진으로 오게 된 것이다.

그는 유배생활 중에 체제에 항변하는 은유적 시와 글로 혹독한 세금과 부역으로 고통 받는 민초의 삶을 고발한다. 불후의 저서인『목심심서』에는 관의 횡포에 신음하는 백성들의 비참한 실상이 잘 나타나 있다. "시골 한 농가의 재산이라고는 강아지 꼬리만 한 수수 한 다발과 추녀에 매달린 강냉이 서너 자루가 전부이고, 갓 낳은 송아지는 없는 아들의 군역에 대한 군포를 핑게 삼아 끌고 가버리고, 남은 것은 놋쇠 숟가락 몇 개와 무쇠솥이 전부이다."라는 표현이 있다. 세금과 군역에 대한 관의 횡포는 극에 달하여 민생은 도탄에 빠져 있었음을 미루어 짐작할 수 있다.

그러한 민초의 고통과 참상을 결코 외면할 수가 없어 농심을 달래주고 모순된 제도를 혁파하려는 저서들을 남겼다. 국가가 해야 할 개혁의 내용을 담은『경세유표』, 지방관리가 목민관으로서 올바르게 해야 할 행정지침인『목심심서』, 형벌제도의 문제점을 지적하여 민간의 억울함이 없도록 한『흠흠심서』등 1표

2서와 문집인『여유당전집』을 지술하였다.

　이와 같이 다산은 선비이자 시인이었으며 저술가이자 사상가였고 행정가이자 기술자였다. 이러한 훌륭한 저술들은 유배지에서 느낀 적나라한 민생의 상황을 객관적 입장에서 바라본 안목에서 비롯된 것이다. 역사적으로 훌륭한 인물이 많이 있지만 나는 다산 선생을 무척 존경한다. 그의 청정한 인품을 흠모하고 애민정신과 민생개혁의 의지를 높이 평가한다.

　다산이 저술로써 민생을 정신적으로 구제하였다면 경주 최부자와 거상 김만덕은 재물로써 극빈계층을 구휼하는 자선을 베풀었다. 경주 최부자는 300년에 걸쳐 만석꾼의 부를 형성하여 소작농민에게 적절하게 분배하고 과객에게도 침식을 제공하며 아름답게 부를 유지한 가문이다. "사방 백 리 안에 굶어 죽는 사람이 없게 하라."는 민초를 위한 선과 자비의 극치를 보여주는 대표적인 가훈이다. 최부자는 춘궁기에 굶주리는 양민들을 위해 식량창고 옆에 조그마한 구멍을 내어 필요한 만큼 곡식을 가져갈 수 있게 하였다. 곤궁한 자의 자존심을 지켜주며 베푸는 배려심을 보여주었다.

　역대 최부자 중 한 분은 가뭄으로 농사를 망친 농민들이 굶주리고 정처 없이 유랑하는 것을 안타까이 여겼다. "양민들이 굶주려 죽어 가는데 나 혼자 잘 먹으면 그게 무슨 행복인가."라는 말을 하여 최부자의 궁극적인 재산형성의 목적과 정신을 엿볼 수 있다. 이러한 최부자의 정신은 후대로 전승되어 마지막 최부자인 최준 선생은 백산 안희제를 통해 독립자금을 수시로 보냈다. 광복 후에는 전 재산을 교육사업에 기부하여 아름다운 부의 마무리를 하였다.

그런가 하면 거상 김만덕은 제주의 기생 출신으로 본토와 상거래를 하여 모은 재산을 극빈의 민초들을 위해 아낌없이 희사하였다. 그의 이름처럼 만덕을 베푼 대덕보살이라고 부르고 싶다.

나는 '존경을 받는 자'와 '존경을 하는 자' 중에서 어느 누가 더 행복한가에 대해 생각해 보았다. 존경을 하는 자가 존경을 받는 자보다 더 행복하다고 나름대로 생각한다. 존경을 함으로써 마음이 정화되고 편안해지며 존경하는 인물의 행적을 좇아가는 과정이 보람 있고 행복한 여정이라고 여기기 때문이다.

그렇다면 '사랑받는 자'와 '사랑하는 자'는 누가 더 행복한가의 물음에 대한 답도 이와 같으리라. 사랑하는 것은 주는 것이다. 준다는 것은 보시행으로 그 속에 희열이 넘쳐흐른다. 흔히 짝사랑이 진짜 사랑이라고 하는 말이 이해가 된다. 우리는 사랑하며 베푸는 삶에서 진정한 행복을 찾아야 할 것이다.

나는 서라벌의 달빛처럼 자애롭고, 탐라의 향기처럼 부드러운 최부자와 김만덕의 깊은 민생사랑을 보고 느낀 소회를 한 편의 시조로 적어본다.

달빛처럼 향기처럼

선대가 내려 주신 깊은 뜻 가훈 따라

기근에 창고 열어 약한 목숨 구하니
사방을 두루 비추는 반월성에 뜨는 달

파도마저 옥죄는 감옥 같은 탐라도에
바람에 돌 날리 듯 힘든 삶 살아가는
만인의 목숨을 구한 만덕 베푼 향기여

   다산초당의 마루에 걸터앉아 선생의 200여 년 전의 행적을 그리워하며 사색에 잠겨본다. 저술 작업에 매진하던 선생의 모습이 선연히 떠오르며 뜨거운 민생사랑의 눈빛과 마주친다. 다산초당을 벗어나니 '동암'이라는 현판이 있는 정자가 보인다. 솔바람이 시원하여 일명 '송풍루'라고 한다. 다산은 주로 이곳에서 기거하며 저술에 매진하였다. 동암을 뒤로 하며 나아가니 아름다운 정자 하나가 강진만을 내려보며 서 있는데 '천일각'이다.

   다산은 하루 일과를 솔바람이 부는 송풍루에서 독서와 저술에 대부분의 시간을 보낸다. 천일각에서는 간간이 저 멀리 서해의 흑산도에서 유배생활을 하고 있었던 약전 형님을 그리기도 하였으리라. 자산 정약전은 절해고도인 흑산도에서 어민들에게 어업에 관련한 정보를 제공하고 어족자원에 대한 자료를 집대성하여 『자산어보』를 저술했다. 형제 모두가 농어민을 위한 저술활동과 연구에 전념하여 유배의 한을 애민의 정으로 승화시켰다.

   나는 천일각을 뒤로하고 오솔길을 따라 인근에 있는 백련사로 향하였다. 이곳의 백련사는 고려시대의 불교정화운동인 원묘대사의 백련사결사로 유명하다. 이는 근세의 성철, 향곡, 서암스님의 봉암사결사와 비슷한 맥락의 불교정화운동이다.

다산은 강진에 유배 온 이후에 서서히 인근의 선비와 스님과 유랑객을 만나게 된다. 외롭게 지내던 그에게 위안을 주고 저술활동에 영향을 미친 중요한 인물들이 많다. 대표적인 인물로 백련사의 혜장스님과 대흥사 일지암의 초의선사, 추사 김정희 선생을 들 수 있다. 다산은 초당과 백련사 사이의 800미터 오솔길을 오가며 혜장스님으로부터 다도를 배우고 차의 참맛을 터득하게 된다.

백련사는 예전에는 만덕사라고 하였으며 뒷산은 만덕산인데 차의 원산지로 기록되어 있다. '다산'도 그러한 차의 원산지인 만덕산을 연관하여 붙여진 이름이다. 만덕산 주변은 온통 동백나무와 차나무가 빽빽이 들어서 있었다. 간간이 잘 자란 소나무가 솔바람을 일으키며 함께 어우러져 화합의 부드러움으로 남도의 향기로 번져나가고 있었다.

다산은 이곳 백련사의 혜장스님과 차를 통해 친하게 지내면서 수없이 산길을 따라 왕래하곤 하였다. 다산은 혜장에게 아암이라는 호를, 혜장은 정약용에게 다산이라는 호를 지어주며 서로는 유학과 다도로서 영향을 끼치게 된다. 다산은 혜장스님이 조제하여 보내온 차가 동이 나자 간절한 소를 올린다. 유배에서 쇠약한 심신을 회복하고 맑은 정신을 유지시켜주는 차에 대한 예찬을 펼쳐 차를 보시해 줄 것을 간청하는 걸명소이다.

혜장신사 다음으로 다산에게 영향을 끼친 중요한 인물로는 초의선사가 있다. 혜장은 다산의 인품과 학문의 경지에 매료되어 후배인 초의에게 소개한다. 초의는 다산으로 하여금 유배지의 현실을 인연처럼 수용하여 마음의 안정을 얻게 한다. 세속의 나이는 한참 어렸지만 후학양성과 저술활동에 몰입토록 했던 스승 같은 존재였다. 그리고 초의가 해남 대흥사 일지암으로 옮겨간 후에도 왕래하며 시절에 대한 평가와 민생구제에 대한 폭넓은 의견을 나누기도 하였다. 다산과 초의는 서로에게 영향을 주고받는 천생연분의 만남의 장을 이곳 강진과 해남에서 열게 된 것이다.

다산초당을 돌아보고 백련사와 일지암을 오가던 다산선생의 마음을 읽어 보면서 적어놓았던 글을 올려본다.

다산 초당 (1)

남도의 외로운 강진골 산마루에
다산초당 이름 붙여 홀로 섰는 초가삼간
송풍루 바람을 안고 백련사로 통하네

일지암 초의선사 떠도는 추사 선생 함께
저 멀리 흑산도의 자산 형님 그리던 곳
남도의 향기 찾아온 나와 함께 만나네

이네가 유배온 건 운명인가 인연인가
던져진 운명이라 사명으로 승화시켜
길고도 깊은 사색은 민생등불 밝혔소

다산초당 (2)

어이하여 천릿길 타향으로 왔는가
그 무슨 죄가 있어 이곳으로 왔는가
하늘이 큰일 시키려 선택되어 왔는가

막막한 현실 앞에 두문불출 하다가
정신을 가다듬고 주변을 살펴보니
그에게 맡겨진 일이 태산처럼 쌓였네

유학이 불법 만나 어진 마음 자비되고
백련사 오고 가고 일지암 드나들며
남도의 등불이 되어 민생구제 했다네

송풍루 부는 바람 청량한 선비정신
마음을 갈고 닦아 깨달음을 이루어서
기구한 운명이지만 스스로를 완성했네

고산과 다산,
녹두장군을 찾아서

두륜산 능선

일지암

나는 직장 퇴직 후인 2006년 5월에 다시 다산의 자취를 찾아
2차로 남도를 여행하였다. 여행코스는 해남과 완도를 탐방하고
강진을 거쳐 돌아오는 일정이다. 해남은 고산 윤선도의 유배지
로 이름이 나있고 완도는 이름 모를 많은 선비가 유배된 지역이
다. 한양에서 멀리 떨어진 남도와 바다의 섬은 함경도의 산간
유배지에 못지않은 1급 귀양지로 평가받고 있다. 다산보다 앞

서 고산 윤선도가 해남 보길도에서 유배생활을 하였고 이후 다산이 강진에서 유배생활을 하게 된다.

이왕에 남도를 갔으니 풍류와 맛과 취흥을 돋워야 제격이기에 해남의 천일식당에서 떡갈비 정식에 진도 홍주를 곁들였다. 그러자 유배지의 한을 한 잔 술로 승화시켜 그것을 기폭제 삼아서 저술에 몰입하였을 고산과 다산 두 선생의 모습이 떠오른다.

이튿날 완도를 일주하고 청해진을 돌아보며 두륜산의 대흥사 일지암을 찾았다. 대흥사 입구에서 전개되는 숲길은 절의 역사만큼 길고 여유로웠다. 숲길 따라 흐르는 계류는 청정하고 부드러운 물소리를 남기며 어디론가 흘러가고 있었다.

일지암은 대흥사 뒤편에 위치하여 동다송으로 유명한 다도의 원조인 초의선사가 주석하던 암자이다. 이곳으로 다산 선생과 추사 김정희 선생이 초의선사가 조제한 차를 맛보기 위해 모여들었다. 일지암은 한 그루 소나무처럼 오직 일편단심으로 초심을 유지하며 일심으로 구도정진하는 출가승의 수행 자세를 상징한다. 오로지 한 가지의 차를 만드는 기술을 계승하며 청정하고 담백한 한 가지의 맛을 내는 차의 정신이 살아 숨 쉬고 있었다.

일지암에 오르니 저 아래로 대흥사가 한눈에 내려다보이고 위로는 남도 아낙의 관능적인 둔부처럼 두륜산의 부드러운 능선이 전개되어 있었다. 두륜산은 남도의 명산인 광주의 무등산, 담양의 추월산, 영암의 월출산, 고흥의 팔영산, 승주의 조계산 등과 함께 그 품 안에 가람을 열어 민초의 시름과 눈물을 씻어

주고 있다.

내가 방문한 그날의 일지암 선방에는 후세의 초의스님이 찻잔을 운행하며 후일의 다산과 추사를 만나 소담을 나누고 있었다. 나는 그분들의 해후의 정담을 끊지 않기 위해 풍경소리를 뒤로 하며 다음 행선지로 발길을 재촉했다. 오는 길에 고산 윤선도 선생의 고택을 방문하였다. 다산보다 먼저 유배 와서 후배 선비에게 새로운 의욕과 희망을 심어준 고산 선생의 영정에 머리 숙이며 남도기행을 마감했다.

이처럼 나는 남도기행을 통해 다산을 찾고 고산을 만났다. 지난 세월이 야속하지만 『목심심서』나 『어부사시사』는 유배가 없었다면 탄생하지도 못할 뻔하였다. 개인의 불운이 승화하여 후세의 행운으로 이어지는 역사의 아이러니가 아닌가 싶다.

2005년 봄에 나는 무심코 배낭을 짊어지고 서부산터미널로 갔다. 그즈음 남도를 답사하는 맛에 깊이 빠져든 상황이었다. 군산을 다녀오고, 강진과 목포도 다녀오며 남도를 유랑하던 시절이었다. 평소에 한에 관심이 많았던 터라 동학농민혁명의 본거지인 고부를 찾아 녹두장군의 유적지를 방문하고자 하였다. 학창시절까지 동학란이라고 일컬었고, 수많은 혁명은 민란 또는 폭동으로 치부되어 왔다.

먼저 전봉준 장군의 생가를 방문하였다. 생가는 초가집으로 당시 민생의 비참함을 대변하듯 앙상한 뼈대가 겨우 지탱하고 있는 슬픈 풍경을 연출하고 있었다. 다시 이동하여 황토현 전적지를 탐방하고 기념조형물을 감상하였다. 나는 두 역사현장을 보고 생가복원과 조형물 설치는 철저한 고증으로 역사의 얼을 승화시켜 화려하고 웅장함보다도 소박하고 장엄하게 표현하는 게 맞지 않나 생각해 보았다. 나는 동학혁명의 현장에서 역사의 흐름에 잠시 마음을 되돌려 보았다.

고부군수 조병갑의 만석보 수리세의 과중한 부담과 부역 등으로 민생은 극도로 피폐해졌다. 조병갑은 무소불위의 풍양 조씨 세도를 뒷배로 무차별적인 수탈을 자행한다. 참다못한 농민들은 동학교도를 중심으로 봉기의 횃불을 올렸다. 근원적인 봉기의 요인은 봉건체제의 혁파를 통한 개혁의 요구였다. 동학농민운동이라 명명되지만 갑오농민혁명이라고 할 수 있다. 가담한 대부분은 천민, 중인, 농민 등이 주력을 이루었다.

이것은 민란이 아닌 하늘의 명령이며 정의의 표출이다. 인내천이라는 동학정신이 잘 대변해 주고 있지 않은가. 메마른 들풀들은 한 개비의 불씨로 남풍에 의해 무섭게 번져 나갔다. 춘궁기에 보리쌀 한줌도 없이 초근목피로 연명하던 민초들은 주린 배를 움켜쥐고 의분의 혈기만으로 뛰쳐나갔다.

그들은 왜적에 맞서 임란을 이겨낸 구국전사들의 후예로서, 이번에는 폭정에 반발하여 나라를 상대로 궐기한 것이다. 국가를 대하는 협력과 투쟁의 양면성이 민심의 속성이 아니던가.

황토현 전투에서 대승을 하고 전주관아를 점령하여 조정으로부터 집강소 설치라는 개혁을 보장받고 일단 해산한다. 그러나 청일전쟁이 발발하자 동학군은 한양으로 진격하기 위한 2차 봉기를 하게 된다. 조선병탄의 야욕을 드러낸 일본군에게 선세적으로 타격을 가하자는 김개남의 주장이 일부 반영된 것이다. 조정은 관군의 힘이 부치자 국내에 주둔 중이던 일본군의 힘을 빌어 진압작전을 펼치게 된다. 일본의 야욕을 간파한 동학군과의 건곤일척의 승부가 펼치지게 되는 상황이 되었다. 또 다른 세기의 임란이라 여기고 계급장 없는 장군의 지휘 하에 궐기한 것이다.

그러나 시작은 고귀했으나 결과는 비참하였다. 죽창과 농기구를 든 농민군은 신식 병기로 무장한 일본군의 상대가 되지 못했다. 연발 소총과 기관총을 죽창과 단발 화승총이 대결한 결과는 예정된 것이다. 농민군은 공주의 우금치 전투에서 대패하여 주력군은 괴멸되고 나머지는 뿔뿔이 흩어졌다. 동학군 2인자였던 열혈남아 김개남은 은신 중에 밀고로 체포된다. 전라감사 이도재에 의해 전주관아에서 즉결처분으로 목이 날아간다. 연이어 녹두장군 전봉준과 대접주 손화중도 부하의 배신으로 붙잡힌다. 두 분은 한양으로 압송되어 모진 심문을 받고 형장의 이슬로 사라진다.

민초를 위해 일어선 세 사람 중의 한 분은 친구의 밀고로, 두 분은 그렇게 사랑하고 믿었던 민초들에게 붙잡히는 기구한 운명의 소유자가 된다. 그렇지만 봉기의 순수한 뜻은 온전하였으며, 단지 개화에 반감을 가진 일부 선비계층에 의한 민초 속의 독초를 이용하여 자행된 비극적인 결말이다. 역사의 현장에는 어김없이 배신과 밀고의 그림자가 등장하는 것은 웬일인가? 선과 악, 빛과 어둠에는 지울 수 없는 그림자가 동반하니까 어찌하랴!

"새야 새야 파랑새야 녹두밭에 앉지 마라. 녹두꽃이 떨어지면 청포장수 울고 간다."라고 이때 불리던 민요처럼 녹두장군은 한 송이의 서글픈 꽃이 되어 떨어지고 만다. 그러나 한 떨기의 떨어진 녹두꽃은 결코 시들지 않고 역사의 숨결로 남아 있다. 정의를 위해 목숨을 바친 수만 명의 민초들은 억새풀처럼 쓰러져 후대의 밑거름이 되어 오늘에 환생하고 있지 않은가. 이름 없이 불의에 항거한 죽음이 폭도로 오명을 뒤집어썼지만 역사의 판정은 의거로 바로잡아 주었다. 그 이름을 알리렴이 아니요 부귀를 누리려는 의도도 없는 순수한 의분의 뜨거운 피가 자랑스럽기만 하다.

남도는 서편제 판소리의 고장이며 예향으로 불리지만, 그 부드러운 정서 뒤에 숨어있는 투혼은 불같이 강렬하였다. 나라가 어려울 때 분연히 일어서서 구국의 피를 흘린 역사의 발자취는 누대를 걸쳐 전승되어 오고 있다. 임진왜란에서 피를 뿌린 김천일, 고경명, 김덕령 등과 같은 의병장들의 구국정신은 오늘날까지 이어져 오고 있다. 그들은 들풀처럼 이름 없고 힘없는 민초였지만 불의를 대할 때는 들불처럼 매섭게 일어나 목숨을 바쳐 한의 무덤에 몸을 던짐으로써 구국의 혼을 불러일으키지 않았던가. 한스런 죽음은 숭고한 구국정신으로 승화하여 기필코 역사의 한 페이지를 장엄하게 수놓았다.

2013년 12월 말 청계천 변에서 정순왕후가 영원한 작별인사를 나누며 단종을 건너보낸 영도교를 방문하였다. 또 시간을 내어 다산 정약용과 매월당 김시습의 맺힌 한이 남한강과 만나는 양수리를 찾았다. 지리적 접근의 어려움으로 다산 선생의 묘소가 있는 남양주 조안면 능내리는 방문하지 못했다. 인근의 양수리역에서 내려 남한강과 북한강이 만나는 두물머리를 찾아 한의 흐름과 만나보고자 하였다.

동묘역에서 지하철을 타고 청량리에서 환승하여 양평행 도시철도로 양수리에 내렸다. 이제 경기도와 서울은 지하철과 광역도시철도로 연결되어 한강 물줄기처럼 하나가 되어 흐른다. 코레일 도시철도 열차는 유유히 거침없이 한강을 거슬러 덕소, 팔당을 거쳐 양수대교를 건너 양수리역에 도착하였다.

지금껏 양수리는 청량리와 부산을 오갈 때 지나치기만 하였기에 새로운 만남에 설렘도 있었다. 두물머리 산책로에서 저 멀리 보이는 이름 모를 섬에서 남한강과 북한강이 합쳐짐을 짐작하였다. 어느 지점에서 정확히 만나는지는 알 수 없었고 그 의미도 없었다. 영월의 덕포 합수머리에서 동강과 서강이 만나듯이 양수리에서 한강이 온전히 하나가 된다.

잔설이 쌓인 두물머리에서 바라보는 한강의 흐름은 거대하고 도도하였다. 우리나라의 권력과 부의 핵심이자 인재의 산실인 서울을 위하여 한강은 흘러간다. 민족의 영산인 태백산과 그리운 북녘 땅의 금강산, 그리고 설악산 산록에서, 남상(濫觴)의 샘물이 모여 천릿길을 흘러 유역을 적시며 서울로 모인다. 수질도 오염됨이 없이 청무우 잎처럼 맑고 싱싱하여 수도 서울을 위해 상수원의 역할을 훌륭히 수행하고 있었다.

청류가 깨끗함을 유지하지 못하고 어찌 때 묻은 탁류가 되어 버리는가? 그것을 오염이라고 한다. 정신적으로는 초심을 지키지 못하고 변하는 것을, 물질적으로는 잡다한 성분이 섞여 혼탁해지는 것을 말한다. 정신적으로는 변절이요, 물질적으로는 환경오염이다. 신의를 지켜 청정한 정신을 유지하고, 환경을 보전하여 건강한 생태계를 지켜내야 할 것이다. 깨끗한 물에 갓끈을 씻는 청정한 선비정신처럼 한강을 깨끗하게 지키는 시민정신이 필요하다. 탁족이 아니라 탁영을 할 수 있도록 맑음을 유지해야 한다.

유역의 주민들이 서울을 위하여 한강을 오염시키지 않고 잘 보존하는 것은 상선약수의 선을 행하는 것이라고 본다. 무슨 인정과 보상을 바라지 않는 무조건적인 선한 삶을 실천해야 한다. 권력의 핵심이자 역사적 사건의 진원지인 서울의 주민은 한강의 고마운 흐름의 이면에 숨겨진 한의 발자취에 깊은 관심을 가져야 할 것이다. 지금은 역사의 뒤안길에 잠들어 있는 인물들에 대한 재평가와 결자해지의 화해가 필요한 때이다. 나는 강 건너 조안면 능내리에 있는 다산의 묘소를 그리며 답사의 발길을 돌린다.

다음은 남도를 탐방하고 두륜산의 일지암에서 초의선사와 다산 선생, 추사 선생의 발자취를 더듬어 적은 글이다.

일지암 (1)

정든 고향 떠나서 이름마저 버리고
출가의 비밀 안고 속세를 등졌건만
찾아온 새로운 인연 차마 끊지 못하네

강진의 다산 선생 유랑하는 추사 선생
백리천리 달려오니 선사는 다기를 풀어
남도의 외로운 밤을 동다송으로 달래네

기근에 허덕이고 탐관에게 짓밟혀 온
민생의 불심지를 일심으로 돋우니
선승의 염원이 모여 두륜산을 밝히네

일지암 (2)

한 그루 소나무가 길게 뻗어 나가지만
가지는 여럿이나 뿌리는 하나라네
초록의 풀잎을 입고 홀로 섰는 일지암

설록의 찻잎 따서 가마솥에 덖고 덖어
모습은 변했지만 맑은 향을 담았고
뜨거운 물을 만나니 활짝 펴는 옛 모습

진리도 하나이고 차맛도 하나이니
영원히 변치 않는 일심의 경지까지
선사는 다기를 풀어 다선삼매 이끄네

설악산과
김시습의 만남

오세암

백담사

나와 설악산과의 인연은 청소년 시절인 1975년 여름으로 거슬러 올라간다. 대학 재학 중에 군입대 영장을 받고 전국여행을 하면서 설악산을 한번 등산하고 싶었다. 군대는 대한민국 남자라면 병역의 의무로 꼭 다녀와야 하는 과정이다. 사적인 행동이 극도로 제약받으며 3년이란 긴 세월을 불평하지 않고 보내야만 한다. 그러한 생소한 환경에 던져지기에 마음도 정리할 겸 설악산을 다녀오기로 한 것이다. 등산에 필요한 최소한의 장구와 복장을 갖추고 부산에서 강릉행 열차로 그곳을 찾아갔다.

설악산 입구인 양양의 낙산사를 순례한 후 걸어서 동경사 본부가 있는 물치를 거쳐 설악동에 도착했다. 형편에 맞게 민박집에서 숙박을 하고 다음 날 아침 일찍이 산행을 시작하였다. 배낭에 들어있는 건 알콜 버너와 코펠 그리고 비상식량인 라면, 우천에 대비한 판초우의가 전부였다. 그 당시는 배낭에 코펠, 버너만 있으면 그런대로 구색을 갖춘 등산 준비물로 인정받았다.

8월 한여름이었지만 설악동은 시원하였고 골바람이 간간이 불어와 산행하기에는 제격이었다. 신흥사를 거쳐 천불동계곡으로 진입하여 한참을 올라가니 양폭포에 도착했다. 설악동의 대표적인 폭포로 권금성의 토왕성폭포, 내설악의 대승폭포와 더불어 설악산계곡을 지배하는 폭포로 이름나 있다.

그곳에서 취사 중인 중년 등산객 일행이 혼자서 라면을 끓이고 있는 내 모습을 지켜보고 있었다. 험난한 설악산을 등반하는데 한창 먹어야 할 나이에 라면으로 점심을 때우려는 내가 안쓰럽게 보였던 모양이다. 자기 일행에게 데려가 잘 차려진 점심을 제공해 주어 또 다른 만남은 시작되었다. 그들은 서울에서 설악산을 등반하려고 내려온 의사 팀이라고 짐작이 되었다. 직업을 소개해서 알았던 것이 아니라 나누는 대화에서 짐작이 갔다. 그들은 봉정산장에서 일박을 하고 중청봉을 거쳐 오색으로 내려가는 산행계획을 잡고 있었다. 나보고 어디까지 가느냐 하고 물어 단지 설악산 정상을 가며 초행길이라고 대답하였다. 혼자 가면 위험하니 가는 데까지 같이 가자고 하여 그들의 따뜻한 제안을 받아들여 동행을 하게 되었다.

양폭포를 떠나 천당폭포를 오를 때 정말로 아찔하고 간담이 서늘하였다. 손끝에 저려오는 전율은 머릿속을 맴돌던 숱한 잡념을 일순간에 털어 내버렸다. 오직 안전을 위해 단 하나의 생명줄을 잡은 듯이 집중하게 만들었다. 긴장도 공포도 집중하게 되면 그 순간은 번뇌망상으로부터 해방되는가! 어느 면으로는 그 순간이 행복할 수 있다는 것을 처음으로 느꼈다.

봉정암에 도착하니 오후 3시경이 되었다. 일행은 나에게 어떻게 할 거냐고 묻기에 혼자서 대청봉을 다녀올 작정이라고 말하였다. 패기와 의욕은 인정하지만 초행길인데 비박장비 없는 상태에서는 위험하다고 만류하며 자기들과 같이 행동하자고 나를 달랬다. 그분들은 이방인을 스스로 끌어들여 또 하나의 짐이 되는 번거로움을 자초하였다. 나는 마지못해 그들의 요청에 따르는 행운을 거머쥐게 된 것이다.

처음 보는 봉정암은 기이한 암벽 곁에 세워진 단청이 퇴색된 고적한 암자이었다. 지금에는 엄청나게 변모했지만 그때는 법당과 요사채로 구성된 단출한 모습을 하고 있었다. 옆에는 설악산관리소에서 운영하는 봉정산장이 있어 다소 덜 외롭게 보였다. 그렇게 나는 봉정암과의 첫 인연을 맺게 되었는데 그 후에 두 번 더 다녀오고 숙박까지 하게 된다. 그때가 5대 적멸보궁의 첫 순례가 된 셈이었다. 서울에서 온 의사 일행은 나에게 첫 인연을 제안한 도반이었고 봉정암과의 만남은 부처님의 가피였다고 믿는다.

이튿날 일행은 중청봉에서 독주폭포를 거쳐 오색으로 무사히 하산하여 설악산 등산을 마무리하였다. 오색에 내려와서 다 함께 무사 산행을 자축하며 막걸리를 곁들여 저녁식사를 하게 되었다. 나는 너무 신세만 지는 것 같아서 그들의 만류에도 불구하고 값비싼 안주 대신에 막걸리 몇 병으로 값으로 매길 수 없는 그들의 은혜에 보답하였다.

지금도 그분들이 보내온 봉정암에서 찍은 빛바랜 사진 한 장 속에서 그들의 얼굴을 본다. 36년간 잊고 살아온 나에게 자비가 무엇인지 가르쳐 준 고마운 도반과 같은 처사분들이다. 내가 60이 넘었으니 아마 그들은 70대 후반의 백발성성한 노년의 모습을 하고 있을 것이다. 서울 어디선가 인생을 맑고 향기롭게 살아가고 있을 것을 믿어 마지 않는다. 그때 통성명은 하지 않았지만 영철아, 성순아 하는 말이 기억난다. 이름은 한갓 분별의 도구일 뿐이라 생각하며 마음속에 살아 있는 그 고마운 사람들에 대한 추억을 깊이 간직하게 되었다.

이렇게 시작한 설악산과의 인연은 그때부터 20여 년이 지난 2000년도에 다시 이어져서 백담계곡을 따라 또 한 번 더 봉정암으로 등정했다. 거기에서 매월당과 만해를 조우하게 된다. 백담계곡에는 백담사와 영시암, 오세암 등의 사찰과 암자가 있다. 수많은 등산객과 탐방객이 거쳐 가지만 한의 발자취를 읽고 역사를 반추하는 사람은 얼마나 되는지 알 수 없다. 대부분 김시습 선생이 한때 설잠이란 법명으로 수도하였고 한용운 선생이 『님의 침묵』이란 시집을 집필했던 곳 정도로 알고 있을 것이다.

설악산록에서 발원한 큰 물줄기는 봉정암을 거쳐 수렴동계곡을 따라서, 또 다른 한줄기는 오세암을 거쳐 가야동계곡을 따라 백담사로 모여든다. 먼저 오세암은 김시습 선생에 대한 이야기가 용아장성처럼 얽혀 있고 그의 한이 백담계곡 물줄기처럼 길고 깊게 형성되어 있다.

오세신동이었던 김시습은 세조가 왕위를 찬탈하고, 복위를 주도하던 사육신을 처형하고 마지막에 가서는 단종마저 관풍헌에서 사사하자 실성한다. 천륜을 저버리고 인륜을 배반한 세조와 한명회 등의 권신들과 한 하늘 아래서 살아 갈 수 없다며 절망했다. 분노와 한이 맺힌 가슴을 달래기 위해 전국을 방랑한다. 경주의 남산 용장사와 공주의 마곡사 등을 떠돌며 말년에는 주로 오세암에서 수도하였다.

그의 단종에 대한 충정과 애모의 모습은 전국 곳곳에서 찾을 수 있다. 영월의 청령포에서, 그리고 경주 남산(금오산)에서, 계룡산의 동학사 숙모전에서, 노량진의 노들고개에서, 한강 강변의 압구정에서 그의 자취를 만나게 된다. 성삼문, 박팽년, 하위지, 류성원, 유응부, 이개 등은 육신(肉身)이 죽어서 충성을 다하여 사육신이 되었다. 김시습, 원호, 조여, 남효온, 이맹전, 성담수는 권력의 무상함을 절감하고 강호에서 은둔하며 살다갔기에 생육신이라고 칭하고 있다.

김시습은 뛰어난 시적 감각과 표현력으로 역리에 대한 분노와 인생사의 불공정을 표출한다. 강호를 오염시키는 주인공들의 정자를 찾아다니며 풍자와 해학의 파자시로 도배하였다. 보는 이로 하여금 역사의 아이러니를 느끼게 하고, 다른 한편으로는 대리만족의 카타르시스를 경험하게 한다. 그는 세조의 대표적인 권신인 한명회에 대해 과격한 저주의 감정을 표출하였다. 한강변의 압구정과 삼척의 죽서루, 거창과 함양에 있는 한명회 찬양시가 걸린 정자를 찾아가서 현판을 떼어내 팽개치거나 천재적인 시적 재능으로 파자하여 공신을 역신으로 묘사하면서 울분을 삭이곤 하였다. 얼마나 울분을 주체할 수 없었으면 찾아다니면서 해코지 아닌 해코지를 하였을까.

그는 인간적인 고뇌와 상심을 견딜 수가 없었기에 일시적으로 불가에 귀의하여 반승 반처사가 되어 미친 자처럼 주유하였다. 왜 그는 탁월한 능력을 활용하여 출세의 길로 들어가지 않고 철저히 세조에 반항하며 야인으로 처신하였던 것일까? 그에게는 선비로서 삼강오륜을 생명처럼 귀하게 여기는 신조와 불의에 항거하는 의분이 충만해 있었기 때문이다. 기회에 편승하여 출세하려는 모신들의 사고를 혐오하였기에 선비라 할 수 없었던 그들과 한 시대를 같이 살아갈 수가 없었다. 한명회를 철저하게 모욕주고 변절한 김질과 신숙주를 백안시하였다. 김질을 밀고의 대표적인 인물로, 신숙주를 변절의 상징으로 묘사하여 '숙주나물'이라는 신조어가 만들어진다.

김시습은 왜 스님이 되었으며 한편으로는 미친 자처럼 유랑하게 되었을까? 대저 사람은 부당한 현실에 직면하게 되면 일시적으로 실망과 좌절을 겪지만 대부분은 현실을 수용하고 생업에 복귀하게 된다. 하지만 그 부당한 현실이 도가 지나치고 인류에 크게 위배된다면 정신적인 공황으로 의욕상실과 현실부정의 자괴감에 빠진다.

그 당시에 있었던 단종 폐위와 사육신의 참살, 단종의 사사와 시신 방치를 상상해 본다면 이해가 된다. 삼강오륜을 생명처럼 여기던 선비는 말할 것도 없고 일반 백성들마저도 모신들의 소행을 반인륜, 몰인정, 몰염치의 극치로 여겼다. 일반 선비와 민중은 소리 없이 현실을 운명처럼 수용하고 상처를 서서히 봉합해 나갔지만 유독 김시습만은 다른 행태를 보여주었다. 그는 현실을 도저히 인정할 수 없었고 그렇다고 해결할 방도도 없었다. 일시적으로 대자대비한 부처님의 가르침에 귀의하여 자신을 추스르고자 하였지만 뜨거운 피를 지닌 그는 쉽게 적응하지 못하고 또다시 방황하게 된다. 단종 살해의 충격이 너무 극심해 인간인 이상 이성적으로 감내할 수 없었기에 술과 기행과 파격으로 잊고자 하였던 것이다.

김시습의 출가 동기는 부조리한 현실을 수용 못하고 분노와 울화로 삶이 점차적으로 망가져 가는 자아에 대한 자기보호 의식에 있다고 생각된다. 진정한 출가의 동기는 인생무상과 생로병사의 고통을 청정보리심을 통한 깨달음으로 극복하고자 하는 데 있음이 일반적인 경우이다.

공자는 "천도는 공평무사하며 항상 선인의 편이다."라고 말했지만, 사마천은 현실은 그러하지 못하다는 것을 "천도는 있는 것인가, 없는 것인가?"라고 반문한다. 수양산에서 고사리로 연명하다 굶어 죽은 백이숙제와 공자의 걸출한 제자로 인(仁)을 완벽하게 실천한 안회가 쌀겨조차 없어 굶다가 요절한 것은 어떻게 착하지 않았기 때문일까? 매일 죄 없는 사람을 해치고도 호의호식하던 도척은 도대체 어떤 덕을 쌓았기 때문인가? 김시습도 비슷한 상황에 처해서 의문을 풀지 못해 절망하였다.

그와같이 유교의 가르침이 해답을 제시해 주지 못하자 김시습은 "악의 열매가 맺히기 전에는 악한 자도 복을 만난다. 그러나 악의 열매가 익었을 때 악한 자는 화를 당한다. 선의 열매가 맺히기 전에는 선한 이도 이따금 화를 만난다. 그러나 선의 열매가 익었을 때 선한 사람은 복을 받는다."라는 『법구경』의 구절을 만나 마음을 일시적으로나마 정리하였을 것이다.

나는 김시습의 행적과 구도를 향한 집념의 산실인 오세암을 만나게 되었다. 오세암의 유래는 여러 설이 있지만 역사적으로 조선 숙종조 때 어느 선사에 관한 이야기가 일반적이다. 한겨울에 다섯 살 난 동자를 혼자 남겨 두고 탁발을 나간 스님이 엄청난 폭설로 한동안 오세암으로 돌아오지 못한다. 눈이 녹은 초봄에 돌아와 보니 굶어죽었으리라 생각했던 동자를 관세음보살의 현신이 보살펴주었다는 것이다. 창건 때는 관음암이었으나 김시습이 머물고 오세동자의 이야기로 인해 언제부턴가 오세암으로 불리게 되었다.

나는 오세암에서 떠오르는 달을 보며 김시습 선생의 마음을 느끼면서 아래의 글을 적었다.

오세암의 달

천년의 비밀 안고 청봉에 두둥실 솟아
잘 깎은 스님 머리에 둥근달이 어리면
속세의 온갖 번뇌가 암자에서 잠드네

미칠 듯 분한 마음 풀어낼 길 없지만
천릿길 주유천하 이제사 마감하고
불전에 무릎을 꿇고 적정 속에 잠기네

고와도 인연이요 미워도 인연이라
찬탈의 슬픈 역사 오늘에사 바로 서니
분노를 스승님 삼아 나의 마음 깨치리

설악산과
3사순례길

봉정암 전경

봉정암 석탑

2000년 8월 말, 나는 부산교원불자회에서 주관하는 설악산 3사
순례에 참여하게 되었다. 백담사, 영시암, 오세암을 처음으로
만나게 되고 봉정암을 두 번째로 순례하게 되는 셈이다. 우리
가족은 교원불자회 일행과 함께 백담사를 거쳐 오세암에서 일
박하고 다시 봉정암에서 일박을 하게 된다. 마지막 날에 대청봉
을 밟고 수렴동계곡을 따라 하산하여 다시 백담사로 회귀한 경

험을 하였다.

설악산 3사순례는 등산과 여행과 순례라는 3가지를 갖추어 등산과 여행을 좋아하는 우리 가족에게는 색다른 기회였다. 육체적인 편안함보다는 정신적인 희열이 중요함을 깨우쳐주는 어려운 순례길이기도 하였다. 2박 3일에 걸쳐 아주 먼 거리를 일정에 따라 하루하루 소화해야 했다. 산사와 암자의 절제된 생활과 평등한 공양에서 불편함과 배고픔을 견뎌내야 했다. 무엇보다도 몰려든 순례객으로 수용능력의 한계에 따라 잠자리가 불편하여 신심으로 극복해내어야 했다.

마지막 숙박지인 봉정암에서의 고행은 극에 달하였다. 미역국 한 그릇에 밥 한 주걱을 말아 오이소박 몇 개로 끼니를 때우고 협소한 선방에서 칼잠으로 버티며 아침을 기다려야 했다. 그런 점에서 순례는 안락한 여행에서는 맛보기 힘든 절제와 금욕 속에서 얻어지는 정신적인 희열을 경험하게도 하였다.

불자는 탐욕을 버리고 남에게 자비를 베푸는 것이 기본이다. 서로는 역경 속에서 배부름을 추구하고 더 나은 잠자리 공간을 확보하기 위하여 이기심을 보이는 이율배반에 대해 나중에는 미안해하였다. 이처럼 이론적으로 알고 있었던 수행과 실천은 엄청난 괴리가 있으며 원초적인 욕망을 극복하기가 얼마나 힘드는가를 느끼게 하였다. 그래도 중생은 끊임없는 수행을 통해 깨달음의 경지로 진일보해 나간다는 것을 시사해 주었다.

마지막 날에는 봉정암에서 가파른 소청봉 길을 치고 올라서 정상인 대청봉을 밟았다. 동해의 푸른 바다와 수평선 위에 끼인

해무를 조망하고 내설악에 펼쳐진 공룡능선과 용아장성을 바라보니 여정의 고단함은 일순간에 씻겨졌다. 다시 봉정암을 출발하여 깊은 협곡을 따라 영시암을 거쳐 백담사로 되돌아 와서 순례를 마감하였다.

백담사에는 만해 한용운 선생의 영정이 진열되어 있었다. 최근에 전직 대통령 부부가 다년간 본의 아니게 묵은 거소가 무슨 역사적 성지인양 일반에게 공개되고 있어 설잠과 만해의 행적과 대비되는 모습도 목격하게 되었다. 절은 스스로 찾아와서 스스로 구해야 하는데 타의에 의해 머무름은 세월을 허송하고 참회보다는 분심만을 키우게 된다. 절을 정치적 유배지로 활용하는 것은 청정함을 훼손하는 어리석음의 소치라고 생각한다.

만해 선생은 어떤 사람인가? 출가하여 중생을 구제하고 나라를 구하기 위해 자신을 불살랐다. 〈님의 침묵〉이라는 시가 법문처럼 깊고 연서처럼 감미롭다. 님은 진리이기도, 조국이기도 하며, 연인이기도 하다. 득도를 향한 정진의 등불이며, 빼앗긴 들에 백마 타고 올 선구자이며, 속세에서 꽃피우지 못한 사랑이기도 하다.

그는 백용성 조사와 함께 독립선언문 33인의 일원이 되어 옥고를 치렀다. 출옥 후에는 성북동 심우장에서 살았다. 서대문 형무소에서 모진 고문으로 옥사한 일송 김동삼 선생의 시신을 수습하여 심우장에서 장례를 치러 주기도 하였다. 그는 평소 존경하던 일송의 시신 앞에서 일제의 잔인함에 치를 떨며 통곡하였다고 한다. 그는 구도의 길을 가는 승려이며, 민생의 아픔을 달래주는 시인이며, 조국 광복을 위해 일제와 싸운 애국지사였다.

그 후 나는 2004년 8월 또 한 번 교직에 있는 친구인 강 처사와 함께 3사순례를 하게 된다. 동행한 강 처사는 산을 무척 좋아하여 나와 함께 학창시절부터 지금까지 꾸준히 산행을 계속하고 있다. 유불선의 공통분모인 도를 실천하고 향유하고 있는 한도인(閑道人)의 경지에 도달한 분이기도 하다. 동기회 산악회의 기획산행이나 친구들 간의 자유산행 때 산을 많이 알아 가이드 역할을 자주 하였다. 안내하는 산도 명산고봉에서부터 평범한 야산까지 다양하였다. 특히 부산 근교산과 영남알프스의 고봉을 함께 많이 다녔다. 나의 태백산 최초 등반과 지리산의 삼신봉, 세석평전, 대성골, 토끼봉 등은 물론 남도의 선암사가 있는 조계산을 비롯한 전국의 명산을 두루 산행을 했던 산지기(山知己)이다.

그는 독특한 산행복장과 보행으로 깊은 인상을 남기기도 하였다. 바지는 잿빛 보살복에다 스틱 대신 나무 지팡이로 간결하게 무장하고 산행한다. 간다, 온다, 쉬자는 말도 없이 어지간한 것은 자율에 맡기는 배려로 자유를 보장해 준다. 가파른 고바위에서도 숨소리도 들리지 않은 것은 만행을 나가는 스님의 행보와 같기도 하였다.

우리는 백담사에서 일박을 하고 봉정암에서 다시 일박을 한 후에 마지막 날에는 대청봉을 거쳐 오색으로 하산하는 강행군을 하였다. 평소 말수가 적은 강 처사와 유서 깊은 백담사와 봉정암에서 이박을 하였다. 우리는 순례팀 중에서 아웃사이더이며 외로운 상황이었지만 스스로의 마음자리 정리를 위해 묵언의 미덕을 실천하였다.

3사 순례의 종착지인 오색온천에서 짧은 자유시간에는 황태찜에 소주를 곁들이며 묵언의 창을 열고 절제의 고행을 마감하였다. 선계에서 속계로 귀환한 것이다.

나는 세 번이나 봉정암을 다녀오고 거기에서 잠을 자는 부처님의 깊은 은덕을 받은 것에 대해 감사를 드린다. 백담계곡에서 만난 설잠과 만해는 시대를 초월하여 정의와 충절의 의미를 되새기게 하였다. 궁극의 깨달음을 위한 만행은 계속되어야 한다는 것을 백담계곡을 흐르는 물줄기가 가르쳐주었다.

나는 불심 어린 봉정암에서 숙박을 하며 고행 속에서 환희를 느끼며 적어놓은 글을 올려본다.

봉정암의 추억

일 년에 하루쯤은 그곳에 묵고 싶다
흰 구름에 세속의 찌든 때를 씻고
고요한 풍경소리에 흠뻑 젖어
하룻밤만이라도 희열을 맛보고 싶다

백담사는 너무 낮고 오세암은 중간이나

정상에서는 한참 멀다

소청봉 아래 용아장성에 기대선

깨우침의 8부 능선에 안주한 봉정암에 머물고 싶다

흰 구름이 대청봉에 걸려

상스럽게 귀때기청봉에 머무르니

봉정암 오층탑은 운무에 젖어있고

구름 속에 나는 어느덧 신선이 되어 노니네

어느 해 초가을 오세암을 거쳐 오르며

공룡능선 넘어 만난

천년 역사 안은 암자에서

팔베개 칼잠자며 맞은 새 아침을 추억한다

불편한 잠자리지만 힘든 산행의 피로는

깊은 잠을 이루게 하고

오이소박 미역국에 배는 고파도

수행승의 청정함을 함께 느꼈네

마지막 남은 힘과 의지를 모아

대청봉에 기필코 오르니

저 아래 암자는 봉황이 알을 품은 듯

아득한 성지로 보이네

함께 간 도반이 갈길을 재촉하여

허이허이 오색에 이르니

독주폭포 외로이 설악을 흐르고

백담사 범종소리가 한계령 넘어오며 나를 배웅하네

한의 종착지,
노량진

노량진은 태백에서부터 흘러온 한강의 강물이 서해로 진입하기 위
해 잠시 쉬어가는 곳이다. 노들고개에는 사육신의 묘가 있어서 노들
강변 민요에는 애처로운 사연을 담고 있다. 단종의 충신들과 세조의
모신들의 자취가 노량진과 압구정에 얽혀 있다. 강 건너 청계천변에
는 영도교가 있어 인연의 미묘함에 숙연해 지기도 한다.

나는 노들강변의 노래 속에 숨은 이야기를 노량진에서 찾아보았다.
사육신공원을 방문하여 충절에 고개 숙이며 의란 무엇인가를 사색
해 보았다. 압구정지를 찾아가 빌딩 숲에 파묻힌 한 승상의 영욕의
명암을 느껴보았다. 그리고 영도교를 찾아가서 정순왕후의 단종에
대한 그리움을 느껴보기도 하였다.

노들강변에
얽힌 사연

지하철 노들역   사육신 공원

양수리에서 남한강과 북한강이 만나 석자의 이름을 두자인 한
강으로 바꾼다. 물길도 한길로 되어 서진하여 팔당을 거쳐 광나
루를 지나 노량진으로 향한다. 노량진 노들고개에는 사육신의
묘가 있다. 이곳에서 한의 농도는 최고조에 이른다. 태백에서
출발하여 천릿길을 흘러온 강물은 이곳 노량진에서 맴돌다 어
디로 갈 바를 몰라 한풀이 한마당을 해야만 할 것 같다.

노량진의 옛 이름은 노들강변이다. 강쪽 절벽이 검은색을 띠어 붙여진 이름으로 절벽 위에는 노들고개가 있었다. 또 다른 이름은 '아차고개'라고 하였다. 사육신의 처형을 만류하는 상소문을 갖고 지방 선비가 한양으로 올라오던 중에 노들고개에 이른다. 이미 육신은 시신이 되어 노들강변에 던져진 상태여서 아차 늦었구나 하고 한탄하여 붙여진 이름이다.

우리의 민요 중에는 노들강변이라는 노래가 있다. 얼마나 구성지고 애절한지 남녀노소 할 것 없이 마음이 괴롭고 외롭고 서글프면 한 가락씩 뽑던 노래이다. 나는 노들강변의 가사 속에 숨겨진 또 하나의 한의 자취를 발견할 수 있었다.

이 민요의 가사는 근세에 신불출이 지었다는 설이 있다. 나는 조선조의 초기부터 전래되어 온 것이 아닌가 추측해 본다. 즉, 단종과 사육신의 비극적 운명을 노들강변의 가사에 담아 그들의 충정을 기리고 한을 달래었다고 본다.

그 가사의 첫째, 둘째 소절에서는 노들강변의 경치를 인생살이에 비유하여 표현하였다면 마지막 소절은 노들고개에 묻힌 사육신의 한을 노래한 것이리라.

"~노들강변 푸른 물 네가 무삼 망령되어~ 재자가인 아까운 몸 몇 명이나 데려갔나~ 에헤여 네가 진정 마음을 돌려서~ 이 세상 맺힌 한이나 두둥실 실어서 가거라~"

이 가사를 풀이해 보면 노들강변에 버려진 사육신의 죽음을 꾸짖는 것으로 보인다. 가해자인 세조와 권신 한명회 등을 지칭하여 직접적으로 표현할 수 없어 강물로 은유했을 수 있다.

너희들이 무슨 망령이 들어 아까운 목숨을 빼앗았는가 하고 질책한다. 진정으로 참회하여 노들강변에서 떠나지 못하고 소용돌이로 맴도는 원혼을 달래서 서해로 모셔가거라 하는 의미가 아닐까.

우리의 민요에는 자연을 노래하는 듯해 보이지만 세태를 풍자한 것들이 많다. 조정과 권신들의 잘못을 우회적으로 비판하고 강자보다는 약자의 편에 서서 사회정의를 대변하고 있다. 나는 '노들강변'이라는 노래에 이러한 역사적 의미가 내포되어 있는 듯하여 그 노래에 많은 관심을 가지게 되었다.

노량진의 사육신묘가 있는 노들언덕과 당산철교가 지나는 노들강변의 백사장에서는 알 수 없는 그리움이 일어나는 것을 발견하였다. 옛날에는 한강물 위를 한강철교가 지나고 그 선로 위로 증기기관차가 기적을 울리면서 검은 연기를 내뿜으며 달렸다. 경부선과 호남선 열차가 함께 오르내리기도 하였다. 지금은 KTX열차가 1시간에 몇 번씩 지나가고 있다. 하지만 그 옆의 노들강변에 얽힌 사연을 알고 한강물을 대하는 승객이 과연 얼마나 될는지 알 수 없다.

내가 노량진의 사육신묘를 처음 방문한 것은 2010년 12월이었다. 한겨울이어서 영하의 날씨가 한강물을 살얼음판으로 만들고 차가운 강바람이 길손의 발걸음을 재촉하던 저녁 9시경이었다. 서울에 출장을 와서 다음 날까지 일정이 잡혀 있어 하루를 유숙하여야 했다. 저녁에 출장업무를 본 곳이 방배동이라서 사육신묘를 답사해야 하는 나로서는 우연의 일치인지 기묘하게 조우하게 되었다. 그곳에서 가까운 거리에 사육신의 묘가 있다는 것을 듣고 무척 의미 있게 생각하였다.

저녁 식사를 마치고 노량진의 학원가를 지나 사육신묘역에 당도하였다. 노들언덕 위에 조성된 사육신의 묘역은 위대한 충절에 비해 소박하고 간결하고 협소하였다. 그렇게 조성하는 것이 옳을 것이다. 그들의 일편단심은 소복처럼 정결하고 오직 한 길로 향하고 있었기에 무슨 장식과 수식이 더 이상 필요할 것인가. 그들 충신은 말 그대로 진실 자체로 삶을 살았기 때문에 그렇게 조성되어 있어도 괜찮다. 하지만 개발의 미명으로 자꾸만 쪼그라드는 묘역은 눈먼 장님이 된 채 고립된 섬처럼 갇혀 있었다. 묘역을 포위해 들어오고 있는 고층빌딩과 아파트촌이 한줌의 햇빛마저도 시간을 정해 허락할 것만 같았다. 물질이 정신을 앞서가고 실리가 명분을 누르는 경제지상주의 체제 아래서 살아가는 현실에서 탓할 수 없으리라.

성삼문을 위시한 사육신의 묘는 평범한 시골 선비의 묘처럼 별다른 장식도 없이 상석과 묘비명만이 누가 무덤의 주인공인가를 가르쳐주고 있을 뿐이었다. 마음 같아서는 소주를 한 잔 치고 싶었지만 문이 잠겨 들어갈 수가 없었고 역사적으로 너무 유명하신 분들이셔서 마음속으로 기리고 말았다.

사육신묘에 묵념하고 내려오는 길에 묘역 담장 벽면에 쓴 추모시를 발견하였다. 함석헌 선생의 글이었는데 그 글은 씨알의 소리가 되어 합창하고 있었다. "사육신이 죽지 않았던들 우리가 의를 알았겠는가." 하며, 의를 위해 죽었기에 의가 영원히 살아 있다고 소리치는 내용이었다. 사육신은 죽어서 충의를 실천하였고, 생육신은 살아서 절의를 지켰다. 그 선택의 길은 삶과 죽음으로 달랐지만 의를 목숨보다 귀하게 여긴 점은 공통점이었다.

사육신의 죽음은 조선의 선비정신에서 의의 중요함을 일깨웠다. 그들의 죽음이 없었다면 의는 실종되어 정신적 암흑기로 수백 년을 허송하였을 것이다. 그리고 풍속은 타락하여 염치를 모르고, 기회주의가 팽배하여 인간성과 정의를 상실한 사회가 되었을 것이다.

사육신은 충과 의를 위하여 육신이 찢어지고, 담금질을 당하고, 독배로 숨이 막혀 죽었다. 그러나 죽음으로 저항하여 지켜낸 의는 수백 년이 지난 오늘까지 빛나고 있다. 사람에게는 고결한 인간성이 있으며 그중에서도 가장 돋보이는 것이 의일 것이다. 이것은 불의를 참지 못하고 목숨을 바쳐 정의를 지켜내려는 굳건한 믿음에서 나온다. 그러니 신앙처럼 깊고 원초적 욕망보다 강렬한 것이 의라고 할 수 있다. 역사적으로 수없이 발생한 민란과 봉기는 그것을 증언하고도 남는다. 비록 실패하여 주모자는 역적으로 처형되고 가담자는 역도로 몰려 죽임을 당했지만 그들의 용기는 장엄하고 거룩하였다.

목숨을 바쳐 충의를 지킨 충신들이 없었다면 오늘날의 민주주의는 태동하지 못했을 것이며 오랜 폭압과 고통의 세월 속에서 살아야만 했을 것이다. 그들이 개입된 정치적 사건에 대해 체제를 전복시키려는 불충한 역모의 행위로 재단하지만 그 속에 내포된 진실은 하늘의 뜻이자 순리의 표현이다. 정의를 저버린 왕위찬탈이 승자의 입장에서는 정당화되지만 역사의 평가와 심판에서 보면 분명 역리이다. 민란도 무지몽매한 백성의 준동으로 법의 엄중함이 없는 데서 오는 소요사태라고 치부하였다. 하지만 그 이면에는 권력의 횡포와 수탈이 부른 생명의 위협에 저항하여 본능적으로 대응하는 인간성의 발로가 숨겨져 있다. 그것을 주도하는 자의 용기와 참여하는 민중의 의분이 없이는 일어날 수가 없는 것이다.

인간에게 가져다준 고난과 억울함은 그 순간에는 인내하기가 힘들지만 언젠가는 거룩한 정신이 되어 되돌아온다는 진리를 함석헌 선생은 말하고 있다. 노들강변에 새겨진 애환의 노래와 노들고개에 응결된 충절의 의로운 정신은 붉은 단심으로 불타면서 수정처럼 맑게, 태양처럼 눈부시게 빛나고 있었다.

단종과 사육신에 대한 신원은 사육신 사건 후 300여 년이 흐른 숙종 때 처음 이루어지고 영조, 정조에 이르러 마무리가 된다. 숙종은 선대에서 금기시하던 단종과 사육신의 신원에 대해서 선비들의 상소와 여론의 비등함을 외면하지 않았다. 그는 진정한 충의의 현창을 위해 복권을 과감하게 결정하는 용기를 보였다. 그러한 복권은 누구의 압력이나 부탁도 아닌 당연히 그렇게 해야만 하는 필연이며 역사의 순리이기에 숙종은 주저하지 않고 단행했다. 오늘날에도 이러한 충의를 숭상하는 정신은 결코 퇴락하지 않고 면면히 이어져 내려오고 있다.

나는 발길을 돌려 유숙할 잠자리를 찾아 나서면서 오늘 저녁은 의로운 사육신들을 꿈속에서 만날 수 있기를 소망해 본다.

나는 노들강변과 사육신묘를 보고 세월의 무상함을 느끼면서 노들강변의 가사를 개작하여 한 편의 글을 적어 마음을 달래본다.

신 노들 강변

노들강변 빌딩 숲 층층 쌓아간 부귀영화
긴긴 역사 발자취가 언제 어디로 사라졌나
에헤여 빌딩 숲도 못 믿을 이로다
푸르런 저기 저 물만 흘러 흘러서 가노라

노들강변 한강물 장장 흘러온 긴 여정
황포돛배 일엽편주 어디론가 떠나갔나
에헤여 한강물도 못 믿을 이로다
푸르런 저기 저 물만 흘러 흘러서 가노라

노들강변 압구정 빙빙 둘러싼 아파트 촌
권문세가 한 승상은 어디에서 숨을 쉬나
에헤여 압구정도 눈이 멀어 버렸구나
서해의 잿빛 갈매기 길을 몰라서 못 오나

사육신묘를
찾아서

사육신묘

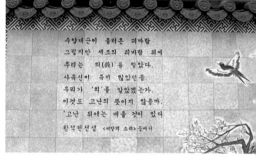

함석헌 선생 시

2012년 7월, 서울에 업무차 들러야 할 일이 있었다. 구로에서 출장업무를 보고 비교적 가까운 거리에 있는 노들고개의 사육신묘를 다시 한 번 답사하기로 했다. 2010년 12월에 저녁 9시경에도 한 번 들른 적은 있었다. 그때는 추운 겨울의 밤이었기에 노들고개의 풍경과 사육신묘를 밝게 보지 못했다. 어둠 속에서 실루엣으로 보았기에 밝은 낮 시간에 다시 역사현장을 정확하게 보고 묘역 주변을 살펴보고 싶었다.

구로에서 오후 5시경에 택시를 탔는데 택시 기사에게 사육신 묘로 가자고 하니, 그 이유를 물었다. 나는 김삿갓의 묘와 단종 의 묘도 찾았고, 이제 사육신의 묘를 찾아간다고 하니 나를 풍 수가로 아는 듯이 뒤를 힐끗 쳐다보았다. 고개를 갸우뚱거리며 생김새와 이미지가 그게 아니라는 듯이 무슨 일로 사육신의 묘 를 찾아가냐고 되물어왔다. 나는 노량진에 사육신묘가 있는데 오랜만에 서울에 올라온 기회에 한번 들러보고 억울한 사연을 느껴보고 싶다고 간략하게 말했다.

택시 기사는 "억울한 사연은 맞으나 현재로 보면 정치적으로 줄을 잘못 서서 죽임을 당한 게 아닌가요." 하였다. 어린 단종 을 보필하라는 선왕인 세종과 문종의 유지를 받든 의로운 결단 이라고 나의 의견을 피력하려는데 어느덧 사육신묘에 도착하여 더 이상 토론을 할 수가 없었다. 단지 그 택시 기사의 견해일 뿐 이었지만 참고로 하였다.

이날은 장마전선이 북상하여 간간이 가랑비를 뿌리고 있었 다. 묘역 건너편에 택시를 내려 육교를 건너가야 했다. 바로 건 너편에 1년 반 전에 보았던 사육신묘의 입구가 안면에 익었다. 애절한 역사의 현장을 만나면 숙연한 분위기에 젖는데 을씨년 스럽게 가랑비까지 내리고 있었다.

육교를 건너 사육신묘로 올라가니 오후 6시가 안 되었는데도 장마전선의 영향으로 하늘은 어두컴컴하였다. 밝은 역사의 현 장은 밝게 채색되고 어두운 역사의 현장은 어둡게 채색되는가! 한 폭의 수묵화를 그리라면 화가는 그렇게 그리겠지만 사육신묘를 방문한 이날은 공교롭게 그러한 분위기가 연출되고 있었다. 사육신묘를 직접 방문하려고 출입구에 들어서려 하였으나 문이 굳게 잠겨 있었다. 하절기인데도 오후 5시면 문을 잠근다고 안내문에 표시되어 있었다. 다소 아쉬웠지만 역사의 중요한 현장을 보존하기 위해서는 필요한 조치라고 이해하였다. 어쩔 수 없이 담벼락 너머의 의절사를 조망하고 펜스 너머의 사육신묘를 멀리서나마 참배할 수밖에 없었다. 월장을 하여 들어가 보고 싶었지만 성스러운 역사의 현장에 대한 예의가 아니기에 객기를 자제하고 조망만 하게 되었다.

여름철이라 오후 6시인데도 사육신묘와 의절사의 전경은 선명하게 보였다. 가랑비에 젖은 소나무 가지의 흔들림과 바람소리가 나의 방문을 환영해 주고 있는 듯하였다. 비가 내리는 상태라 방문객은 보이지 않았고 인근 학원가의 학생들이 산책을 겸해서 한강변을 바라보며 눈의 피로를 풀고 있었다. 외국인 몇 명이 한적한 묘역의 기념공원을 오가기만 하는 등 인적은 드물었다. 검은 길고양이가 먹을 것이 혹시 있나 배회하는 것 외에는 한산하기가 그지없었다. 그들은 이곳을 사육신묘역이라기보다는 삭막한 도회에 자리 잡은 휴식공간이나 산책코스로 여기면서 오가는 것 같았다. 나처럼 목적의식을 갖고 방문하지 않는 이상 항상 존재하는 이곳이 새삼스러운 장소라고 인식되지 않는 것이 자연스런 현상일 수 있다.

나지막한 노들고개의 정상에서 바라본 주변은 동쪽과 서쪽만이 숨통을 틔울 뿐 남과 북은 아파트촌에 포위되어 있었다. 서쪽으로 가까이는 63빌딩이 멀리는 당산철교가 바라보인다. 이름 모를 수많은 다리가 한강에 걸쳐져 있었고 쉴 새 없이 소음과 신음을 실어 나르고 있었다.

동쪽을 틔운 것은 우연인가, 배려인가? 동쪽에 있는 영월 땅의 단종과 대화하도록 의도한 것인가? 아침 햇살을 받아들이고 구름이 흘러가게 하려 했던 것인가? 북쪽을 막은 것은 배려인가 상혼인가? 군기감 처형장의 처절한 광경을 차마 못 보도록 하려 했던 것인가? 전망이 좋은 아파트촌 개발의 바람 때문인가?

옛날의 노들강변은 한강둔치 개발공사로 콘크리트 블록과 잔디로 뒤덮여 있었다. 강변은 모래 한줌도 찾아보기가 어려웠고 노들강변은 있되 백사장은 사라져 버리고 없었다. 북쪽으로는 아파트촌이 자리를 잡아 사육신묘를 등지고 한강과 저 멀리 삼각산을 바라보고 있었다. 노들강변은 시민휴식 공간의 편의를 위해 수변공원으로 변하였고 그 이름을 헌납하고 말았다. 단지 노들역이라는 지하철역 이름만이 그 장소라는 사실을 알려주어 그나마 다행이었다.

사육신묘역을 경계 펜스를 따라 살펴보니 하위지 선생의 묘가 보였고 그 옆에 나머지 충신들의 묘가 자리 잡고 있었다. 그 묘들은 선비의 청빈함과 품격에 맞추어 꾸밈없이 일반인들의 묘와 다름이 없었다. 이곳 묘역은 처음에는 성삼문, 박팽년, 유응부, 이개 선생의 묘가 자리하였고 나머지 하위지, 류성원 선생의 묘는 허묘인데 후에 조성되었다.

김시습이 한강변의 백사장에 차열형으로 사지가 찢어진 성삼문 등의 시신을 수습하여 먼저 노들고개에 안장한다. 나머지 하위지, 류성원 선생은 자결에 의해 이미 사망하였기에 다른 장소에 장사가 치르진 것으로 추정된다. 그 후에 이곳이 사육신묘역으로 지정되자 나머지 두 분은 여기에 육신(肉身)은 오지 못하고 거룩한 정신만이 봉분과 함께 수백 년을 숨 쉬고 있다. 늦게나마 도착하여 나머지 사육신들과 대화를 나누며 충정과 절의의 상징으로 기념되고 있다.

의절사 담장 너머로 신도비각과 불이문을 바라보고 다음에 오면 꼭 개방시간에 맞추기로 하고 입구와 반대 방향으로 발걸음을 옮겼다. 그곳은 제7헌병대의 입구라는 푯말이 자리 잡고 있었다. 바리케이드에 기대어 근무 중인 초병이 나를 유심히 경계하고 있었다. 사육신묘로 가는 길은 철제 바리케이드의 위압감으로 인해 일반인들은 잘 통행하지 않는 것 같았다. 사육신묘를 헌병대가 지켜주고 있는 것인가 아니면 노들고개의 지형지물을 이용하여 헌병대가 자리 잡은 것인가? 사육신이 군기감 연병장에서 무참히 목숨을 거둔 것을 생각해 보면 군기감이 헌병대와 무슨 연관성이 있는 것 같기도 하였다. 우리의 현대사에 불거진 12·12사태와 줄서기에 따른 권력의 희비가 500여 년 전의 병자년 참극과 관련성이 있을는지 상상해 본다.

사육신 사건을 조금 전에 내가 타고 온 택시 기사는 12·12사태와 같은 권력에 대한 줄서기와 같다고 말했다. 아니다! 이것은 권력의 파워게임이 아닌 정의와 기회주의의 대결, 순리와 역리의 진실게임으로 그것과는 근본적으로 다르다. 나는 대화의 대상도 없는 상황에서 혼잣말로 소리쳐 보았다.

다시 사육신묘역을 반대 방향으로 한 바퀴 돌고나서 이제 한 강변으로 발걸음을 옮겼다. '역사 산책로'라고 표시된 사육신공원의 담벼락에는 고송에서 학이 날아오르는 한 폭의 동양화가 그려져 있었다. 그 안에는 함석헌 선생의 「의란 무엇인가」라는 시가 아로새겨져 있었다. 이전에 2010년 12월의 겨울밤에 어둠 속에서 읽어 보았던 그 장소의 그 글귀였다.

수양대군이 불러온 피바람
그렇지만 세조의 피바람 뒤에
우리는 의(義)를 알았다.
사육신이 죽지 않았던들
우리가 의를 알았겠는가
이것도 고난의 뜻이 아니겠는가
고난 뒤에는 배울 게 있다.

나는 사육신묘를 둘러보고 그 위대한 충절혼에 감정이 북받쳐 올라 뜨거운 심장을 부여잡고 애절한 마음으로 한 편의 시조를 써서 사육신의 영전에 올렸다.

아! 사육신

남한강 물길 따라 흘러온 한의 눈물

노량진 사육신묘를 감돌아 머물면서
청령포 님의 소식을 지금에사 전하네

보소서 사육신이여 나 이제 다녀왔소
산이 높고 강이 길어 올라오기 힘들기에
수 백리 물길을 따라 내가 흘러 내려왔소

그대들 나를 위해 귀한 목숨 버리고
노들강변 언덕 위에 다시 한 번 태어났소
육신은 떠나갔어도 그 이름은 영원하리

사랑하는 신하분들 얼마 만에 만나는가
육신은 사라져도 정신만은 오고 갔소
이제는 두 손 부여잡고 헤어지지 않으리

태백산 신령으로 태어난 님의 자취가
왕방연 눈물 안고 엄흥도 충절 함께 모여
마지막 한풀이 하려 노들강변에 모이네

이제는 떠나는가 슬픈 여정 마감하고
꿈같은 세월 잊고 모두가 하나 되어
서해의 낙조 속으로 잠들고파 떠나네

사육신이냐
사칠신이냐

사육신묘

의절사 전경

사육신공원 담장에 새겨진 글귀는 비록 사육신은 비명에 가고 슬픈 한은 소멸되지 않고 아직도 남아 있지만 비극의 역사 속에서 우리는 의(義)를 알았다고 말한다. 그로 인해 역사는 정의 편에서 사필귀정의 흐름을 지속하고 증언하므로 고난의 가치를 말해 주고 있다.

단종복위운동이 성공하여 정의와 순리가 자리를 잡는 역사적 사건으로 기록되는 것이 바람직한 시나리오이다. 하지만 성공하지 못하여 역모란 누명으로 피바람이 불어 수많은 희생이 뒤따랐다. 동참한 충신과 종친, 무고한 노비, 시녀 등의 죽음으로 전대미문의 비극적 역사가 펼쳐졌다. 그 사건으로 인해 비로소 의가 얼마나 값지고 소중한 것인가를 알게 되었다. 정의와 자유를 위해 결연히 나서는 저항의 문화가 자리 잡게 되는 계기가 된 것이다.

진정으로 의는 밝음의 원천이며 불의는 암흑의 종자이런가. 그러나 빛과 어둠은 상생의 제휴자이며 깨달음의 반려자이다. 어둠의 질곡을 지나면 광명의 시대가 도래한다. 긴 암흑 속에서 성찰과 참회를 통해 정의의 씨앗은 발아를 준비하여 기어코 새 싹을 내밀어 밝은 빛을 받아 성장하게 된다.

하지만 의는 누구나 논하기는 쉽지만 실행하기가 무척 어렵다. 그것을 생명처럼 귀하게 여기는 극소수의 선비정신 소유자만이 실천하여 역사 속에서 빛나게 되는 것이다. 나 역시 충의에 대한 소회를 피력하고 논할 수 있을지언정 실천하기에는 부족한 면이 많다고 자성해 본다.

역사탐방로의 담벼락을 주욱 따라 걸어가니 도로변의 빌딩 옆에 백촌 김문기 선생의 기념비가 나타났다. 그 비석에는 놀랍게도 '사육신'이라고 적혀 있었다. 그 빌딩 옥상에는 '사육신 백촌 김문기 선생 기념관'이라는 큰 간판이 광고판처럼 시선을 끌어들였다. 사육신은 성삼문, 박팽년, 하위지, 이개, 류성원, 유응부로 알고 있는데 김문기 선생이 등장하니 혼란스럽기만 하였다.

　예전에 김문기 선생을 유응부를 대신하여 사육신으로 다시 수정하여야 한다는 논란이 있었다. 그로 인해 사학계를 시끄럽게 하고 가문 간의 대립과 갈등으로 점철된 아름답지 못한 시절이 있었다. 결국 사육신이 아닌 사칠신으로 하자는 미봉책으로 지금까지 정리되지 못한 역사 손질의 상흔으로 남아 있다. 사육신묘역에 김문기 선생의 허묘가 조성되고 도로변에는 이를 알리는 '사육신 백촌 김문기 선생 기념관'과 추모비석이 등장하게 된 것이다.

　이 사건은 1970년도 후반에 한 방송작가가 제기한 사육신 김문기의 가설에서 시작되었다. 500여 년간 정사로 내려온 역사적 사실을 뒤엎으려는 시도로 위험하기 짝이 없는 발상이기도 하였다. 단종복위를 위해 희생된 영령들의 거룩한 정신을 심각하게 훼손한 불미스런 행위라고 생각이 든다. 김문기 선생은 분명 단종복위운동의 중심적 인물로서 비극적인 삶을 맞은 만고의 충신임에 틀림이 없다. 단지 그는 사육신으로 분류되지 않고 민신, 조극관과 함께 한 단계 높은 삼중신으로 자리매김하여 역사적 기록에 등재되어 있다. 장릉의 배식단, 동학사의 숙모전과 같은 많은 역사기념관에 이름이 올려져 있다.

　느닷없는 주장의 결과로 역사를 왜곡하게 되었으니 얼마나 안타까운 일인가. 그리고 해당 가문의 명예를 얼마나 심대히 훼손하게 되었는가에 대해 유감스럽게 생각된다. 어느 의로운 한 무인의 자리를 빼앗는 것은 왕위 찬탈에 분개하여 거사한 사육신의 정신을 따르는 것인가 반문해 본다.

사육신은 단종복위운동을 주도하고 죽음의 순간에도 불복하는 의개를 보인 충절이 뛰어난 신하들 중에서 선정되었다. 추강 남효온이『육신전』을 저술하면서부터 죽어간 충신들의 뜻과 무관하게 붙여진 이름이며 충성의 강도와 직위, 벼슬의 품계로 정한 것은 아니다. 성균관 출신의 신진사류가 대부분이고 오직 무관 출신으로는 유응부 선생 한 분만이 포함된다.

성삼문 등은 3년 전부터 복위운동을 치밀하게 준비해 왔다. 결행의 날에 별운검으로 정해져서 처단의 중책을 맡았던 유응부가 포함된 것은 당연하다. 연회장에서 한치의 흔들림도 없이 처단하기 위해서는 담력과 무예가 겸비된 무인이 아니면 앉힐 수 없는 실로 막중한 자리이기 때문이다. 성삼문, 박팽년이 복위운동의 기획책이라면 처단의 책임을 맡은 유응부는 행동책이라고 할 수 있다. 나머지 분들은 친분과 가족관계에 의한 연좌죄로 억울하게 죽임을 당하였다고 볼 수 있다.

성삼문과 같은 적극적인 가담자들은 국문장에서 억울함을 호소함이 없이 당당히 불복하여 충절과 의개를 증명하였다. 그로 인해 세조의 격분을 사서 생체차열형과 시신차열형, 능지처참형, 효수형 등의 극형을 당하였다.『육신전』에는 박팽년, 성삼문을 시작으로 충신들의 국문장에서 불복하는 장면이 생생히 기록되어있다. 그중 유응부 선생에 대해서는 청빈한 삶의 모습과 변경에서 지은 우국충정의 시까지 수록되어있다.

이렇듯 노들언덕에 묻힌 신하 중에서 성승을 제외하고 후일

이곳 묘역으로 옮겨진 하위지, 류성원을 더하여 추강 남효온은 사육신으로 명명하였다. 이러한 명명은 뜻의 동질성과 인간관계를 중심으로 했던 분류인 것이며 충성도와 벼슬의 고하로 정한 것이 아니다. 후세에 사육신의 슬픈 사연이 구전되어 선비와 민중이 기리는 유명세를 타면서부터 '사육신'이라고 하게 된 것이다.

비록 사육신으로 분류되지는 않았지만 '백촌 김문기 선생'은 북방의 여진족을 토벌하여 이름을 날렸다. 당시에 공조판서로 재직하였던 높은 신분에서 단종복위운동에 동참하여 화를 당하였다. 후일에 벼슬이 추증되고 3중신으로 배향되었으며 사육신보다 더 높은 대우를 받게 되었던 것이다. 그렇게 역사적으로 올바르게 자리매김했던 사실을 무슨 이유 때문에 바꾸려고 하는가? 높은 단계의 3중신에서 사육신으로 말이다. 그가 사육신에 포함되면 한 분이 자리를 내어놓아야 하는데 사육신을 대표하는 성삼문을 제외할 것인가? 그렇게 못하니 엘리트 문관출신이 아니라 무관출신이었던 유응부를 제외하겠다는 말인가?

이러한 학자들의 시도는 극히 위험한 발상인 것이며 역사의 근간을 흔들고 진실을 왜곡할 개연성이 크기에 신중해야 한다. 백촌 김문기 선생의 가문은 선생의 인품과 유지를 받들어 다른 분의 위상을 훼손하지 않아야 하고 상대의 가문을 존중하는 것이 올바른 도리라고 본다. 지하에 계신 유응부 선생과 김문기 선생이 이러한 행태를 알면 얼마나 실망할 것이며 서로에게 민망할 것인가. 선비는 겸양의 미덕으로 양보하고 상대를 존중하는 것이 기본이다. 사육신의 자리를 차지하기 위해 이런 이전투구가 벌어지면 그들의 충절에 후손들이 앞장서서 오점을 남기는 것이다. 지금부터라도 논쟁을 중단하고 500년 역사의 사실을 존중하여 충신 가문의 후예로서 상대를 배려하는 미풍 조성에 앞장서야 마땅하다고 본다.

단종의 충신들이 보여준 원래의 뜻을 이반한 현장의 표지와 광고판으로 얼룩진 모습을 보고 씁쓸한 기분이 들었다. 그래서 진정한 효도와 가문의 영광이 무엇인가를 생각해 보게 하였다.

내가 사육신의 행장과 논란에 대해 관심을 갖게 된 것은 생육신의 한 분인 어계 조여 선생이 선조라는 인연적 요인 외에 부친의 영향 때문이다. 부친께서는 나라에는 충이요 집안에는 효이며, 그것의 근간에는 의가 있다고 항상 말씀하셨다. 의라는 덕목은 수오지심, 다시 말해 불의에 대한 부끄러움을 의미한다. 우리 문중에는 임진왜란과 정유재란의 양난에 걸쳐 '13충신'이 배출되어 가문의 자랑으로 여기고 있다. 충신 배출의 요람은 어계 선생이며 그의 의로운 정신을 본받아 '13충신'이 나오게 되었다고 본다.

부친은 사육신의 의절을 선비정신의 표상으로 삼고 그 행실을 후대에 현창하려는 사명감을 가지셨다. 사육신 논쟁에 대해 발상의 불온함과 시도의 불순함을 질책하며 청원을 많이 올리셨다. 지금까지 전승되어온 사육신이 어찌 사칠신이 될 수 있으며, 사육신 중의 한 분을 교체하는 것은 패륜이라고 말씀하셨다. 역사의 인물이 현존하는 경우에는 논의를 할 수 있겠지만 사후에 거론하는 것은 거룩한 영령을 모독한다는 뜻에서 였다.

부친은 가문의 명예를 중시하였기에 두 분의 가문을 만고의 충신을 배출한 명가라고 전제하셨다. 다만 상충된 이해관계에서 비롯된 상호 비방과 폄훼는 두 가문의 명성을 타락시키는 누를 범하게 된다는 사실을 경고하셨다. 그런 사건을 빌미로 역사를 왜곡하는 수많은 시도가 있을 수 있기에 이를 경계하고자 탄원을 올리게 된 것이다.

부산대학교의 이재호 교수와 같은 지역 역사학자들과 연대하거나 또는 단독으로도 목소리를 높이셨다. 『세조실록』, 『정조실록』 등에 나타나는 사실(史實)을 근거로 청와대에 청원을 넣고 성균관에도 이의를 제기하셨다. 청원의 형식과 내용은 그 옛날의 상소와 같이 절박함과 비장함도 내포되어 있었다. 일시적인 가문의 영광을 위하여 역사적 진실에 눈을 감는다면 그것은 불충이자 불효라고까지 표현하셨다. 그만큼 가문의 상호 존중과 겸양의 미덕에 대해 철저하셨다.

이 글을 쓰다가 그동안 잊고 지나쳐 온 부친의 공덕에 대해 그냥 넘어가기가 아쉬워 외람될지 모르나 이를 무릅쓰고 추모의 글을 올려본다.

늦게 써 보는 사부곡

사고무친 긴 세월을 문중일로 시름 잊고
궁박한 생계지만 학문으로 위안 받아

큰 벼슬 얻지 못해도 삼강행실 빛났네

자신을 희생하여 기운 가문 바로잡고
궂은일을 마다 않고 자식들을 양육시킨
그 공덕 하해와 같이 드깊고도 넓구나

해박한 한학으로 족보 편찬 주도하고
유려한 문학성으로 문중문집 발간하고
그 명성 잔잔히 울려 사방으로 퍼져갔네

천릿길 영월 땅을 내 집처럼 드나들며
단종의 충신들과 삿갓선생 만났으며
방절리 어계비원을 기필코 조성했네

황혼기 들어서는 여분 재산 덜어 내어
조상묘의 상석들을 모두 다 놓으시던
그 효행 눈물 없이는 가늠하기 힘드네

인생의 성공이란 공명인가 공덕인가
공명은 오래 못가나 공덕은 영원한 법
짧은 삶 굵직이 살아 모든 일을 하고 갔네

후손들이 할 일이란 공덕을 기리는 일

마음이 우선이나 표현 또한 중요한 법

골안샘 우물가에다 괴천정을 세우랴

2013년 12월 말에 또 다시 사육신묘를 답사하게 되었다. 그 날은 사육신묘역 출입제한 시간에 맞추어 3시경에 찾았다. 그 날도 2년 전의 12월처럼 한파가 닥쳤고 간간히 눈발이 날렸으며 잿빛 하늘이 무거운 분위기를 연출하고 있었다. 불이문을 통과하여 신도비각을 들러보고 사육신의 신위를 모신 의절사에서 방명록에 이름을 올렸다. 의절사의 불이문은 사찰의 불이문과 달리 불사이군을 뜻한다. 한 개비의 향을 사르며 긴 세월 동안 친견하고자 소망했던 영령 앞에 비로소 예를 올렸다.

그리고 몇 년 전에 펜스 밖에 멀리 서서 조망하기만 하였던 사육신묘를 정식으로 참배하였다. 그날 아침에 내린 잔설에 덮인 성삼문, 박팽년, 하위지, 이개, 류성원, 유응부의 사육신묘에 목례하고 3차에 걸친 사육신묘의 답사를 마무리하였다.

압구정과
영도교에 얽힌 이야기

압구정 터

영도교

압구정은 세조의 권신 한명회가 노년에 은퇴하여 갈매기를 벗
삼아 놀겠다는 뜻의 정자이다. 뜻 그 자체로는 자연과 친교하며
노후를 보내겠다는 아주 좋은 이름이다. 압구정은 지금의 압구
정동이 개발되기 전까지는 잠실의 한강변에 호젓하게 자리 잡
아 강 건너로 삼각산과 도봉산을 조망할 수 있었다. 광나루와
마포를 오가는 돛단배를 바라보고 서풍에 실려 오는 갈매기가

노닐던 경치 좋은 정자이었다. 지금은 압구정동의 울창한 고급 아파트촌에 묻혀 이름만 남아 있다. 강물은 보이지 않고 갈매기도 오지 않는 표지석만이 옛 자취를 말해 주고 있을 뿐이다.

2013년 12월 말, 단종과 정순왕후의 영원한 이별의 사연이 담겨 있는 청계천변의 영도교를 탐방했다. 남은 시간에 동묘역에서 지하철을 타고 압구정역에 내려 압구정 옛터를 찾아보았다. 압구정 현대아파트 72동과 74동 사이의 언덕에 위치한 그 옛날의 압구정지에 있었던 정자의 모습은 찾을 길이 없었다. 압구정지라는 자연석으로 된 표지석과 안내간판이 위치만을 알려 주고 있었다. 저물어가는 한겨울 오후의 압구정 아파트촌은 귀가하는 학생들과 아낙들의 발걸음만 가득하고 옛 시절에 갈매기와 노닐었던 옛 압구정의 홍취를 느낄 수가 없었다. 하지만 압구정은 강남의 최고 중심지이자 부의 상징답게 사통팔달의 대로와 지하철이 연결되어 있었다. 차량의 홍수와 번쩍이는 네온사인 불빛으로 외롭게는 보이지 않았다.

권신 한명회는 풍수지리를 알았기에 역시 대가답게 부와 명예의 명당터를 발견하였다. 그곳에 정자를 지어 후생들에게 권세와 부의 맛을 보여주려 했던 것일까. 이곳은 대한민국의 권세와 부가 집결된 조선말 권문세가의 상징이었던 안동 김씨의 현대판 '장동'이기도 하다. 그 풍요로움으로 인해 전국의 인물들이 출세를 위해 모여들고 출세해서 터를 잡고 있는 곳이다. 하지만 이곳은 피의 숙청을 주도하고 사직을 어지럽히고 삼강오륜을 짓밟아 한의 역사를 유발한 인물의 자취가 배어 있는 장소이다.

한명회라고 하면 세조의 오른팔로서 왕권강화라는 명분으로 김종서, 황보인 등의 고명대신을 계유정난으로 처단하고 단종의 양위를 기획하고 압박한 주역이다. 나아가 단종복위를 주도한 성삼문 등의 육신을 도륙하고 단종을 노산군으로 강봉하여 금성대군과 함께 역모의 죄를 씌워 죽였다. 세조의 입장에선 모신이었지만 단종의 입장이나 역사적으로는 난신이었다.

그는 명망 있는 가문의 후손으로 정식으로 과거에 급제하여 등용된 것이 아니다. 음서에 의해 벼슬길에 올랐고 처음 그의 직책은 경덕궁을 지키는 청지기였다. 그는 일찍 부모를 여의고 조부모에게 의탁하여 유년시절을 보내는 불우한 성장기를 보낸다. 번번이 과거에 낙방하여 실의와 좌절을 겪었다. 불우한 성장기와 과거 낙방과 음서 등용의 과정에서 심한 자격지심에 예속되었다고 여겨진다. 그의 출세 행보는 다분히 계획되고 의도된 기회주의적 발상에서 비롯되었다고 본다.

한명회는 세조의 왕위찬탈과 왕권강화에 일등공신이었다. 철저히 세조에게 충성하고 2인자로서 왕권강화를 위해 주어진 권력을 엄하게 행사한다. 그러한 보상으로 최고의 힘과 부를 거머쥐었다. 그는 자신의 딸을 세조의 후궁으로, 또한 세자비로 보내어 혈연관계를 형성하여 무너지지 않는 권력의 아성을 쌓았다. 한명회는 지략과 권모술수에는 타의 추종을 불허하는 천부적인 재능을 타고난 인물이다. 세조는 그를 자신의 장자방이라 부르며 지근거리에 두고 신뢰하였다.

그는 은퇴하여 막강한 부를 바탕으로 전국 곳곳에 정자를 짓고 현판에 자신을 찬양하는 시들을 걸었다. 권력의 생태상으로 힘이 있는 자에게 아첨하는 현상을 감안할 때 사실상 찬양시를 강제한 점이 없지 않다. 그는 잠실 한강변에도 압구정이라는 정자를 지었다.

압(狎)구(鷗)정(亭)이란 갈매기와 친하게 노니는 정자라는 뜻이다. 그야말로 인간을 모두 다 사랑하고 그것도 모자라 날아오는 갈매기까지도 함께 좋아하여 놀아준다는 뜻이다. 그야말로 이태백을 능가하고 노자와 장자에 버금가는 무위자연의 경지에 오른 사람에게 붙여주어도 과도한 호칭이었다. 자신이 그렇게 지었는지 아부하는 추종자들이 지었는지 확실하지 않지만 결국은 그렇게 짓도록 유도한 것은 한명회 자신인 셈이다.

그러한 한명회의 행실에 대해 지극히 분개하고 철저하게 그를 폄훼한 사람이 바로 김시습이다. 그는 전국을 유랑하면서 한명회의 흔적이 있는 곳이면 적극적으로 찾아가 그의 파렴치한 공덕을 찬양한 시를 떼어내어 팽개치며 보복하였다. 김시습이 처음 찾아간 곳이 압구정이었다. 그는 즉석에서 현판을 떼어내고 신고 갔던 짚세기를 벗어 '압'자를 밀어내고 다른 '압'자를 넣어 압구정의 이름을 바꾸어 버린다. 친할 압(狎)자를 누를 압(壓)자로 바꾸어 완전히 다른 뜻의 이름으로 전락시켜 버렸다. 결국 한명회는 백성뿐만 아니라 갈매기까지 괴롭힌 몹쓸 권력자가 되어버린 셈이다. 이러한 소문을 들은 의기 있는 선비와 민초들은 박장대소하며 후련해하였다. 그들은 권력에 정면으로 도전하지는 못했지만 풍자와 은유로 간사한 세태를 나무라는 김시습의 용단에 뜨거운 박수를 보냈던 것이다. 그리하여 그나마 맺힌 한의 응어리를 풀고 정신적인 카타르시스를 느꼈던 것이다.

김시습은 다음에 다시 들러 새로이 붙어 있는 한명회 찬양시를 보고 분개한다. 그 글은 "靑春扶社稷 白首臥江湖(젊어서는 나라를 받들고 늙어서는 강호에 눕도다)"라는 내용이었다. 김시습은 "무슨 소리냐, 젊어서는 나라를 망치고 늙어서는 강호를 더럽히도다."라고 핀잔했다. 신고 갔던 짚세기를 벗어 여지없이 시판을 밀어 '扶(부)' 자를 '亡(망)' 자로 '臥(와)' 자를 '汚(오)' 자로 바꾸어버렸다.

한명회는 정자의 현판식 때 받은 수백 수의 축시 중에서 유독 한 사람의 시를 빼버렸다. 그 시는 "임금 은혜 은근하고 대접이 융숭하니, 정자는 있어도 놀지는 못했구나, 가슴에 서린 기심만 눌렀더라도, 벼슬바다 앞일 망정 갈매기와 친했을 걸."이었다. 그 시의 작자는 최경지였는데, 사심 없는 충고를 담은 시였음에도 불구하고 한명회는 그 시를 외면하고 말았던 것이다.

그러면 그 시에 나오는 기심(機心)은 도대체 어떤 것인가? 그것은 기회를 엿보며 출세를 노리는 간특한 마음이라고 할 수 있다. 한명회를 찬양하는 시를 바친 사람이나 그 시를 좋다고 선택하여 시판에 걸었던 한명회는 모두 다 기심의 소유자인 셈이다. 시에 대하여 생육신 중의 한 분인 추강 남효온 선생은 말하고 있다. "천지간에 정기를 모은 것이 사람인데, 그 사람의 몸을 맡아서 다스리는 것이 마음이요, 그 사람의 마음 밖으로 펴져 나온 것이 말이며, 그 사람의 말 가운데 가장 진실한 것이 시이니, 마음이 바르면 시가 바르고 마음이 간사해지면 시도 간사해진다."라고 말했던 것이다.

대저 사람은 왜 정의를 외면하고 기회를 노려 출세를 지향하는가에 대해 많은 논의가 있어왔다. 두 가지 경우로 나누어 나름대로의 견해를 적어본다.

하나는 정의를 따름이 옳지만 현실이 여의치 않아 방관하고 때를 기다리는 '현실안주형 기회주의'가 있다. 다른 하나는 적극적으로 출세를 위해 힘 있는 자에게 아부하며 부추기는 '자기개척형 기회주의'가 있다.

전자는 어려운 여건에서 제대로 공부를 하지 못하고 집안 또한 벼슬길에 오른 사람이 별로 없는 경우이다. 가난한 집안 출신이 신분의 전환을 통해 출세의 길로 들어가는 가문의 영광을 열망하는 형이다. 그들은 입신양명이 정의에 어쩔 수 없이 우선하는 현실을 받아들이고 그에 맞추어 처신한다. 하지만 계획적으로 선과 정의를 파괴하는 범죄형은 아니다.

그런 반면에 후자는 적극적으로 선과 정의에 역행하여 계획적으로 자기에게 유리한 출세의 기회를 추구하는 경우이다. 이들은 대부분 집안 형편이 나아서 과거로 등용되거나 추천으로 벼슬길에 올라 권력의 중심과 쉽게 접근할 수 있는 위치에 선다. 유유상종으로 무리를 지어 우두머리를 중심으로 권력 쟁취의 기회를 노린다. 이들은 권력장악의 가능성이 높은 왕족들에게 접근하여 건곤일척의 승부를 거는 모험을 하게 된다. 그것이 성공하면 일약 벼락출세를 하게 되고 실패하면 멸문지화를 당하는 위험에 노출되기도 한다. 그러나 대부분은 가능성이 성숙되거나 약간의 힘만 보태면 성공할 수 있는 상황이 되었을 때 참여하는 안전위주로 운행하는 특성을 갖고 있다. 한명회를 필두로 권람과 변절의 대명사인 신숙주, 김질 등이 이러한 부류에 속한다.

김시습은 배운 자들의 기회주의와 변절에 분개하고 절망하였다. 도대체 그들이 배우고 숭상한 삼강오륜을 짓밟고 얄팍한 합리화로 궁색한 변명을 하는 자들을 옳게 보지 않았다. 결코 힘으로는 이길 수 없었으므로 압구정 현판을 개칭하고 찬양시를 파자하여 수정하는 것과 같은 의분이 깔린 풍자와 기행으로 보복하였던 것이다.

이와 같이 압구정은 한명회를 찬양하는 인물들의 기심과 그를 혐오하는 인물들의 파격적 비난이 배어 있는 역사적 현장이다. 하지만 강물을 바라보지 못하고 갈매기를 만날 수 없는 눈먼 장소가 되어 버렸다.

그리하여 노량진은 한의 시발점이자 종착지가 되었다. 단종비각에서 발원한 한의 물길이 흘러 노량진에 이르러 사육신묘소 옆의 노들강변으로 내려왔다. 노들강변을 감돌다가 서해로 내려가서 구름이 되고 비가 되어 끝없는 한의 순환이 계속되고 있는 것이다.

나는 압구정지를 탐방하고 한명회를 비롯한 세조의 권신들이 연루되어있는 영욕의 세월에 대해 한 편의 시조로 읊어 보았다.

압구정

한강변 잠실 땅에 위풍당당 정자 하나
누구의 이름인데 그 정도야 되어야지
한 시절 무소불위로 갈매기를 괴롭혔지

살아서는 절경에서 풍류로서 즐기고
죽어서도 부자촌에 이름 석자 알리고
그대는 복이 넘쳐나 한강가에 머무네

오백년 지난 세월 역사 속에 묻힌 한이
천천히 흘러흘러 한강으로 오는 뜻을
무심한 갈매기 떼는 그 사연을 알려나

2013년 12월, 서울에 갈 일이 생겨 겸사하여 그동안 한번 방문하고 싶었던 영도교를 찾았다. 단종은 세조에게 왕위를 내주고 난 후 1차 단종복위운동이 실패하자 노산군으로 강봉되어 영월로 유배길을 떠나게 된다. 영도교는 정순왕후와 마지막 작별인사를 하며 건넜던 한스런 사연이 담긴 다리이다.

나는 서울역에서 지하철로 비운의 주인공인 관운장의 신위를 모신 동묘역에서 내려, 청계천변의 영도교를 물어물어 어렵게 찾아갔다. 한의 현장을 찾아가는데 예견치 못한 또 다른 한의 현장인 동묘를 만났으니 한은 서로 소통하고 있는지 묘한 일이 아니런가!

한겨울의 삭풍이 몰아치는 영도교는 길손들이 발길을 재촉하며 무심코 통과하고 있었다. 오직 나만이 무슨 사연의 자취를 찾으려는지 겨울바람에 이리저리 구르는 낙엽과 함께 다리 위를 오락가락하고 있었다.

영도교는 한번 건너면 영원히 돌아오지 못한다는 다리이기에 붙여진 이름이다. 옛날에 도성 안에서 망자가 성 밖의 장지로 갈 때 운구행렬이 마지막으로 이별을 고하며 건너던 다리이다. 단종임금과 정순왕후의 영원한 생이별과도 맥을 같이 하고 있다.

정순왕후 송씨는 판돈령부사 송현수의 딸로 단종의 배필이 된다. 단종의 양위와 유배로 3년간의 짧은 신혼생활을 접고 영도교에서 마지막 이별을 했다 그 후 정업원에서 사실상의 비구니 스님이 되어 외롭고 고단한 삶을 살다간 비운의 여인이기도 하다. 정업원이라! 업을 정화하는 집이라는 뜻인 듯하다. 무슨 무거운 죄업을 지었기에 그곳에서 무슨 참회의 삶을 살아가도록 강요당하였단 말인가! 정순왕후는 정업원에서 시녀 몇 명과 동네주민의 도움으로 자주염색과 야채장사로 생계를 유지해 나갔었다. 간간이 뒤편에 있는 나지막한 동망봉에 올라 동쪽 멀리 있는 영월 땅의 단종의 안녕을 바라고 그리움을 띄워 보내며 한스럽게 살아갔다.

정순왕후의 묘소는 긴 세월 동안 방치되어 있다가 단종이 신원된 후에 사릉이라는 이름을 갖고 영면을 위한 제자리를 찾게된다. 사릉(思陵)이란 이름은 비운의 삶을 살다간 한 여인의 사모의 정을 적절하게 표현한 능호라는 생각이 든다. 영도교를들러보고 청계천 위쪽으로 발길을 돌리니 다산교가 나를 맞이해 주었다. 무슨 연유에서 다산교라고 이름 붙여졌는지 모르지만 다산교와의 만남은 새로운 의미를 부여한다. 영도교가 비교적 넓은 상판에 대리석 벤치가 마련되어 관광객의 쉼터로 활용되고 있는데 비해 다산교는 그러하지 못했다. 좁은 상판에 행상인의 리어카와 노숙자의 침구더미가 쌓여 있었다. 불쌍한 서민도 정약용 선생의 훈훈한 마음을 찾아서 이곳 다산교로 몰려오는지 알 수는 없다. 다산교는 영도교와 이웃하고 있기에 역사의숨결은 한이라는 공통분모 아래 함께 호흡하고 있는 인연의 미묘함을 느끼게 한다.

정순왕후는 정업원에서 여생을 보낼 때 건너편의 압구정에서갈매기와 노닌다고 했던 한명회의 영욕의 세월을 지켜보았으리라. 역사는 인연에 의해 어떠한 모습으로든지 만나서 이어지고,진실은 세월이라는 인내의 정화제에 의해 바로 세워진다는 것을 나는 확신하며 영도교 난간을 쓰다듬으며 답사의 일정을 마무리하였다.

나는 영도교를 둘러보고 단종을 그리워하며 외롭게 살다간정순왕후의 애절한 마음을 느껴보면서 글을 적어 올려본다.

영도교에서

삭풍이 몰아치는 청계천을 찾아가니
도심 속에 숨겨져 온, 외로운 다리 하나
서글픈 사연을 안고 오백년을 서 있네

표지석은 이름만 적어 놓은 채 외롭고
사연은 적혀 있지 않아 알 길이 없으나
청계천 흐르는 물은 한이 되어 전해 주네

건너면 다시 못 올 저승으로 가는 다리
보고 또 보아도 영원히 못 볼 이별
옷고름 눈물에 젖어 다시 닦기 힘드네

동망봉 올라서서 영월 땅 당신 생각
관음송 걸터앉아 한양 땅 그대 생각
망향탑 그리움 안고 그 높이를 더하네

위쪽에 다산교가 이웃하여 있는 데
모두가 한강으로 흐르는 사연 있어
사육신 함께 일어나 노량진서 만나네

영원한 화해의 장,
서해로 나아가 화해하다

상원사 범종

서해는 태백에서 흘러 내려온 한강물이 노들강변을 감돌아서 한풀이를 끝내려고 내려가는 한의 종착지이다. 천릿길의 기나긴 여정에서 강 유역에 형성된 이야기와 한을 승화시키면서 영원한 화해의 장인 서해로 흘러간다.

나는 태백에서 시작한 한의 자취를 찾아가는 여정을 노량진에서 마감하고 흘러가는 강물을 바라보며 생각에 잠겨본다. 바다는 강물을 받아들여 동질의 성분 하나로 융합하는 장이라는 깨우침을 얻는다. 이제는 한강이라는 이름마저 벗어 버리고 진리의 장에 들어와서 고요 속에 잠든다.

　　노량진을 떠난 한강물은 서서히 서진하며 마포대교와 성산대교를 지나 김포를 거쳐 서해로 내려간다. 천릿길의 긴 대장정은

서해 낙조

마무리 단계로 접어들고 그 잔잔한 애조는 서해의 낙조 속으로 빨려 들어간다. 간간한 한의 눈물은 서해의 바닷물과 합쳐져 염도를 높이며 하나가 되어 소멸한다.

　　단종의 한을 실은 한강물은 태백에서 출발하여 영월의 청령

포에 이르러 한을 보탠다. 양수리에서 오세암의 김시습의 한과 만나 한줄기가 된다. 광나루를 거쳐 노량진에서 사육신의 한과 합류하며 여기서 임금과 신하가 만나서 못 다한 이야기를 나눈다. 압구정에서는 한명회의 참회의 눈물을 받아들여 역사의 비정함을 탓한다. 권력이 무엇이기에 허무하고 무상한 것을 그토록 싸우며 죽이면서 가지려했던가를 논하며 서로를 포용한다.

이러한 단종과 사육신, 생육신, 엄홍도 등의 충신들의 한을 풀려면 먼저 가해사의 참회가 있어야 한다. 참회는 과오를 철저히 반성하고, 다시는 잘못을 저지르지 않겠다는 맹세이다. 참회 없이는 여생을 편하게 살 수 없으며, 어떻게 고이 눈을 감을 수 있겠는가! 참회는 양심의 부름에 응답하여 죄업을 정화시키는 유일한 묘약이라 할 수 있다. 결자해지라! 한은 맺히게 한 장본인들이 풀어야 하는 법이다.

세조의 죄업은 세자의 급사와 본인의 가혹할 정도의 피부욕창에 의해서 정신적 육체적으로 일정 부분은 업보를 받았다. 나중에 불심에 의존하며 단종과 사육신을 참살한 데 대한 불안과 공포로부터 구원받고자 하였다. 실제로 원각사를 대대적으로 중창하고 오대산의 상원사를 원찰로 지정하기도 한다. 안동부의 문루에 걸려 있던 범종을 죽령을 넘어 운종하여 상원사에 안치하는 등 불교에 귀의하려는 뚜렷한 모습을 보이기도 하였다.

나는 오대산을 오르는 길에 상원사의 범종을 보고, 희생과 비극이 승화하여 구원의 길로 안내한다는 뜻으로 에밀레종에 대해 적어놓은 시조를 올려본다.

에밀레종

봉덕사 종소리가 서라벌에 퍼져가면
애절한 목소리가 너울 속에 흐느끼니
수만 근 부은 쇳물은 생명 얻어 에밀레

구슬픈 울림 속에 소녀 얼굴 어리며
인당수 심청처럼 효도로서 몸 던져
생명이 흔적 있더냐 한 줄 연기가 전부요

슬픔은 여운 되어 바람결에 날려가고
비장한 종쟁이는 눈물 섞어 만들어
사라진 영혼 일어나 자명종이 되었네

그런데 본인이 못하면 후손이 대신 참회하고 사죄하는 것도 결자해지의 한 방법으로 인정이 된다. 단종애사 300여 년 후에 숙종은 단종을 복위하고 사육신, 생육신, 엄홍도 등의 충신들에 대해 신원하고 벼슬을 추증하였다. 그들의 충절을 본받도록 만천하에 고하여 원혼을 달래고 명예를 회복시켜 주어 후손의 도리를 다하였다.

단종애사를 부추기고 주도한 한명회, 신숙주, 권람, 김질과 같은 역사의 난신들의 죄업은 어떻게 사죄하며 풀어야 할 것인가? 그들은 살아서도 명예를 지키지 못하고 부끄러운 삶을 살

앞으며, 죽어서도 역사의 평가로 이미 치욕스러운 죄업을 달게 받고 있었다. 실제로 한명회는 살아 있는 동안 김시습과 같은 의인들의 분노와 폄훼의 대상이 되어 압구정이라는 명칭을 개칭당하는 사례에서 보듯이 부끄러운 여생을 보냈다. 죽어서는 연산군 때의 사화로 부관참시 되는 비극적이고 욕된 기구한 운명의 소유자가 되기도 하였다.

그러나 이것으로 모든 한이 청산되지는 못한다. 숙종과 영조, 정조가 선대의 잘못을 시인하고 사죄하였듯이 한명회, 신숙주 등의 후손들도 피해자 가문의 한을 깊고도 진솔하게 이해하여야 한이 종결될 것이다.

나는 기나긴 여정을 마무리하고 영원한 화해의 장인 서해로 발길을 돌리는 한의 흐름을 바라보며 한 편의 시조를 지어본다.

영원한 화해의 장 서해

태백산 님의 눈물 청령포로 모여들어
왕방연 시비 속에 녹아들어 흘러와서
노량진 사육신묘를 쓰다듬고 흐르네

흐르는 한강물은 낮은 데로 임하여
수 천리 물길 따라 천년의 전설 안고
긴 여정 긴 기다림을 지금에사 끝내네

그때의 충신 역신 이제는 화해하여

참회의 눈물 모여 염도를 높여가며

화해의 바다로 나가 하나 되어 모이네

한강을 흘러 내려온 한의 주류가 단종과 사육신의 한이라면, 지류는 태백 광부의 한과 동강 떼꾼의 한이라 할 것이다. 지류의 한은 민생의 고달픔에서 오는 한이기에 뚜렷한 가해자가 없다. 사회적 약자의 어두운 단면과 관련된 한으로서 그들의 아픔을 이해하고 그들의 역할을 인정해 주는 것도 한 가지 방법일 것이다.

광부들은 누구나 들어가기 꺼려하는 위험천만하고 고된 인생의 막장이라고 하는 탄광에서 일한다. 칠흑의 어둠 속에서 칠흑의 얼굴을 하고 칠흑 같은 석탄을 파내는 용기 있고 애국심이 강한 직업에 종사하는 사람들이다. 그들이 파낸 석탄으로 연탄을 만들어서 한겨울의 구들장을 달구기도 하고 전기를 생산하는 화력발전소를 있게 했다. 그렇게 생산한 전기는 산업의 원동력이 되었으니 당당한 애국자들이라고 할 수 있다. 그들의 한을 이해하고 훌륭한 역할에 존경을 함으로써 한은 풀리게 된다. 나아가 사회적 약자를 위한 진정한 복지국가가 됨으로써 그들의 한은 종결될 수 있을 것이다.

동강 떼꾼의 한은 역사적 시기가 다를 뿐 광부의 한과 맥을 같이 한다고 볼 수 있다. 그들이 목숨을 걸고 실어 나른 목재는 고궁의 대들보와 기둥이 되기도, 사대부집의 대문이 되기도 하였다. 마지막 단계에서 남은 각목과 판재는 서민들을 위한 판잣집의 재료가 되었으니 이들의 역할도 대단한 것이다. 그리고 그들이 벌었던 떼돈은 주막집 주모와 들병이의 손으로, 시장상인의 손으로 돌고 돌아 민생경제를 살리고 보살폈다. 그들의 한도 광부의 한처럼 깊이 이해하고 인정해 줌으로써 풀어질 수 있을 것이다.

김삿갓의 한은 본의 아니게 욕한 조부에 대한 죄를 부끄러워하고 전국을 빙랑하면서 참회의 삶을 살아갔기에 일정부분이 해소되었다. 부수적으로는 천부적인 시적 재능으로 사회를 풍자하고 양반선비의 횡포를 글로 탄핵하여 서민들의 아픔을 달래주었다. 민초들의 한을 승화시킨 시로써 문학의 금자탑을 쌓았기에 그의 한도 종결되었다고 볼 수 있다.

온달성의 온달과 탄금대의 신립의 한은 애국충정의 한으로 역사교육의 현장으로 보존되어 후세에 전파되어 충절의 본보기가 되었으므로 종결되었다고 볼 수 있다. 단양의 두향과 퇴계의 사모의 한은 신분과 연령을 초월한 한 편의 아름다운 러브스토리로 자리매김하였기에 마무리가 되었다고 본다.

다산 정약용의 유배의 한은 민생을 위한 저술로서 마무리가 되었다고 할 수 있다. 나머지 마의태자의 구국의 한은 한반도의 통일로서 마무리되어야 할 것이다.

바다는 어머니의 품처럼 편안하고 넓어 모든 것을 받아들이고, 용광로처럼 모든 것을 녹여 하나를 이룬다. 서해는 한강을 흘러 내려온 한과 눈물의 잔재를 희석시키고 용해하여 동질의 바닷물로 승화시키니 진정한 화해의 장이라고 할 수 있겠다. 이와 같이 한강에 함유된 여러 가지 한은 영원한 화해의 장인 서해로 밀려가 염도를 높이는 대신 한의 농도를 엷게 만들며 세세년년 순환하고 있는 것이다.

　나는 끊임없이 순환하는 물을 바라보면서 한의 흐름에 대해 느낀 감정을 한 편의 시조에 담아 읊어 본다.

한의 순환

비바람 세차지만 그치면 맑은 하늘
오늘에 흘린 눈물 내일은 마르리라
원망도 보듬어 주면 화해되어 답하리

서해의 바닷물이 한 무리 구름 되어
태백산맥 넘지 못해 천제단에 뿌려지고
대지에 깊숙이 배인 한의 소금 녹이네

젖은 한 구름 되어 바람 따라 흘러가서
끝없이 돌고 돌아 제자리를 찾았건만
꿈 깨어 일어나 보니 어디에도 없으라

　이 글을 마무리하면서 나는 역사의 한을 애달파 하지만 이것을 순환시키고 승화시키는 자연의 섭리에 마음이 닿아 한의 비

애를 뛰어넘는 화해의 거대한 장(場)에 합류한다. 오늘도 역사
에 남은 한의 강은 한강이 되어 한강으로 흐른다.